본문언어학

전병선 지음

도서
출판 박이정

본문언어학

부교수 전병선

과학백과사전종합출판사

1995

▓ 총서를 기획하며…

국어국문학 전문서적을 출간해 온 본사에서는 그동안 국어학의 전반적인 연구성과물 즉, 음운론, 형태론, 문법론, 의미론, 통사론, 국어학사, 국어공학, 언어학 일반 등에 걸쳐 다양한 연구서를 출간하여 학계에 보급해 왔다. 또한, 분단을 극복하고 옹골찬 국문학의 연구를 위해 북한의 자료와 연구성과물을 소개하려고 했으나, 여건이 여의치 못하여 아류로 연변의 조선족을 중심으로 한 연구성과물을 꾸준히 학계에 보급해 왔다.

『조선어 어휘사』(리득춘1993), 『한조언어문자 관계사』(리득춘1993), 『조선어한자어음 연구』(리득춘1994), 『조선어 접미사의 통시적 연구』(강은국 1993), 『조선어문형 연구』(강은국1993), 『종결어미의 통시적 연구』(염광호 1997)를 소개하였고, 또한 『사회언어학 연구』(태평무1999) 등 북한에서 연구한 연구실적물을 소개하였다.

최근에 남북한 교류가 활기를 띠면서 '북한에 책 보내기 운동'에도 본사는 적극 동참했으며, 그간 연변대학이나 연변사회과학원 언어연구소와 꾸준히 교류한 결과로 『조선언어학연구총서』를 기획하기에 이르렀다. 본 총서는 연변을 통하여 북한의 연구성과물을 남한에 합법적인 절차를 거쳐 소개하는 것으로 다양한 북한 언어학에 대한 연구자료와 연구논문을 장기적으로 선별하여 남한에 보급함은 물론, 북한문학이나 예술에 이르기까지 남북한 문화교류의 시금석이 되고자 한다.

아울러 본사에서는 조선민주주의인민공화국 사회과학원 언어학연구소에서 기획한 『조선어학전서』 65책 발간도 원칙적 합의를 지난 10월 24일에 하였고, 그 목록은 본 총서의 뒷면에 소개하였다. 아무쪼록 이번 기획이 남북한의 연구자들에게 학문적 교류를 활성화시키고, 분단으로 비롯된 온전하지 못한 국어학연구에 조금이나마 도움이 되었으면 한다.

2000년 11월 기획부

차   례

머 리 말

조선인민의 위대한 **수령 김일성**동지께서는 다음과 같이 교시하시였다.

《새로운 과학분야를 개척하며 최신과학기술의 성과를 인민경제에 널리 받아들이기 위한 연구사업을 전망성있게 하여야 합니다.》(**《김일성저작집》** 35권, 328페지)

새로운 과학분야를 개척하며 새로운 연구방법을 도입하여 언어연구사업을 힘있게 밀고나가는것은 언어학자들앞에 나서고있는 중요한 과업이다.

본문언어학의 리론적기초는 20세기초에 닦아졌으나 본격적으로 연구가 진행되고 발전하게 된것은 20세기 60년대이며 그후에 언어학의 한 분과로 정립되였다.

본문언어학은 여러 다른 학과들인 론리학, 심리학, 문법론, 언어실용론, 의미론, 사회언어학, 정보론, 수사학, 번역학 등과 밀접한 관계를 가지고있는 린접과학이다.

본문언어학은 언어학에서 종래에 언어단위를 어음, 단어, 단어결합, 문장에 국한시킨데 반하여 언어단위를 문장이란 언어단위를 벗어나 문장보다 큰 언어적단위인 문장군(群), 문단, 단편을 비롯하여 절, 장, 편, 전문(全文)을 언어적단위로 잡고있다. (기본단위로는 문장군, 문단, 단편으로 잡고 있다.) 그리고 문장과 문장의 관계, 문장과 문장의 련결수단을 연구하며 언어교제에서의 본문의 교제구조, 교제기능, 교제조건을 연구한다.

이로부터 본문언어학에서는 종래의 언어학과는 다른 연구대상과 연구방법이 설정되며 그 연구수단도 다르게 리용되는것이다. 또한 본문언어학에서는 여러 학과의 리론과 방법을 도입하여 언어현상을 설명하고 분석을 진행한다.

본문언어학은 연구측면과 연구방법에 따라 본문문법론, 본문의미론, 본문언어실용론, 본문수사학, 본문정보론, 본문담화론 등으로 나누기도 하며 이에 따라 각이하게 연구가 진행되기도 한다.

언어학의 한 학과인 본문언어학은 언어학의 다른 분과들과 일정한 차이를 가지고있다.

그 차이는 첫째로, 연구대상에서 본문언어학은 문장보다 작은 언어단위를 연구대상으로 하는것이 아니라 문장이상의 언어단위를 연구대상으로 한다는데 있다.

문체론을 제외하고 언어학의 여러 분과들에서는 모두 문장을 포함하여 문장보다 작은 언어단위를 연구하여왔다. 문체론에서 글의 구성단위로는 문장, 단락, 문단, 절, 장, 편 등을 들고있으나 이것이 반드시 언어학에서 말하는 언어단위로 되는것이 아니며 말그대로 글을 구성하는 부분으로밖에 되지 않는것이다. 이렇게 말하게 되는것은 이 단위들이 민족에 따라, 문체에 따라, 작자에 따라 서로 다르게 나누어지기때문이다.

례를 들어 조선어소설과 중국어소설을 서로 번역한것을 대조하여 보면 단락이 다르게 나누어서 번역된것을 쉽게 찾아볼수 있을것이다. 그리고 한 언어에서도 문체의 차이에 따라 단락이 다르게 구획되는데 각종 기사와 같은 글들에서는 한 문장이 한 단락으로 되는 현상이 일반적으로 많이 존재하나 사설, 론설, 설명, 기행 같은 글들에서는 한 문장을 한 단락으로 하는 현상이 흔치 않다.

이 모든것은 문체론에서 글의 구성단위를 문장보다 큰 단위를 잡았다고 하지만 본문언어학에서 말하는 문장보다 큰 언어단위와는 다른 질서에서 론의되는 문제라는것을 시사해주고있다.

그 차이는 둘째로, 연구목적에서 본문언어학은 언어적단위들의 교제적 관계와 역할, 교제적 조건과 효과 등과 관련된 언어적교제를 연구한다는데 있다.

전통적인 문법론을 비롯한 몇몇 언어분과들에서는 많은 경우 고립된 문장이나 단어, 단어결합을 놓고 연구하였으며 교제적 환경과 조건을 고려하지 않고 그것들의 결합관계와 구성을 연구하였다.

본문언어학은 이와 달리 언어환경에서의 언어의 교제적기능을 연구한다.

그 차이는 셋째로, 연구방법에서 본문언어학은 기능적인 문장구획법을 적용하여 문장과 문장의 련결관계를 연구하며 본문의 언어정보를 분석한다는 데 있다.

오랜 발전력사를 가지고있는 전통적언어학의 문장론은 문장성분분석방법으로 단어를 결합하여 문장을 만드는 법칙을 제시하였고 20세기 60년대에 류포되였던 변형생성문법은 변형분석방법으로 문장의 생성법칙을 제시하였다.

그러나 본문언어학에서는 서로 련관된 언어재료에 대하여 기능적인 문장구획방법을 적용하여 문장과 문장의 련결과 그 련결관계를 연구한다.

그 차이는 넷째로, 본문언어학은 문장과 문장의 련결을 연구함에 있어서 문법적접속련결수단과 함께 의미적관계에 의한 련결, 수사학적수법에 의한 련결, 어휘적수법에 의한 련결 등 다양한 련결수단들을 쓰고있다는데 있다. 이것은 문법에서 접속사에 의하여(조선어에서는 주요하게 토에 의하여) 단어들이 결합되여 문장을 이루는것을 연구하던 전통적인 문법과는 완전히 다른 질서에서 연구가 진행되는것이다.

전통적언어학과 다른 본문언어학은 현대과학기술의 발전, 언어학의 발전과 더불어 산생되였으므로 실천적으로 매우 큰 의의를 가지고있다.

그 의의는 첫째로, 언어학의 다른 분과와의 밀접한 관계속에서 다른 분과들의 발전을 추진시키고있다는데 있다.

조종학, 롱보론, 기호학, 론리학, 문학, 기계번역, 정보론 등에서는 모두 본문을 연구하거나 분석, 처리하므로 본문언어학의 건설과 발전은 이런 분과들의 발전을 추진시키게 된다.

그 의의는 둘째로, 언어학의 자체건설에 큰 도움을 주고있다는데 있다.

본문언어학이 건설되기전 전통적인 문법이나 구조주의나 생성문법 등은 그 시기에 있어서 일정하게 언어학의 발전을 추동하고 일정한 공헌을 하였으나 과학기술이 전례없이 발전한 현단계에 있어서 이런 언어학리론은 언어학에서 많은 문제들을 풀어나가지 못하고있다. 이런 언어학의 현실적수요에 의하여 본문언어학이 창시되였다.

본문언어학은 창시된후 그 발전과정에서 연구목적과 연구과정 및 연구방법에 의하여 여러 본문분과들을 낳게 되였으며 언어학에서 풀기 어려운 문제들을 풀어나감으로써 언어학의 발전에 크게 기여하고 언어학의 자체건설에도 추진적역할을 하였다.

그 의의는 셋째로, 언어학에 대한 과학적인 리해를 더욱 심화시켜준다는데 있다.

언어에 대한 과학적인 리해와 완성은 문장까지만이 아니라 본문에 이르는 확대된 말과 글 단위에 의거할 필요성을 느끼게 한다.

언어가 민족을 특징짓는 주요한 표징이고 과학과 기술을 발전시키는데 복무하고 민족의 문화를 반영하는 수단으로 되는 실천적인 언어학적근거는 이음구조나 단어구조, 문장구조에서만이 아니라 말과 글의 전체에서 나난다. 즉 본문에서 해당언어의 민족적, 사회적, 시대적 특성이 두드러지게 나타나는것이다.

그 의의는 넷째로, 언어교수에 큰 도움을 준다는데 있다.

본문언어학의 가장 뚜렷한 특징은 교제적인데 있다. 특히 외국어교수에서 단어나 외우고 문법만을 알아서는 외국어를 잘 파악하였다고 말할수 없다.

문장이나 단어는 언어교제에서 교제의 대상과 환경에 의해 그 의미가 뚜렷이 표현되며 본문이라는 이 큰 문맥속에서 문장들의 관계를 리해할수 있으며 문장조직능력을 배양할수 있는것이다.

본문언어학은 언어학의 발전에 따라 생겨난 분과로서 아직 많은 문제들에서 연구가 심화되여야 하며 분석이 진행되여야 한다.

본문언어학은 전망성이 큰 분과이다.

제 1 장. 본문언어학과 그 발전

제 1 절. 본문언어학

1. 본문의 개념

20세기 60년대에 개척된 본문언어학은 현대언어학연구에서 그 발전이 가장 빠르고 학자들의 관심이 집중되여있는 연구분야의 하나로 되고있다.

본문이란 무엇인가에 대해 아직 《단어》나 《문장》이 통일적인 정의를 얻지 못한것과 같이 학자들의 리해와 견해가 같지 않으며 아직도 의견상이가 존재하고있다.

본문이란 무엇이며 본문에 대한 리해를 어떻게 하여야 하는가?

우선 본문에 대한 규정적인 정의보다도 본문의 언어단위에 대한 리해가 선행되여야 한다.

본문의 언어단위에 대하여 서로 다른 두가지 견해가 있다.

그 견해의 하나는 본문의 언어단위들은 언어단위로 보기 힘들다는것이다. 그것은 본문의 단위들은 론리상의 의미에 의해 나눌수 있으므로 구조에서 자체의 독특한 표징이 없으며 독자적인 언어단위로 구성될수 없다는것이다. 또한 본문에서는 자체의 언어단위가 없이 다른 분과의 언어단위를 자체의 언어단위로 한다는것이다. 본문에서 문장, 단락, 문단, 절, 장, 편을 언어단위로 설정하는 경우 이것은 다른 분과(문체론)의 단위이지 본문언어학의 단위가 아니라는것이며 따라서 본문언어학의 단위의 경계는 문장의 경계가 명확한것처럼 명확하지 않다는것이다.

그 견해의 다른 하나는 본문을 언어단위로 보는것이며 본문에는 명확한 언어단위가 있다고 보는것이다. 이 견해에서는 본문은 일정한 련결수단과 의미적련계에 의하여 구조와 의미에서 완결되고 련관된 언어완성품이며 본문의 언어단위는 문맥을 떠나서도 독자적으로 완결된 내용을 나타내며 의미를 전달한다고 한다.

이 견해에서는 본문이란 사람들이 말하거나 쓴 문장이나 문장이상의 단위이며 작을 때에는 전보문이나 글쪽지로도 될수 있으며 심지어 단어문장도 될수 있다고 보며 클 때에는 긴 연설이나 몇권의 책으로 된것도 될수 있다고 본다.

두 견해의 본질적차이는 언어단위에 대하여 전통적관점으로 보는가 아니면 전통적관점에서 벗어나 현실에 발을 붙이고 새로운 발전적인 관점으로 보는가 하는데 있다.

지난날 언어학연구에서는 오래동안 언어단위에 대하여 매우 굳어진 전통적인 관점으로 언어단위를 보았지 현대언어학의 발전추세에 맞게 언어단위를 보지 않았다. 때문에 언어단위를 전통적으로 내려온 그대로 어음, 단어, 단어결합, 문장에 국한시키고 여기에 따라 현실문제를 풀어나가려고만 하였다.

그러나 언어의 어음구조나 단어구조, 문장구조를 해명하는것으로써는 현대언어학의 복잡한 많은 문제들을 해결할수 없으며 언어의 발전법칙을 전면적으로 규명하기도, 언어의 구조와 특성을 깊이있게 밝힐수도 없다.

현대언어학의 발전은 벌써 그 시기 매우 활력을 띠고있었던 구조주의리론과 변형생성리론이 뒤떨어져있다는 것을 보여주었으며 현대언어학이 이 리론에만 의거해가지고서는 현실적으로 많은 문제들을 풀어나가지 못한다는것이 드러났다. 또한 구조주의리론이나 변형생성리론이 문장을 연구대상으로 하는 최대의 결함도 드러나게 되였다. 그리하여 높은 과학기술과 최신과학성과에 토대하여 언어와 관련된 문제들을 새로운 언어학리론으로 풀어나가고 해명할것을 요구하게 되였다.

또한 현대의 많은 과학들은 서로 영향을 받는가운데서 더는 한 학문의 연구에 머물지 않고 여러 학문의 복합적연구가 필요하게 되였다.

이리하여 많은 린접학문들이 나타났으며 많은 분과들이 나와 언어와 관련하여 새로운 연구가 진행되였다. 특히 본문과 관련하여 그에 대한 연구와 분석이 많이 진행되였다.

언어가 민족을 특징짓는 주요한 표징이라고 할 때 우리는 오래동안 언어의 민족적특징과 사회적기능을 언어의 어음, 단어, 문장 구조에서만 찾았지 말과 글의 실체로서의, 문장보다 큰 언어단위인 본문에서 민족적특징을 찾지 않았다.

말과 글의 실체로서의 본문에서 해당언어의 민족적특징이 가장 두드러지게 나타난다.

그러면 언어현실에서 본문의 실천적의의를 찾아보기로 하자.

례를 들어 《평양부터 갔다.》에서 《부터》는 평양을 출발점으로 하여 거기서부터 다른곳으로 갔다는 뜻으로도 되고 또한 여러 도시를 가게 되는데 맨 처음 간 장소가 《평양》이라는 뜻으로도 된다.

또 《너는 정말 둔하다.》라는 말을 문장에서의 뜻만 고려한다면 《너는 정말 둔한 사람이다》라는 뜻이지만 이것을 일정한 언어환경에 놓고 리해할 때 그 언어환경에서는 《너는 정말 총명하다》라고도 될 수 있는것이다. 그것은 일정한 언어환경에서 총명한 사람을 둔하다고 말하여 그 사람의 총명함을 더 두드러지게 나타내기도 하기때문이다. 이러한 뜻은 앞뒤문장의 관계에서, 담화환경에서만 그 문장의 진정한 의미를 리해할수 있는것이다. 다시 말하면 본문가운데서만 문장의 의미가 진정으로 리해될수 있다는것이다.

본문에 대한 리해는 **본문**의 기본표징을 찾는데서 더 심화시킬수 있다.
본문의 기본표징은 어떻게 나타나는가?

첫째, 본문은 형식과 내용의 시작과 끝이 있는것이다. 본문의 길이는 같지 않는데 긴것도 있고 짧은것도 있다. 그러나 어디까지나 완결된 형식을 가지고있으며 시작부터 끝까지 론리적으로 의미적으로 체계적으로 서술된, 완결된 사상적내용을 가지고있는것이다.

둘째, 본문은 변형성이 강한것이다. 본문은 짧은것을 길게 확대할수 있고 긴것을 짧게 축소할수 있으며 입말로 된 본문은 글말로 된 본문으로 변형시킬수 있으며 (반대로 변형시킬수도 있다) 문체형식을 자유롭게 변형시킬수 있다. 여러가지 목적과 필요에 따라 형식과 형태가 변화되지만 사상내용은 변화되지 않는다.

셋째, 본문에는 응집력이 존재한다. 언어단위들의 련계는 응집력을 기본개념으로 하여 연구한다. 언어적형식, 사상적내용, 언어적환경이 서로 엉켜있는것이다.

넷째, 본문은 다양한 문체들로 표현된다. 어떠한 문체형식을 가지든지 모두 본문으로 될수 있다.

본문의 이러한 표식은 전통적언어학에서 단어나 문장을 고립적으로 연구하는것과는 달리 문장의 결합을 연구한다는것을 보여주고있다.

본문이 단어, 문장과 구별되는 점은 무엇인가.

첫째로, 론리적기초가 다르다. 단어나 단어결합의 론리적기초는 개념이고 문장의 론리적기초는 판단이며 본문의 론리적기초는 사유의 다른 한 갈래로 되는 구조적단위인 론리통일체이다.

둘째로, 본문은 문장이상의 단위이다. 본문은 문장이상의 단위로 되는것만큼 두개이상의 문장의 련결로 된것을 가리킬뿐만아니라 심지어 몇권의 책, 장편연설도 가리킨다. 물론 최소의 하나의 문장형식을 가진 본문도 있으나 본문은 언어구조의 그 어느 단위보다 크다.

셋째로, 사상내용전달에서 본문은 절대적완결성을 가지나 문장은 상대적완결성을 가진다. 때문에 《완전한 사상적내용》을 교환하는 언어단위라고도 한다. 본문은 형식과 내용이 완전히 자립적이고 독자적이여서 그 어느 단위에도 종속되여있지 않지만 문장은 앞뒤에 종속되거나 련관된다.

넷째로, 형식과 형태에서 본문은 다양한 형식과 형태를 가지고있으나 문장은 제약되여있다. 함축된 형식과 전개된 형식, 문체의 형식, 담화의 형식 등등에 의해 수십수백가지의 본문형태를 가질수 있으나 문장은 입말과 글말의 형태외에 다른 형식적분류를 얻기 힘들다.

다섯째로, 단위적성격에서 본문은 언어체계의 운용단위이지만 문장은 언어체계를 나타내는 단위로밖에 되지 않는다. 따라서 본문은 여러가지 범주로 구성되며 여러가지 수단과 수법들이 다양하게 리용되고있다. 그러나 문장은 일정한 범주에만 속하여있으며 리용되는 수단과 수법이 다양하지 못하다.

본문과 단어, 문장이 이러한 구별이 있다고 할지라도 하나의 단어로 된 문장, 문장도 본문으로 될수 있는것이다.

문장본문과 문장에 대한 구분은 두가지 범주의 확정과 이에 상응한 분석방법에 관련될뿐만아니라 더욱 중요한것은 본문언어학이 자립적인 언어분과로 될수 있는가 하는 근본문제와도 관계된다.

미국의 블룸필드(L. Bloomfield)는 문장을 가장 큰 언어단위로 보았으며 미국의 촘스키(Chomsky)도 언어생성능력을 문장범위에만 국한시켰다. 미국의 해리스(Harris)는 본문에 대하여 연구를 한 학자인데 그도 《본문분석》방법으로 구조주의문장분석방법을 수정하였을뿐이다. 이는 본문을 기계적인 문장들의 집합으로만 보고 문장분석의 방법으로 본문의 기본법칙을 찾아내려고 한것이다.

사실 문장은 언어체계의 공시태단위로서 어떤 언어의 문법규칙을 운용하여 나온 결과물이지만 본문은 교제과정에서의 통시태단위로서 교제행위에서 얻어진것이다.

언어체계의 단위이고 허다한 언어외적요인의 제약을 받는 문장도 본문에서만 교제기능을 가질수 있게 되며 교제적역할을 일으키게 된다.

문제로 제기되는것은 교제기능이 완결되여있는가, 주제와 관련되여있는가, 언어실용성이 갖추어져있는가, 언어행위에서 교제를 수행하는가 등등이다.

이에 의하여 본문학에서의 문장과 문장론에서의 문장이 구별된다. 례를 들면 거리에 걸려있는 표어 《당이 결심하면 우리는 한다!》, 공공장소에 붙어있는 표어 《인민을 위하여 복무함!》, 거리에 세워져있는 교통규칙과 관련된 표식 《섯》 등등은 하나의 문장, 하나의 단어로 되였지만 사회적교제기능에서 아무런 제약도 없이(다른 문장과의 련계가 없이) 쓰인다.

그러나 다음과 같은 문장 《그러나 이는 그것이 아니다.》는 앞뒤문장의 련계가 없이는 그 뜻을 알수 없으며 아무런 교제기능도 가지고있지 못하며 사회적교제역할을 놀지 못한다. 이런 문장은 본문이 아닌것이다.

그리고 같은 문장도 언어적환경에 따라 본문이 될수 있고 되지 않을수도 있다.

《저는 김일성종합대학에서 교편을 잡고있는 김영철입니다.》라는 문장은 인사를 하게 된 장소에서는 합당하며 교제적역할을 훌륭히 담당한다고 말할 수 있다. 그러나 자기가 어떤 사람에게 길을 물을 때 자기 소개를 하고 길을 묻는다면 그 환경에 맞지 않을것이며 이 문장은 아무런 교제적역할도 하지 못하는(아무런 정보도 전달하지 못하는) 문장으로 된다. 그것은 길을 물을 때 자기를 소개하지 않으며 이와 반대로 자기를 소개하지 않아도 능히 다른 사람과 교제를 진행할수 있기때문이다.

여기서 보다싶이 본문학에서 말하는 문장과 일반적으로 문장론에서 말하는 문장은 완전히 다른 관점에서 말하는것이며 연구측면에서 다른것이다.

이상에서 본바와 같이 본문이란 문장이상의 언어적단위이라는것을 알수 있다.

2. 본문언어학의 특성

본문언어학의 발전은 언어학이 언어의 구조, 체계로부터 언어의 교제, 언어실용의 방향으로 전변하고있다는것을 제시하여주고있다.

언어의 공시태적, 정태적, 추상적 체계를 연구하던 구조주의언어학과 본문언어학을 비겨볼 때 본문언어학은 언어행위적인것, 언어운용적인것, 통시태적인것, 총체적인 특성을 가지고있다. 이 특성의 본질은 언어교제적인것이라고 개괄할수 있다.

본문언어학의 주요한 임무는 무엇보다도 언어교제를 연구하는것이다.

전통적문장론에서는 언어요소들간의 련계에 대한 연구를 문장내에 국한시키고있으며 여러가지 문장론적련계를 나타내는 형식적수단으로는 주요하게 접속사이거나 혹은 문장부호를 찍어서 (복합문에서 단일문과 단일문의 접속에서, 또는 단어나 단어결합의 련계에서) 접속관계를 나타냈으며 조선어인 경우에는 접속어 또는 토로써 그 접속관계를 나타냈다.

이런 련계수단으로 구성된 문장론적단위들의 호상관계는 추상적구조모형에는 접근할수 있었으나 구체적언어교제과정과는 리탈하게 되였으며 문장들과의 관계를 며나서 고립적으로, 추상적으로 분석이 진행되게 되였다.

그러나 본문언어학에서는 본문의 언어단위간의 련계를 연구함에 있어서 전통문법에서 련계수단으로 되고있는 접속사(조선어인 경우 토도), 문장부호를 연구할뿐만아니라 전통문법에서 련계수단으로 하지 않는 현상도 연구한다. 례를 들면 단어의 반복, 대명사, 동의대체(같은 의미를 나타내는 말로 서로 바꾸어서 표시하는것), 시태의 대응, 어조사, 수사학적수법, 삽입어, 시간, 장소를 나타내는 단어 등등은 본문언어학에서 련계수단으로 취급되고 있다.

뿐만아니라 본문언어학에서는 본문전반을 구성하는 구성부분간의 론리적 관계와 호상 제약관계도 연구히는데 전통문법에서의 접속사이외에 어휘적수단, 련상적수단, 형상적수단, 구성적수단, 수사학적수단, 률동적수단 등등도 취급된다.

이러한 여러가지 련계수단의 련계역할은 언어교제가운데서와 언어환경가운데서 나타나게 되며 교제과정을 며나서 언어의 추상적체계에서 이것들의 련계역할을 확정하기 어려운것이다. 뿐만아니라 이러한 수단의 련계역할은 본문의 교제특성과 긴밀히 련관되여있다.

본문언어학에서의 의미분석은 전통적어휘론에서 진행하는 의미분석과 다르게 하고있다.

　　전통적어휘론에서는 의미내용이 주요하게 어휘의 의미특성과 의미기능을 고립적으로 해석하는데 국한되여있었다.

　　본문언어학에서의 의미분석은 어휘범위를 훨씬 초월하여　교제과정에서 나타나는 본문의 여러가지 전반적의미특성을 연구한다. 때문에 본문언어학에서는 언어적단위가 련관된 문맥가운데서만, 교제과정에서만 비로소　진정한 의미와 물질적대응관계를 가진다고 보고있다.

　　본문언어학의 의미분석에서는 《전제》란 개념을 쓰는데 이것은　본문에서 정상적인 교제에서의 전제정보와 선결조건을 분석한다는것이다.

　　○ 심지어 영수마저 그보다 크다.

　　이 말에서의 전제는 《영수는 키가 크지 않다.》, 《그는 키가 작다.》이다. 이렇게 전제가 설정되는것은 《영수》가 키가 크지 않은데 《영수》가 《그》보다도 더 크니《영수》나 《그》는 모두 키가 작은것이다.

　　○ 영수는 심지어 그보다도 크다.

　　이 말의 전제는 《영수는 키가 매우 크다.》, 《그는 키가 크다.》이다. 이렇게 전제가 설정되는것은 《그》가 키가 큰데 《영수》가 《그》보다 더 크니 《그》나 《영수》는 모두 키가 크다는것이다.

　　론리적력점에 의해서도 전제가 다르게 표현된다.

　　○ 그는 또 책 3권을 샀다.

　　이 말에서 론리적력점을 어디에 두는가에 따라 전제가 다르게 된다. 론리적력점을 《샀다》에 두면 전제는 《그는 이미 책 3권을 샀다.》이고　론리력점을 《3권》에 두면 전제는 《그는 이미 몇권의 책을 샀다.》이며 론리력점을 《또》에 두면 전제는 《그는 이미 다른 물건도 샀다.》로 된다.

　　이렇게 전제는 본문의 의미내용에 직접적으로 영향을 주게 되므로　말하는 사람은 각이한 전제에 따라서 말에서의 론리력점과 끊음을 조절하게 되며 이렇게 함으로써 의미를 정확히 표현한다.

　　어떤 말은 말가운데 다른 한 의미를 더 가지고있는것이 있는데 이런　의미를 《내포의미》라고 한다.

　　만약 방문자가 아침 8시에 지배인을 찾아왔을 때　지도원이　방문자에게 다음과 같이 알려주었다.

　　○ 9시부터 만나게 되여있습니다.

　　이 말의 뜻은 《지금 지배인이 당신을 만날수　없습니다.》라고도 될수 있다.

　　이런 의미특성은 교제과정에서와 구체적언어환경에서, 《교제합작》과정에서 비로소 나타날수 있으며 구조주의적관점에서 문장자체에 대한 의미를 분석하는데서는 이런 의미분석의 결과를 얻어낼수 없다.

- 1 0 -

이로부터 본문언어학은 의미의 연구에 있어서 **명확한 교제적특성이 있다**는것을 찾아볼수 있다. 이것은 본문언어학이 구조주의언어학에 비해 의미문제에 대한 인식에서 더욱 심화되고 발전되였다는것을 알수 있다.

본문언어실용론은 언어의 교제과정을 직접 연구대상으로 하는데서 **본문언어학의 교제적특성이** 더욱 뚜렷이 드러나고있다.

언어실용론이나 심리학이나 기호학은 모두 언어교제과정, 언어행위, 음성언어 및 서사자료의 접수과정, 본문의 생성과정과 밀접히 련계하여 연구한다.

례를 들면 언어학자들이 사람의 독서과정을 연구하였는데 독서는 일종 《내부언어》를 통하여 진행된다고 인정하면서 이것은 간략하고 함축하고 개괄하고 다시 만들어지고 접수하는 언어정보의 복잡한 과정을 거치는것이라고 하였다. 그러나 듣는 과정은 그 어떤 《총체적인 본문》으로 나타난다고 한다. 듣는 사람은 기계적으로 상대방의 말을 《속기(速記)》하는것이 아니라 사유적인 가공을 하고 개조를 하고 리해를 하고 평가를 하고 해석을 하는 과정을 동시에 진행한다고 한다.

본문언어실용론에는 또 《회고》라는것이 있는데 《이미 이전에 말한바와 같이…》, 《당신도 기억하고있을것인데…》 등 수단을 씀으로써 사람들을 인도하여 이전의 내용을 회고하게 한다.

사람들은 독서를 거치여 정보를 얻는 《선형》(綫形)과정에서 자유롭게 어간에 잠간 《휴식》하면서 이미 읽은 내용을 회고하고 련상하며 다시 사고를 한다.

《회고》는 사람들로 하여금 정보내용을 축적하거나 강화하는데서의 담보로 되며 본문의 시간적, 공간적 관계를 정확히 리해하는데 도움을 주게된다.

본문언어실용론에서의 특성은 구조주의언어학의 연구방법과는 본질적차이가 있는것이다.

본문언어학의 다른 하나의 특성은 글말과 입말에 대하여 다 연구를 진행하면서도 입말의 언어현상에 대해 중시하는것이다.

입말은 언어가 존재하는데서의 기초이며 언어가 발전하는데서의 원천이다. 글말은 입말에 기초하여 발전된다. 글말은 입말가운데서 부단히 영향을 받아들인다.

본문언어학은 언어의 교제를 연구히는 과학으로서 입말의 언어현상을 매우 중시하며 교제에서의 언어행위가 구성될수 있는 전제조건과 내부법칙을 적극적으로 탐구한다.

입말에서는 글말과 다르게 문장이 조직되며 단어나 토들도 입말에서는 글말과 다르게 쓰인다. 례를 들면 글말에서의 《이야기를》, 《무엇을》, 《요사이》를 입말에서는 《애길》, 《뭘》, 《요새》와 같이 쓴다.

입말에서는 글말에서와는 달리 말들이 많이 생략되고있으며 그런 말들을 따로 내놓고는 그 의미를 파악할수 없으나 일정한 언어환경에서 교제가 진행되고 전제가 서로 리해되고있으므로 의미를 나타내는데서 아무런 장애도 받지 않고있다. 이것은 글말에서와는 다르게 교제가 진행되고있는 특색이라고 할수 있다.

본문언어학은 언어행위의 구성법칙을 제시하는외에 더욱 주요하게는 교제과정에서 의미를 정확히 나타내는 방법을 연구한다. 때문에 본문언어학은 정확한 교제에 관한 과학이라고도 말하고있다.

3. 본문언어학의 실용성

본문언어학은 사회적수요와 언어리론의 발전에 따라 생겨난 분과이다.

사회적수요와 언어리론의 발전에 따라 생겨난 본문언어학은 우선 교제적 특성이 뚜렷한 분과이다. 본문언어학이 나타내는 교제적특성을 간단히 교제화라고도 한다. 그러므로 본문언어학의 실용성은 우선 교제화에서 찾아볼수 있는것이다.

교제화는 기타 여러 분과에서 많이 리용되지만 특별히는 언어교수에서 매우 큰 도움을 주고있다.

본문언어학은 언어교수(특히 외국어교수)에서 두가지 의의를 가지고있다. 하나는 학생들에게 본문구조에 대한 리론적인식을 높여주고 본문에 대한 지식을 운용하여 본문을 조직하고 분석하는 능력을 배양하여준다. 다른 하나는 학생들이 실천적으로 본문을 운용하여 실제문제를 해결하는 수준을 높인다.

언어학습은 언어를 운용하고 교제능력을 얻는 동태적과정일뿐만아니라 어휘를 장악하고 문법지식을 얻는 정태적과정이기도 하다. 그것은 어휘나 문법지식자체가 교제적역할을 발휘하는 지식으로 자동적으로 전환되는것이 아니며 어휘나 문법지식만을 배워서는 진정으로 언어교제능력을 높일수 없기때문이다. 또한 언어교제에서 교제의 내용과 제재이외에도 교제의 목적, 대상, 환경도 매우 중요한 요인으로 되기때문이다.

례를 들면 꼭같은 축구경기에 대하여 말하는 경우 텔레비죤에서 해설원이 축구에 대해 평가하는것, 지도원이 선수에게 축구에 대해 설명하는것, 어른이 아이에게 축구에 대해 소개하는것, 축구에 대한 학술론문발표에서의 발언 등에서 나타나는 결과는 아주 다르며 그 효과도 같지 않다. 때문에 언어교수에서 반드시 언어행위환경, 사회배경, 교제의 대상, 목적, 방식 등 요인을 고려하여야 하며 본문에 대한 리해기교를 닦아주어 실천가운데서 본문에 대한 수준을 높이여야 한다.

다음 본문언어학의 실용성은 번역에서 찾아볼수 있다.

민족들의 언어에서 나타나는 각이한 차이는 각이한 민족들이 언어교제를 진행하는데서 《장애》로 된다.

번역사업의 목적은 이런 장애를 제거하기 위한것이며 민족들간의 언어련계를 통하게 하고 문화교류와 단결협조를 추진시키기 위한것이다.

번역에서 정확성과 류창성에 도달하기 위하여서는 번역하려는 **본문의 구조, 류형, 련관의 특성을 전반적으로 고려하여야** 하며 말하는 **사람이나 작자의 의도를 옳게 리해하고 본문에 대한 파악이 있어야 한다. 그렇지 않으면 나무는 보이나 수림이 보이지 않는 현상이 나타나 원문을 진정으로 옳바르게 재현할수 없게 된다.

또한 번역할 때 반드시 번역문의 본문구조와 언어단위들의 접속특징에 주의하여 본문의 민족적풍격을 옳게 반영하였는가를 보아야 하며 딱딱하거나 어색한것이 없어야 한다.

우에서 본 본문언어학의 실용성은 우리가 일상적으로 부딪치는 문제와 관련해서 찾은것에 불과하다.

최근에 본문언어학은 많은 령역에 응용되고있으며 부단히 새로운 응용령역을 개척하고있다.

응용된 령역들을 보면 대체로 수학, 문학리론, 문학창작, 사람과 기계대화, 순서설계를 포함한 많은 령역에 미치고있다. 이것은 본문언어학이 넓은 응용전망을 가지고있다는것을 말하여준다.

제 2 절. 본문언어학의 발전

1. 언어학의 발전과 본문언어학

본문언어학은 일찌기 발생하였지만 최근에 건설되고 발전한 청소한 분야이다. 그것은 일찌기 발생되었다고 하지만 본격적으로 연구된것은 최근에야 비로소 시작되였기때문이다.

본문언어학의 기원을 2천년전의 언어, 연설, 문학의 연구에 소급하여 찾아보고있다. 그리하여 본문언어학의 중요한 력사적연원을 고전수사학으로 보고있다.

당시 문법론은 언어를 정확히 운용하는 규칙과 밀접히 련관되여있었는데 문법론과 자매분과인 수사학은 정치적, 법률적 장소에서 공개적으로 연설할 수 있게끔 계획되고 조직된, 특별한 운용과 표현과 관련된 여러가지 규칙과 관계되여있었다. 이것은 고전수사학이 이미 당대의 풍격학과 본문구조분석을 예시하였다는것을 보여준다.

그러나 그후 사회적변혁과 사회적발전에 따라 학교의 과목과 학술연구에서 수사학은 중요성을 나타내지 못하게 되였다.

19세기초 비교력사언어학의 출현과 20세기초 언어구조분석방법의 산생은 인문과학을 기본대상으로 하고있는 수사학을 대체하였다. 그리하여 수사학은 강연이나 교제와 관계되는 학교교과서나 풍격학이나 문학언어의 연구에만 존재하게 되였다.

수사학이 독자적인 연구분과에서 빛을 잃음과 동시에 인문과학과 사회과학은 많은 령역에서 새로운 발전을 가져왔다. 이러한 발전추세는 본문분석을 가져오게 하였다.

20세기초에 이르러 언어학자들의 눈길은 비교력사방법으로부터 언어의 내부체계와 구조를 탐구하는데로 옮겨졌다.

스위스의 언어학자 소쓔르(Ferdinandde Saussure)의 언어리론의 탄생은 언어학발전에 큰 변화를 가지오게 하였으며 그의 언어관점은 20세기에 구조주의언어학에서 주도적위치를 차지하였다.

소쓔르는 언어(langue)와 언어행위(parole)를 구분하고 《언어》에 대해서 《언어활동능력의 사회적산물로서 그 능력의 행사를 개인에게 허용하도록 사회적집단이 채용한 필요한 계약의 총체》라고 하였으며 《언어행위》에 대해서는 화자와 청자로 이루어지는 언어전달회로에서의 《수행부분으로서 그것은 늘 개인적이며 개인이 항상 그 주인으로 되고있는것》이라고 하였다. 그리고 언어는 기호체계(asystem of signes)이라는 학설을 제기하고 언어체계에 대해 공시태(synchronie)적연구를 진행하여야 한다고 강조하였다.

이런 언어관점의 지배하에서 내부체계, 구조는 언어학연구의 주요한 대상으로 되였으며 체계-구조원칙을 언어연구의 리론기초로 하게 되였으며 언어학의 주요한 연구초점은 언어구조체계에 대한 공시태적연구분야에 집중되게 되였다.

20세기 20년대이후 구조주의언어학은 부단히 발전하였으며 언어의 내부체계와 구조에 대한 연구를 완성하는 단계에 이르렀고 완결된 리론체계와 방법을 가지게 되였다.

비교력사방법과 비겨보면 구조주의는 언어본질을 정확하고도 심각하게 분석하였으며 이런것으로 하여 구조주의의 리론, 관점, 방법은 언어학에서 지배적위치에 이르게 되였다.

20세기 과학기술의 부단한 발전은 언어학에 새로운 임무와 과제를 제기하였다.

언어가 발전하는 사회에 적응하고 사회의 복잡한 언어현실을 해명하는데서 구조주의언어학의 국한성이 날로 뚜렷이 드러났다.

구조주의언어학은 일면적으로 언어의 형식적서술만을 강조하고 형식적표식에 의해 언어현상을 분석하므로 의미와 내용에 대한 분석을 홀시하게 되였으며 추상적인 구조연구만을 중시하고 언어의 기능특징과 교제에서의 외부적요인으로 되는 환경, 목적, 임무, 대상 등이 주는 영향을 홀시하였으며 공시성과 정태적특징을 강조하면서 이것에 의한 분석반이 언어의 체계, 구조를 인식할수 있다고 보기때문에 언어의 교제와 언어의 운용에 대해 주의를 돌리지 않았으며 문장구조분석에만 국한되고 언어교제에서의 언어의 전반적특징을 중시하지 않았다.

20세기 50년대중반기, 변형생성문법학파가 나타나 소쑈르학설이 지배하던 국면을 일정한 정도로 타파하였다.

그러나 변형생성문법학파의 창시자인 촘스키(N. Chomsky)가 제기한 언어능력(liguistic competence)과 언어운용(linguistic performance)은 실제상 소쑈르가 나눈 언어와 언어행위와 비슷한것이였다.

촘스키는 변형생성문법의 연구대상은 언어능력이라고 명확히 제기하였다. 이것은 변형생성문법의 기본연구방법은 의연히 구조주의와 일치한것임을 의미한다.

현대사회에 있어서 교제의 수요와 교제의 범위가 날로 넓어짐에 따라 사람들의 언어에 대한 인식이 부단히 깊어져 구조주의와 변형생성언어리론이 언어환경을 떠나서 폐쇄된 언어체계로 언어구조를 연구한다는 약점을 드러냈다.

그 리론의 제한성은 언어행위에 대하여 명확한 해석을 하지 못한데서 표현될뿐만아니라 문장단계에서의 문장론적분석과 의미론적분석을 언어와 언어행위와 분리하여 진행하며 언어능력과 언어운용을 벗어나 진행함으로써 완결한 설명을 하지 못한데서 나타난다.

례를 들면 어면 사람이 《빵, 좀.》라고 말하였을 때 구경 《나에게 빵을 주십시오.》인가, 아니면 《나는 빵을 먹겠습니다.》인가에 대해 문법학자들은 속수무책이다. 그러나 《빵, 좀.》이란 말을 구체적인 언어환경(식료품상점이나 밥상우)에 결합시켜 보면 그 의미를 어렵지 않게 리해한다.

언어는 사실상 미리 만들어놓은 《언어》의 틀에서 확정되는것이 아니라 기능선택을 거쳐서 확정되는것이다.

언어실제에 대한 연구는 언어의 구조체계에서만 제한되여 진행될것이 아니라 언어의 활동가운데서 진행되여야 하며 언어기능체계의 운용에서 진행되여야 하는것이다.

본문언어학은 사회의 수요에 의하여 건설된것이다.

20세기 30년대이후에 와서 한 과학분야에 대한 연구는 그 분야에 국한되여 진행되는것이 아니라 여러 분야들의 밀접한 결합속에서 진행되는것이 주요한 특징으로 되였다.

언어학도 린접과학의 영향을 받아 여러 분야들과 밀접히 결합하여 연구가 진행되고있다.

현대과학에서 언어는 언어학의 연구대상일뿐만아니라 심리학, 론리학, 사회학, 인류학, 수학, 통계학, 정보론, 조종학 등등 허다한 기타 과학들의 연구대상으로도 되고있다.

과학의 신속한 발전과 언어학과의 련계가 심화됨에 따라 심리언어학, 생리언어학, 사회언어학, 인류언어학, 지리언어학, 통보언어학, 수리언어학 등 일련의 린점분과가 나타나게 되였다.

언어학은 여러 자연과학, 인문과학과 결합하여 서로 소통하면서 종합적인 연구를 진행하고있다. 이것은 현대언어학이 인문과학에서도 앞서나가는 학과라는것을 시사하여주고있다.

언어가 심리학, 사회학 등 과학의 연구령역에 들어서게 되면 그 표현되는 주요특징은 더는 어휘, 문장의 구조와 체계의 측면에서가 아니라 교제과정에서의 여러가지 총체적특징을 나타내게 된다.

그 총체적특징은 일정한 목적과 일정한 방식으로 조직되고 구성된 언어행위에서의 본문이 나타내는 특징이다.

그리하여 일부 언어학자들은 완결된 의미를 나타내는 언어단위는 문장이 아니라 본문이라고 보며 본문을 이루는 기초는 구체적인 언어행위의 완성품으로 이루어진다고 한다. 이는 언어행위의 범주에 들뿐만아니라 언어체계 또는 언어능력에도 속한다고 한다.

지난 시기 문법분석에서는 문장을 언어체계의 추상적인 단위로 보고 언어환경을 떠나서 문장의 의미를 분석하였다. 이런 분석은 문장이라는데만 국한되여있었다.

문법분석에서 언어재료는 많이는 문법학자들이 직감에 의해서 만들어낸 것이고 소재를 정태적인 완성품으로 보면서 조금도 어길수 없는 법칙을 찾아내려 하였다.

그러나 본문분석에서는 본문을 언어운용의 단위로, 구체적인것으로 보고 언어환경에서 본문의 의미와 교제적기능을 분석하며 문장보다 큰 단위를 분석한다. 본문분석에서는 소재가 꼭 실제에서 온, 동태적인것이라고 보며 레외적으로 되는 원칙적인것과 법칙적인것을 가지고있는것을 찾아낸다.

언어학의 발전과 더불어 언어학리론이 실제문제를 풀어나가야 할 과제가 더욱 많이 제기되고있으며 응용언어학의 내용 또한 갈수록 풍부해지고 복잡해지고있다.

많은 분과들은 언어학리론을 자체분과의 기초로 하고있으며 언어문제를 어떻게 처리할것인가를 중요한 대상으로 하고있다.

전자계산기, 기계번역 등 응용과학에서는 언어문자처리에 각별한 힘을 기울이며 본문분석에 특별히 류의하고있다.

전자계산기의 산생으로 하여 언어문자정보처리를 어떻게 할것인가 하는 임무가 제기되였으며 이런것으로 하여 계산기언어학이 산생되였다.

과학자들의 통계에 의하면 오늘날 세계에 있는 전자계산기가 수행하는 임무의 80%는 수자계산이 아니라 정보처리이며 정보처리에서도 언어문자의 정보처리라고 한다.

현단계의 전자계산기의 정보처리는 정확하고 형식화된 언어모형을 제출하여줄것을 요구하는데 이것은 다시 추상적인 수학적기술화를 거치여야만 문자의 정보처리를 수행할수 있다.

언어의 의미문제에서, 특히는 자연언어의 의미를 처리하는 문제에서 과학자들이 설계한 여러가지 모형은 큰 난관에 봉착하게 되였다. 이것은 형식구조상에서 언어를 분석하고 구조주의언어리론을 기초로 하여 계산기언어학을 발전시키려 한다면 정보처리문제를 원만하게 해결할수 없는것이다. 또한 의미문제는 고립적인 어휘나 문장에 국한되여 존재하는것이 아니라 실제적인 언어교제에 있으며 언어환경과 문맥에 있는것이다.

전자계산기가 언어문자의 정보처리에서 부딪치는 다른 한 문제는 언어현상이 모호성특징을 가지고있는데서 전자계산기가 쓸모없게 된다는데 있다.

모호성특징은 환경, 대상 등의 교제조건의 제약을 받지만 단순히 단어나 문장의 구조적특성으로 나타나지 않는다.

문자재료의 식별과 사람과 기계의 대화에서 계산기가 수행하는 자연언어에 대한 리해는 사람이 글을 읽거나 말을 들어서 리해하는 과정과 류사한것이다.

사람들의 이런 리해능력은 매우 큰 정도에서 개인이 이미 가지고있는 지식의 배경과 생활의 경험, 교제의 환경과 문맥, 대상 등 요인에 대한 리해에 의거한다.

전자계산기가 사람과 비슷한 언어리해능력을 가지게 하려면 최종적으로 전자계산기와 자연언어가 접근되게 하여야 한다. 이렇게 하려면 본문이라는 총체적인데서 언어교제과정에 대해 연구를 진행하여야 하며 분석이 진행되여야 한다.

기계번역에서도 과학자들은 많은 난관에 부딪치고있으며 많은 문제들을 처리못하고있다. 비교적 쉽게 해결한것이라면 단어에 대한 번역과 문장구조에 대한 분석이다. 그러나 의미분석체계에 대한 처리는 가장 큰 난관으로 되고있다. 때문에 기계번역에서 당면하여 해결할수 있는것으로는 과학기술자료처럼 모양새가 뚜렷하고 구조틀이 잘 째이고 의미가 단일한 언어재료들인것이다.

번역은 간단한 기호체계를 형식화하여 전환처리하는 과정인것이 아니라 본문에서의 문맥과 언어환경, 전반적임무를 포착하고 교제쌍방의 지식경험에 의해서 진행되여야 하는것이다.

총적으로 본문언어학은 언어학의 부단한 발전과정과 린접과학과의 밀접한 관계와 영향하에서, 과학기술의 높은 발전과 응용언어학의 광범한 비용과 더불어 발전하여왔으며 그것은 전망성이 큰 언어학분과로 되고있다.

2. 본문언어학의 발전

본문언어학이 본격적으로 언어학의 한 분과로 연구되게 된것은 20세기 60년대이다.

본문언어학의 리론적기초를 세우는데 쁘라하학파의 언어학자들이 큰 공헌을 하였다. 그들은 언어는 하나의 기능체계로서 일정한 사회가운데서 발생, 발전하였으며 언어연구는 반드시 사람들의 교제에서의 구체적언어환경과 련계되여야 하며 사회문화와 련계되여야 한다고 인정하였다.

이 학파의 대표인물인 마테지우스(V. Mathesius)는 1926년 10월 《쁘라하언어학소조》를 내오고 기능적인 문장구획법리론을 창립하였다.

마테지우스는 기능적인 문장구획법과 문장의 형식적구획법을 구별하여야 한다고 인정하였다. 형식구획법이 문법요소의 관계로부터 문장의 성분을 연구한다면 기능적인 문장구획법은 앞뒤문장의 구체적인 문맥에 따라, 발생련계에 따라 연구한다고 하였으며 문상은 이런 구체적인 문맥가운데서 형성되고 존재한다고 하였다.

문장의 형식구획의 기본요소는 문법주어와 문법술어이며 기능적인 문장구획의 기본요소는 진술의 출발점(해당 언어환경에서 이미 알고있는것, 화자는 여기로부터 시작한다)과 진술의 핵심(화자가 진술출발점에 대하여 서술하는 내용 또는 유관되는 내용)이라고 하였다.

이 리론은 전통적인 문법관점의 구속에서 벗어나 현대언어학을 건설하는데 리론적근거를 제공하여주었으며 문장론의 연구를 위하여 하나의 새로운 령역을 개척하였다. 또한 어순변화를 분석하는데서와 문장의 교제적인 구조를 연구하고 문장성분의 교제적인 기능을 연구하는데서, 본문의 구성관계를 연구하는데서 튼튼한 기초를 닦아놓았으며 본문연구를 힘있게 앞으로 밀고나가게 하였다.

1935년 영국의 언어학자 퍼스(J. R. Firth)는 《장면의 문맥》(conetext of situation)가운데서 언어과정을 연구하여야 한다고 제기하였다. 그는 하나의 문장은 일정한 언어환경에서 비로소 의의를 가진다고 하였다.

퍼스는 《장면의 문맥》에 대한 개념을 말리놉스끼로부터 가져왔으나 그 해석이나 응용에서 현저한 발전을 가져왔다고 볼수 있다.

말리놉스끼(Bronislaw Malinowski)는 뽈스까태생의 인류학자로서 뉴기니아의 트로브리안드섬들의 원주민의 생활, 문화, 종교에 대한 조사연구에 종사하면서 특히 구라파언어들과는 근본적으로 다른 표현형식이 빈약한 미개발어를 영어로 번역한 특이한 경험을 통해서 언어연구에서 의미론의 중요성을 재인식하였으며 미개발언어의 연구에서는 고유의 문법에 대한 해명과 함께 그 민족의 생활, 례식, 관습, 종교, 심리 등과 같은 문화적배경을 알아야 할 필요성을 강조하였다. 이리하여 그의 《장면의 문맥》이라는 새로운 개념이 생겨나게 되였던것이다.

퍼스는 사람의 말은 사람이 작용하는 그 사회복합체와 떨어질수 없으며 현대입말에서의 매 하나의 말은 모두 말의 배경과 관련되여있으며 어떤 일반화된 문맥위치에서의 참가자와 련계하여 연구하여야 한다고 하였다.

퍼스의 제자 헐리디(M. A. K. Halliday)는 퍼스가 아직 다하지 못한 사업을 이어받아 《장면의 문맥》의 리론을 구체적인 언어구조분석에 적용하였다.

그는 말의 문맥은 배경(field), 방식(mode), 교제자(tenor) 등 3부분을 포괄한다고 하였다. 본문조직(texture)과 아무런 관계도 없는 문장들을 비겨볼 때 전자는 의미상에서 련결성(coherence)이 존재하나 후자는 이런 련결성이 존재하지 않는다고 하였다. 이런 련결성이 생기는 원인은 본문조직에 응집력(cohesion)이 있기때문이다. 때문에 응집력은 본문의 기능적분석에서의 하나의 기본개념으로 되였다.

20세기 50년대로부터 본문언어학에 대하여 학자들의 관심이 커졌다.

1952년 미국의 언어학자 해리스(Z. Harris)는 《언어》(Language)잡지에 《담화분석》(Discourse analysis)을 발표하였다.

해리스는 여기서 문장보다 더 큰 단위로서의 담화에 착안하고 하나의 담화를 이루는 몇개 문장의 의존관계에 대한 분석을 시도하였다. 문장의 단순한 집합이 아닌 담화에는 하나의 문맥이 존재하고 그것이 문장과 문장의 문법적 의존관계 또는 분포관계로서 실현된다고 보았다.

해리스의 담화분석에서 특별히 주목되는것은 문장보다 큰 단위로서의 담화를 모체로 하여 그것을 구성하는 문장과 문장의 동등관계, 변형관계를 밝히려고 한것이다.

20세기 60년대, 특히는 70년대에 이르러 본문언어학은 매우 큰 발전을 가져왔다. 이리하여 본문언어학은 하나의 분파로 건설될 시기가 이미 성숙되였다.

1967년 독일의 언어학자 와인리히(H. Weinrich)는 《문장론의 변증법》이란 글에서 먼저 본문언어학(Textlinguistik)이라는 술어를 썼다. 그는 본문의 언어묘사를 만들고 《언어학은 본문언어학으로밖에 달리 될수 없다.》고 말하였다.

물론 한 분파의 발단은 명칭의 탄생으로 표식을 삼을수 없다.

사실 본문언어학의 연구는 이 술어가 탄생하기 이전에 이미 진행되였음을 찾아볼수 있다.

1964년 코크(W. A. Kock)는 본문을 각이한 등급에 따라 나눌것을 제기하면서 미국의 언어학자 호케트(C. Hockett)가 제기한 《화제》(topics)와 《설명》(comments)이란 두개 개념에 대해 보충적해석을 하였으며 그후에는 본문연구를 오지리의 언어학자 드레슬러(W. U. Dressler)와 같이 본문문법론(textgrammar)과 본문언어실용론(textpragmatics), 본문의미론(texsemantik) 등으로 나누어야 한다고 인정하였다.

그러나 코크나 와인리히는 당시 완전하고도 체계적인 임무와 방향을 제기하지 못하였다.

1968년 독일의 콘스탄쯔에서 제1차본문언어학토론회를 진행하였다.

토론회에서 하르트만(P. Hartman)을 위수로 한 학자들이 《본문언어학연구중심》을 창설하였다.

하르트만은 《본문을 언어학대상으로 하자》란 론문에서 본문언어학의 20조강령을 제정하고 이 분과의 성질, 목적, 대상, 연구방법을 명확히 제기하고 본문언어학의 중요성을 강조하였으며 본문언어학은 자연과학연구성과를 포함하여 체계적으로 언어운용을 연구하는 종합성분과라고 하였다. 그리하여 어떤 사람들은 이 회의가 본문언어학의 탄생을 알리는 표징이라고 하며 1968년을 본문언어학의 탄생년대라고 한다.

70년대로부터 본문언어학은 한 분과의 자격을 가지고 발전하여왔으며 많은 연구가 진행되였다.

독일의 언어학자들이 본문언어학연구에서 큰 성과를 거두었다.

하르웨그(R. Harweg)가 쓴 《본문언어학》(1974), 칼마이에르(W. Kallmeyer) 등이 쓴 《본문언어학교정》(1973), 슈미트(S. J. Schmidt)가 쓴 《본문리론》(1973), 와인리히가 쓴 《본문언어학강의》(1974) 등의 저작에서는 본문언어학의 연구대상, 연구내용, 연구방법 등에 대해 상세한 서술을 하였다.

또 기능학파의 대표인 영국의 언어학자 헐리디(M. A. K. Halliday)가 1976년에 제기한 조응리론은 문장관계와 문장련계의 수단을 연구하는데 매우 큰 의의가 있었다. 그가 제기한 조응리론은 문장간의 내재적련계를 제시하고 본문의 내부법칙을 연구하는데 기초를 닦아놓았다.

본문언어학은 연구내용이 새롭고 많은 린접과학들과 긴밀히 련계되여있고 전망성이 있는것으로 하여 지금 그 발전이 매우 빠르며 그 영향도 많은 분과에 넓게 미치고있다.

제 2 장. 본문의 구성과 그 단위

제 1 절. 본문의 구성

1. 본문의 구성과 초문장통일체

본문의 구성이란 본문에 대한 언어적단위의 구성을 말하는데 본문의 언어적단위에 대하여 학자들은 견해를 달리하고있다.

본문의 단위에 대한 견해는 각이하지만 모두 문장보다 큰 단위이라는데서는 관점을 같이하고있다.

본문의 언어적단위에 대한 학자들의 견해를 살펴보면 다음과 같다.

한 견해는 본문의 언어단위를 문장군, 단락, 단편, 장절, 전문(全文)으로 나누고 장절아래단위는 본문의 문법적단위로 보고 장절, 전문(전반 작품, 몇권되는 책)은 본문수사학의 연구대상으로 보자는것이다.

다른 견해는 문장보다 큰 단위로부터 시작하여 전반작품까지 몇개 언어적단위로 나누고(문장군, 단락, 단편, 장절, 전문) 그것을 연구분석하여야 한다는것이다.

본문이란 문장이상의 언어적단위이고 전반본문까지를 다 본문으로 보는한, 문장이상의 언어적단위로부터 전반본문에 이르기까지의 단위를 본문의 언어적단위로 보고 분석하는 후자의 견해가 정당성을 가지고있다고 할수 있다.

다음으로 본문언어단위의 연구에서 초문장통일체(Верхфразовое единство)의 개념을 도입하여 본문의 언어적단위에 대하여 연구분석하는 견해가 있다.

초문장통일체는 이전 쏘련의 뻬슈꼽스끼(Пешковский)가 내놓은 개념이다.

초문장통일체에 대해 《복잡한 문장통일체》(сложное синтаксическое целое), 《산문단》(спорозаическая), 《단락》(абзац)이라고도 하였다.

초문장통일체에 대해 학자들은 다음과 같은 견해를 가지고있다.

초문장통일체는 두개이상의 문장으로 구성되고 일정한 접속수단을 거치여 구조상에서 완결되고 의미상에서 자립적인, 문장보다 크고 장절보다 작은 구조-의미단위라고 한다.

그러면서 초문장통일체는 다음과 같은 특징이 있어야 한다고 한다.

첫째로, 구조상에서 두개 또는 두개이상의 문장으로 구성되여야 한다.

둘째로, 독자적인 문장을 련결수단으로 결합시켜야 한다.

셋째로, 의미상에서 자립성과 완결성이 있어야 하며 하나의 소주제(микротема)를 나타내야 하며 글에서 나온후에도 의연히 자립적인 내용을 나타내야 한다.

초문장통일체는 우리가 본문을 분석하는데 매우 유용한 단위로 되며 또한 초문장통일체에 대한 연구와 분석으로부터 본문의 특징, 구성, 련결수단, 의미발전과 관계 등등을 찾아낼수 있는것이다.

뻬슈꼽스끼는 초문장통일체를 장절보다 작은 단위, 문장보다 큰 단위를 의미한다고 말하였다.

그러나 후에 학자들은 초문장통일체란 의미는 문장을 초월한 통일체이므로 문장군, 단락, 단편뿐만아니라 장절까지도 문장을 초월한 단위로 볼수 있으므로 장절을 초월하여 전문까지도 초문장통일체로 볼수 있다고 하였다.

그리하여 초문장통일체에 대하여 두가지 견해가 있었는데 하나는 초문장통일체를 세분하여 문장군, 단락, 단편으로 보는것과 문장군, 단락, 단편, 장절, 전문으로 보는것이였으며 다른 하나는 초문장통일체라고 하여 더 세분하지 않고 전반적으로 연구하는것이였다.

사실 첫번째 견해는 세분하는것과 세분하지 않는다는것에 상대하여 나온 견해로서 이 견해도 더 세분하여, 장절을 기준으로 하여 초문장통일체를 장절아래로 보는것과 장절우로 보는 견해로 갈라볼수 있는것이다.

우의 견해를 종합하여 다음과 같이 나누어볼수 있다.

첫째류형은 초문장통일체라고 하고 문장군, 단락, 단편, 장절, 전문으로 나누는것이며 둘째류형은 초문장통일체라고 하고 문장군, 단락, 단편으로 나누는것이며 셋째류형은 초문장통일체라고 하고 작은 초문장통일체, 큰 초문장통일체로 나누는것이며 넷째류형은 초문장통일체, 단락, 단편, 장절, 편, 전문으로 나누는것이다.

이 류형에서 보면 초문장통일체의 용량을 어디까지에 잡겠는가 하는 문제가 나서고있음을 볼수 있다. 초문장통일체의 용량을 크게 잡는한에서는 문장군으로부터 시작하여 전반글까지로 하며 작게 잡는한에서는 장절아래까지, 심지어 하나의 문장군을 하나의 초문장통일체로 하고있다.

이밖에 어떤 학자들은 초문장통일체에 대한 각이한 론쟁에서 벗어나 초문장통일체란 단위를 설정하지 않고 본문의 언어단위를 연구하고있다.

그러면 본문언어학에서 초문장통일체란 언어단위를 설정할 필요성이 있는가.

그것은 첫째로, 언어단위들이 모두 문장을 초월하여 구성되여있다는 점에서 초문장통일체란 단위의 설정이 필요하게 된다는것이다.

그것은 둘째로, 본문의 언어단위들은 구조에서나 의미에서 자립성과 완결성을 가지고있는데 문맥을 떠나서도 의연히 자립성과 완결성을 가지고 존재한다. 이런 공통성을 가지고있는 단위에 대하여 통합적인 분석을 진행하는것은 필요하다는것이다.

그것은 셋째로, 본문의 언어단위들은 그 련결에서 같은 수단을 리용하는만큼 그것을 총체적으로 분석하는데 필요하다는것이다.

그것은 마지막으로, 본문의 언어단위들은 응집력의 특징을 가지고있는데 본문의 언어단위들은 용량에서 차이가 있지만 응집력(언어형식, 사상적내용, 언어환경이 서로 엉켜있다)은 같게 나타나므로 이 응집력을 분석하는데 상당히 필요하다는것이다.

초문장통일체가 이런 필요성에 의하여 설정된다면 초문장통일체의 단위 길이를 어디까지 잡아야 하는가.

우선 결론적으로 말하면 초문장통일체의 길이는 장절아래단위까지 잡아야 한다. 그것은 장절아래단위에서는 문법적수단(접속어, 지시어, 삽입어, 등)이 리용되여 단위들이 구성되나 장절이상(장절을 포함하여)의 단위에서는 이런 문법적수단이 리용되지 않고있기때문이다. 그리하여 장절이상단위에서는 나타나지 않고있다. 이로부터 일부 학자들은 절, 장, 편, 전문을 수사학의 대상, 문체론의 대상이라고 말하고있다. 그것은 본문의 언어단위에서 절, 장, 편이라는 언어적단위는 꼭 설정되여있는것이 아니기때문이다. 본문의 형식과 형태에 따라 설정될수도 있고 설정되지 않을수도 있는것이다.

그러므로 본문의 언어단위연구에서 기본으로 되는 단위는 장절아래단위까지 하는것이다.

그것은 또한 초문장통일체와 본문은 언제나 같은것이 아니기때문이다. 초문장통일체는 반드시 두개이상 문장들이 결합되여 이루어진 언어단위이나 본문은 하나의 문장으로 된것도 있고 전문으로 된것도 있으므로 초문장통일체의 개념을 본문과 구별하여 보아야 하며 초문장통일체의 용량을 너무 축소하여 잡거나 너무 확대하여 잡을수 없는것이다. 그러므로 초문장통일체를 장절아래단위까지 잡는것은 본문의 언어단위분석에서 합당한것으로 된다.

그러면 초문장통일체를 문장군, 단락, 단편으로 나누는 경우 문체론의 단위인 단락이 본문언어학의 언어단위로 될수 있겠는가 하는 문제가 제기된다.

본문언어학에서 제기되는 단락에 대하여 뻬슈꼽스끼는 《한줄로부터 다른 줄로 시작되는 사이에는 복합총체의 집합이 있다.》고 하고서는 《유감스러운 것은 당면하여 이 언어단위에 대하여 문장론적술어가 없는것이다. 때문에 우리는 할수 없이 〈단락〉(абзац)이라는 인쇄에서 쓰는 술어를 쓸수밖에 없다.》고 하였다. (《Русский синтаксис в научном освещении》, 410페지)

이것은 글에서 줄을 바꾸어서 나타내는 단위, 단락을 말하는것이다.

뽀스뻴로브(Поспелов)도 《복합문장론적총체와 주요구조적특징》이란 론문의 결론부분에서 《련관된 말에서 가장 복잡한 문장론적통일체는 작가의 서술인데 글말에서는 독자적인 단락으로 표현된다.》고 하였다.

그렇다면 단락을 본문의 언어적단위로 잡을수 있겠는가.

주지하는 바와 같이 단락은 글에서 앞에 칸을 비우고 줄을 바꾸는 형식상표식을 가지고있는 글의 한부분이다.

단락은 글이 구조-문체적으로 나뉘이는 글의 수단에 속한다. 그러므로 단락과 초문장통일에서 나뉘어지는 단위는 서로 같지 않은 범주에 속하는 현상이다.

① 초문장통일체의 단위들은 어떤 같은 소주제를 가지고있는 문장들의 총화이다. 때문에 초문장통일체를 나누는 근거는 론리와 문법에 있지만 단락은 론리, 의미뿐만아니라 더우기 문체에도 관여하고있다. 이것은 단락이 론리-의미의 기능을 수행할뿐만아니라 감정적색채의 기능도 수행한다는것을 말하여준다. 이로써 독자들의 눈길을 끄는것이다.

② 초문장통일체의 단위들은 구조상에서 독자적인 조직형태가 있고 두개이상의 문장으로 구성되나 단락은 독자적인 조직형태가 없으므로 한문장이

단락으로 될뿐만아니라 많은 문장들로도 단락으로 될수 있다.

③ 초문장통일체의 단위들은 구성성분에서 반드시 두개이상의 문장으로 되여야 한다는 필수적조건을 가지나 단락은 반드시 몇개 문장으로 이루어진다는 조건이 없다. 단락을 나누는것은 작자의 사상감정의 표현, 문체의 특징, 독자의 리해와 관점에서 제 마음대로 되는것이다. 그리하여 한단락에 있을 문장도 표현적수요, 문체의 특징, 독자의 리해로부터 갈라서 단락을 나눈다.

○ 아득히 먼 옛날부터 사람들이 바라고 또 바라던 세상,

누구나 병없이 오래 살면서 한껏 행복을 누리는 인민의 락원,

그처럼 인류가 오랜 세월을 두고 갈망하며 꿈꾸던 모든것이 현실로 빛나게 이루어지는 리상적인 사회에서 우리는 살고있다.

○ 건국사상총동원운동,

중산경쟁운동,

문맹퇴치운동,

우리 인민들은 이 세가지 대중운동의 불길속에서 처음으로 낡은 사상의 때를 벗기고 새로운 민주사상, 애국주의사상으로 교양받았다. 아래의 두 례문을 대비하여 보면 더 똑똑히 알수 있다.

○ 1966년 2월 4일,

겨울밤도 어지간이 깊어 하루사업총화를 마감지어갈 무렵 은혜로운 사랑의 손길이 이 자그마한 책방에 비치였다.

○ 1939년 5월 18일, 위대한 수령님을 모신 항일혁명투사들은 여기 5호물동으로 압록강을 건넜다.

우의 례문에서 보다싶이 첫번째 례문의 《1966년 2월 4일》은 하나의 단락과 같이 뒤칸들을 비우고 아래의 말들과 줄을 따로 차지하고있으나 두번째 례문의 《1939년 5월 18일》은 아래말과 한줄에 이어썼으며 따로 단락의 표시를 하여주지 않았다.

이렇게 수의적으로 나누어지는 단락은 글을 펴나가는데서의 구조로 되나 언어의 구조적단위인 본문의 언어적단위로 될수 없는것이다. 언어단위는 마음대로 설정되는것이 아니라 그 언어구조의 필수적조건에 의하여 설정되는것이다. 그러므로 문체론에서의 단락을 본문언어학의 언어적단위로 할수 없다.

본문의 기본단위로 구성된 초문장통일체는 문장군, 문단, 단편으로 구성된다.

다음으로 본문구성에서 하나의 문장도 본문을 이룰수 있다는것이 본문리해에서 가져야 할 문제로 나선다.

가장 작은 본문형태로는 《알림문》, 《안내문》이 있다. 례를 들면 《조미사이의 련락사무소개설협상에 참가할 우리 나라 외교부대표단 평양을 출발》, 《메

친돌 3일분 하루 세번 밥먹은 30분뒤에 먹는다〉 등을 들수 있다.

이와 반면에 본문은 장편소설과 같이 용량이 가장 큰것도 있다.

이처럼 본문의 언어단위는 서술문, 묘사문, 기록문, 회화문, 알림문 등 여러가지의 형태에 따라, 구성상의 차이에 따라 설정될수 있는 단위이여야 한다. 이렇게 말하게 되는것은 본문의 형태와 형식은 신축성이 있고 변화시키기 쉬운것이기때문에 어느 본문에나 본문의 언어단위가 반드시 다 존재하고있는것이 아니기때문이다. 그러므로 다양한 형태와 형식을 가지는 본문에 대하여 그의 내용구조를 위주로 하여 본문의 짜임새를 갈라보아야 정확한 본문의 단위가 분석되여나올수 있다.

초문장통일체의 단위로 되는 문장군, 문단, 단편(물론 본문의 기본단위이다)은 극히 짧은 본문, 다시말하면 한 문장으로 된 본문을 내놓고는 일반적으로 어느 본문에나 다 존재하는 단위이다. 다시말하면 본문은 문장군, 문단, 단편(이것들은 초문장통일체이다)으로 구성되며 이것은 본문의 기본구성단위이다.

2. 문장군

문장군은 본문을 구성하는 가장 작은 문장덩이이다.

문장군은 두개 또는 두개이상의 문장이 일정한 문장관계와 문장접속수단으로 구성되며 구조상에서 긴밀히 련계된 언어적단위이다.

문장군은 문장의 집합체로서 글에서나 대화에서 인제나 하나의 통일체를 이루며 문장보다 한급 높고 문단보다 낮은 단위로 나뉘어진다.

○ 일반적으로 성문들은 성벽과 일직선상에 있거나 그보다 뒤로 조금 물러서서 성벽과 평행으로 배치하는것이 통례로 되여있다. 그러나 전금문은 앞에서 잘 보이지 않는 자리에서 성벽을 앞뒤로 어기고 그사이에 성벽과 직각이 되게 설치되였다.

이 례문에서 두 문장이 접속어 《그러나》에 의하여 련결되였다.

○ 성벽에는 요소마다 치를 설치하였다. 치는 주로 직선으로 된곳에 많다. 지금 잘 남아있는 치는 성벽에서 직각으로 길이 12m, 너비 10m, 높이 3m인데 원래는 성벽의 높이와 같았을것이다.

이 례문에서 《치》라는 단어반복으로 3개문장이 련결되였다.

○ 윤기도는 까만색을 띤 이 개들은 키가 크다. 도베드만은 거의 하늘소만한 크기이며 빗트브르테리아는 염소만 하다. (《은정어린 선물동물》《로동신문》, 1994. 11. 6.)

두 문장은 의미적관계에 의하여 련결되였다. 즉 첫문장에서 《이 개들이 키가 크다.》와 《하늘소만한 크기며》, 《염소만 하다》는 이 개들은 《크다》는 의미적관계로 련계되는것이다.

3. 문 단

문단은 두가지이상의 문장관계로 구성된 의미와 구조상에서 긴밀히 련계된 문장군보다 크고 단편보다 작은 단위이다.

문단은 다음과 같은 점에서 문장군과 구별된다.

'그 차이의 하나는 문단이 일반적으로 두가지 또는 그이상의 문장관계로 구성되나 문장군은 하나의 문장관계로 구성된다는것이다.

○ 처음 지은 상원암이 있던곳은 지형이 험하고 경사가 급하여 오르내리기가 여간만 힘들지 않았다. ① 그러므로 백족술사는 이 절을 그 아래켠 룡못이 있는 평평한 버덩으로 옮기려고 하였다. ② 그러나 룡못에는 큰 룡이 도사리고 살면서 평펴짐한 그곳을 내주려 하지 않았다. ③

이 례문은 3개 문장으로 구성되였는데 문장 ①과 문장 ②는 인과관계로 되였고 문장 ① ②와 문장 ③은 전환관계로 되였다.

그 차이의 다른 하나는 문단은 소주제를 가지고있다는것이다. 즉 문단은 하나의 핵심사상을 나타내며 하나의 기본관점을 서술한다. 일반적으로 문단의 첫문장이 소주제로 될 때가 많다.

○ 비로봉은 묘향산에서 제일 높은 주되는 봉우리이다. ① 예로부터 우리 조상들은 흔히 제일높은 산봉우리를 비로봉이라고 일러왔다. ② 바로 묘향산에서 제일 높은 봉우리인 이 봉우리의 이름도 이로부터 지어진 이름이다. ③

문장 ①은 이 문단에서 소주제로 된다. 그아래 문장들에서는 제일 높은 봉우리를 비로봉이라고 하는데 대해 설명하였다.

어떤 경우에는 소주제가 문단의 마지막에 제기될수 있다.

○ 부루왕은 상쾌한 기분으로 말을 타고 가는데 갑자기 그가 탄 말이 어느한 큰 바위앞에 이르더니 머리를 숙이고 눈물을 흘리는것이였다. ① 일행은 신기하게 생각하면서 그바위를 제껴보았다. ② 바위밑에서는 개구리처럼 생기고 몸에서는 눈부신 금빛을 뿜는 사내아이가 나왔다. ③ 부루왕은 곧 아이를 왕궁으로 데려다 키워서 그에게 왕자리를 물려주었다. ④ 그가 바로 그 생김새에 따라 이름이 붙은 부여의 금와왕(금개구리왕)이였다. ⑤ 《묘향산의 력사와 문화》에서)

여기서 마지막문장 ⑤가 소주제로 제시되고있다.

그 차이의 셋째로는, 문단이 일반적으로 《발단부분-전개부분-결말부분》으로 구성된다는것이다.

발단부분은 서두로서 일반적으로 문장으로 되며 직접적이거나 은폐적으로 문제를 제기하여 다음문장들에서 설명하게 한다. 발단부분은 소주제를 나타내는 제목으로써 서술의 출발점을 나타낸다. 전개부분은 몇개 문장 혹은 하나의 문장으로 된다. 문단의 주요부분으로서 주요내용을 진술한다. 결말부분은 앞에서 진술한 내용에 대한 종합과 종결이다.

○ 아세아주 서부의 팔레스티나와 요르단이 서로 린접해있는 지대에는 《사해》라는 바다가 있다. ① 멀리 바라보면 가없이 넓은 사해에서는 파도가 끊임없이 일어난다. ② 그러나 이렇듯 호호탕탕한 바다에 새우나 바다풀 같은것이 없을뿐만아니라 바다가에까지도 풀 한포기 자라지 않는다는것을 누가 생각이나 할수 있겠는가? ③ 이래서 《사해》(死海)라는 이름을 가진것 같다. ④

이 례문에서 문장 ②와 문장 ③은 접속어 《그러나》로 련결되는데 두 문장은 전환관계를 나타내며 문장 ②와 문장 ③은 문장 ①을 여러 측면에서 설명하는데 이들관계는 설명관계이다. 문장 ④는 접속어 《그래서》로써 앞문장들과 련결되는데 결과를 나타낸다. 문장 ①은 발단부분이고 문장 ②와 문장 ③은 전개부분이며 문장 ④는 결말부분이다. 이 문단의 소주제는 《사해》를 가지고 서술되였다.

문단이 발단부분, 전개부분, 결말부분으로 구성되였다 하여 모든 문단이 다 이런 구성으로 되는것은 아니다.

어떤 문단은 결말부분이 없다. 이런 문단은 추상적인데로부터 구체적인 묘사를 하는데서 나타난다.

○ 동쪽벽에는 청룡을 그렸다. ① 청룡은 대가리를 쳐들고 눈을 크게 부릅떴으며 아가리를 딱 벌린채 혀를 내밀고 네다리를 뻗쳐 방금 달려나올듯한 자세이다. ② 몸뚱이는 꿈틀거리는 뱀처럼 생겼다. ③ 벽면의 대각선상으로 뻗은 꼬리는 매우 률동적이다. ④ 비늘로 가득한 몸뚱이는 5색을 아롱지게 칠하여 립체감을 나타내게 하고 가슴에는 불꽃이 휘날리게 하였으며 발가락이 넷인 다리들에는 흰깃을 그려놓았다. ⑤

여기서 문장 ①은 발단부분이고 그아래는 청룡에 대해 상세히 설명한것으로서 전개부분이다. 그렇지만 결말부분은 없다.

어떤 문단은 문제의 제기가 없이 일정한 사실을 든 다음 결론을 내온다. 이런 문단은 분산적인데로부터 종합적인.묘사로 넘어가는데서 나타난다.

○ 서남풍에 실려 묘향산골짜기로 거슬려 날아온 구름과 안개는 동북쪽에서 담벽처럼 막아선 비로봉과 칠성봉, 강신봉에 부딪쳐 되돌아나오면서 그가운데 우뚝 솟아있는 돛대봉을 감싸안고 돈다. ① 돛대봉밑에 있는 설령대에 올라서서 발밑의 산허리를 휘감고 도는 띠모양의 구름을 보느라면 구름이 도는것이 아니라 자신과 산이 구름을 타고 움직이는것 같이 느껴진다. ② 구름속을 날아가는듯한 이 절경을 《설평형운》 또는 《설령귀운》이라 하여 《향산8경》의 하나로 일러왔다. ③

이 례문에서는 문제의 제기가 없이 설령대의 구름돌이(설령형운)을 구체적으로 서술하고 마지막에는 《향산8경》의 하나로 일러왔다고 결말을 지었다.

4. 단 편

단편은 부본문이라고도 한다.

단편은 문단보다 크고 장절보다 작은 언어적단위이다.

단편은 일반적으로 두개이상의 문단으로 구성된다.

단편도 문단과 마찬가지로 《발단부분－전개부분－결말부분》으로 나눈다.

○ 옛날 어느 마을에 엄마청개구리가 외아들을 데리고 살았는데 아들청개구리는 엄마의 말을 듣지 않고 제멋대로만 놀았다. ① 점점 버릇이 굳혀 엄마의 말을 듣지 않았으며 듣는 경우에도 그 반대로만 행동하였다. ② 엄마가 서쪽으로 가라면 동쪽으로 가고 산에 가서 놀라면 강에 나가 놀았다. ③

엄마청개구리는 너무 속이 타서 자리에 눕게 되였다. ④ 병은 점점 심하여 이제는 죽게 되였다. ⑤ 엄마는 걱정이 되였다. ⑥ 언제나 반대로만 하는 아들이 제가 죽으면 산에 묻지 않고 꼭 강가에 묻을것만 같았다. ⑦ 그래서 엄마청개구리는 아들을 머리말에 불러놓고 《애야, 엄마가 죽거든 산에 묻지 말고 내가에 묻어다오.》 하고는 숨을 거두었다. ⑧

아들청개구리는 엄마가 죽은 다음에야 후회를 하였다. ⑨ 슬피 울던 아들청개구리는 엄마의 마지막 유언이라도 잘 들어야겠다고 생각하고 물이 졸졸 흐르는 내가에 엄마를 묻었다. ⑩ 그후부터 아들청개구리는 날씨가 조금만 흐려도 엄마의 무덤이 비물에 떠내려갈가봐 근심스러워 풀잎에 올라가 《개골개골》 하고 울기만 하였다. ⑪

이 단편은 3개의 문단으로 이루어져있다.

첫번째 문단의 문장 ①이 이 단편의 소주제로 된다.

이 단편은 3개의 문단에 의하여 병렬적으로 구성되였다. 매개 문단에서의 첫번째 문장은 그 문단에서의 소주제이다. 첫번째 문단에서는 아들청개구리가 엄마의 말을 듣지 않았다는것, 두번째 문단에서는 엄마청개구리가 속이 타 자리에 눕게 되였다는것, 세번째 문단에서는 아들청개구리가 엄마가 죽은 다음에야 후회하였다는것을 각각 서술하였다.

매 문단에서 첫째 문장이 발단부분이 되며 마지막문장이 결말부분으로 된다. 전단편의 발단부분은 첫번째 문단의 첫째문장이고 결말부분은 마지막 문단의 마지막문장이다. 그밖의 부분은 모두 전개부분으로 된다.

제 2 절. 본문의 언어단위와 단락

단락이 본문의 언어단위가 아니라는데 대해 우에서 언급하였다.

단락을 본문의 언어단위로 보게 된것은 단락이 어떤 경우 본문의 언어단위들인 문장군, 더우기는 문단과 같게 그 단위계선이 세워지기때문이다. 그

리므로 본문의 언어단위와 단락의 단위계선에서 나타나는 본질적차이를 밝혀
야 한다.

1. 문장군과 단락

문장군과 단락과의 계선에서의 차이는 아래와 같은데서 찾아볼수 있다.

1) 문장군과 단락은 그 계선이 같게 될 때가 있다.

○ 투쟁의 길은 결코 수라하지 않다.

준탄하지 않은 그 길에서 비관을 모르고 꿋꿋이 싸워 승리하는것이 참된
혁명가의 생활이다.

여기서는 문장군과 단락이 같게 되였다. 이렇게 같게 되는것은 글에서
단락이 론리-의미에 의하여 나누어지고 본문에서도 론리통일체에 기초하여
나누어지기때문이다. 다시 말하면 론리에 기초하여 나누어지기때문이다.

2) 문장군은 단락보다 작게 나타난다.

이런 정황에서 단락은 하나 또는 두개이상의 문장군으로 구성될수
있다.

○ 은선폭포로부터 원편의 깊은 낭떠러지로 된 바위등마루를 뚫아 널
직한 바위등판에 올라서면 그 맞은편 절벽우에 쏴-하는 소리를 내며 내리
쏟는 폭포가 보인다. ① 폭포밑에는 옥색빛 깊은 소가 폐워있고 둥근바위
돌이 널려있는 사이사이에는 《팔담》이라고 부르는 우묵우묵한 소들이 있다.
② ∥유선폭포우의 벼랑과 벼랑사이에는 쇠줄다리가 놓여있다. ③ 쇠줄다리
우에 올라서면 흰 물갈기를 날리며 떨어지는 아름다운 유선폭포의 전경이
한눈에 굽어보인다. ④ 북쪽절벽우에는 금시 굴러떨어질듯한 큰 바위가 이
마를 내밀었고 그 서쪽에는 비스듬히 경사를 이룬 바위산이 솟아있다. ⑤

이 례문에서 문장 ①과 문장 ②가 하나의 문장군을 이루고 문장 ③과 문
장 ④와 문장 ⑤가 다른 한 문장군을 이룬다. 이 두 문장군은 하나의 단락을
이루고있다. 다시말하면 문장군은 단락보다 작게 표현되였다.

3) 문장군은 단락보다 클수도 있다.

이런 경우는 두개 또는 두개이상의 단락이 하나의 주제를 위해 서로 련
결되는것이다.

○ 나는 가을을 사랑한다.

나는 우리 이 세대의 가을을 사랑한다.

나는 황금의 가을이 인간세상에서 영원하기를 바란다.

이 례문에서 하나의 문장으로 된 3개의 단락은 하나의 문장군으로 된
다. 그것은 이 3개 단락이 의미상에서 긴밀하며 하나의 중심사상을 나타내며
구조상에서 한단락에 넣어도 될것을 작자가 강렬한 감정을 토로하기 위하여

특별히 줄을 바꾸고 문단의 형식으로 강조 또는 치중을 나타내여 독자들의 주의를 환기시키며 눈에 띄우게 하기 위하여 이렇게 나누어놓은것이다.

2. 문단과 단락

문단과 단락은 다른 단계에서 나누어지는 단위이다.

단락은 문장을 구성성분으로 하여 구성되지만 문단은 문장군을 기초로 하여 구성된다.

우선 문단은 단락과 같게 나누어질수 있다.

О 만폭동어귀에는 일찌기 부모를 여의고 서로 의지하여 사이좋게 사는 8형제총각이 있었다. ① 맏형은 그들 형제들에게 있어서 가장 엄하면서도 살뜰한 웃사람이였다. ② 형들은 동생들을 사랑하고 동생들은 형들을 존경하면서 서로 힘을 합쳐 농사를 지으며 행복하게 살고있었다. ③ 이들의 가장 즐거운 휴식의 한때는 나무를 한짐씩 해놓고 무릉폭포에서 목욕도 하고 한그릇에 담아가지고 온 점심을 나누어먹으며 쉬는것이였다. ④ 하기에 이들은 그들에게 즐거운 휴식장소로 되는 그 폭포의 이름을 옛말에 나는 신선이 산다는 복숭아꽃 만발한 리상세계에 비유해서 무릉폭포라고 불렀던것이다. ⑤

이 례에서 문장 ①과 문장 ②와 문장 ③은 의미적으로 이루어진 병렬적문장군이고 문장 ④와 문장 ⑤는 원인적문장군이다. 이 두 문장군이 합쳐서 한문단을 이룬다. 그런데 이 문단은 이 글에서 하나의 단락으로 되였다. 다시말하면 문단과 단락이 같게 되였다.

다음, 문단은 단락보다 작을수 있다.

О 사명당은 곧 소매자락에서 복개도에서 뜯어가지고 온 솔잎을 꺼내여 두손에 받쳐들고 고국이 있는 아득히 먼 서쪽하늘을 향해 잠시 묵도를 하였다. ① 그러자 갑자기 하늘은 검은 구름으로 뒤덮이고 천지는 어스름 달밤처럼 어두워졌다. ② 그리고 조선쪽에서 사나운 광풍이 불어오고 시꺼먼 매지구름이 밀려왔다. ③ 바람과 구름도 노호하며 전쟁으로 조선인민에게 헤아릴수 없는 재난을 들씌운 왜놈들을 단죄하는상싶었다. ④ 잠시후 하늘땅이 금시 터지는듯 시퍼런 번개불이 번쩍이고 우뢰가 울더니 하늘에서는 대줄기같은 소나기가 쏟아저내렸다. ⑤ 마치 막혔던 물목을 터쳐놓은 듯 하늘은 줄비를 무섭게 퍼부었다. ⑥ 그리하여 이글이글 타오르던 숯불은 삽시에 꺼지고 불무지는 물속에 잠기고말았다. ⑦

이 례문은 하나의 단락으로 된것이다. 이 단락은 두개의 단계로 나누어 볼수 있다. 첫째 단계는 문장 ①, 문장 ②, 문장 ③, 문장 ④로 나누어지고 둘째 단계는 문장 ⑤, 문장 ⑥, 문장 ⑦로 나누어진다. 첫째 단계에서 문장 ②와 문장 ③이 먼저 련결되여 병렬적관계를 이룬다. 이것은 문장 ①과 련결되여 또 인과관계를 이룬다. 이것은 또 문장 ④와 련결되는데 설명관계를 이 문다. 이리하여 첫째 단계에서의 문장 ①, 문장 ②, 문장 ③, 문장 ④는 하나의 문단을 이룬다. 둘째 단계에서 문장 ⑤와 문장 ⑥이 먼저 련결되는데 이것들은 병렬관계를 이룬다. 이것은 문장 ⑦과 련결되여 인과관계를 이룬다. 여기서 문장 ⑤, 문장 ⑥, 문장 ⑦은 또 하나의 문단을 이룬다. 이렇게 이 단락은 두개의 문단으로 이루어졌으며 따라서 문단은 단락보다 작게 되였다.

그 다음 문단은 단락보다 클수 있다.

○ 하비로암으로부터 칠성굴을 따라 산마루에 올라서면 칠성봉에 이른다. ① 칠성봉 동쪽산허리에는 향산8경의 하나로 꼽히우는 설령대가 있다. ②

설령대는 경치가 아름다와 예로부터 탐승객들의 발길이 잦은곳이였다. ③ 이로부터 이곳에는 과거사회의 모순된 계급관계와 사람들의 서정생활을 반영한 저대에 대한 다음과 같은 전설이 전해지고있다. ④

이 례에서 문장들은 꼬리잡이수법을 리용하여 이어지고있다. 문장 ①의 《칠성봉》을 문장 ②에서 이어받고 문장 ②의 《설령대》를 문장 ③에서 이어받고있다. 문장 ④는 여기서 결괄로 될뿐만아니라 아래의 내용을 이끌어내는 역할도 하면서 아래우 단락을 이어준다.

그런데 여기서 보다싶이 문장 ①과 문장 ②와 문장 ③과 문장 ④가 한 문단을 이루었는데 이 문단은 두 단락으로 되였다. 그러므로 문단은 단락보다 크게 되였으며 반대로 단락은 문단보다 작게 되였다.

문단이 단락보다 크고 단락이 문단보다 작다는것을 아래의 례문에서 쉽게 가려볼수 있다.

○ 우리의 사상도 영원히 주체의 사상이다. ①
우리의 당도 영원히 주체형의 당이다. ②
우리의 군대도 영원히 주체형의 군대이다. ③
바로 이것이 경애하는 수령님의 위업, 주체혁명위업을 끝까지 완성해나가시는 우리의 친애하는 **김정일동지**의 위대한 신념이다. ④

이 례문은 4개의 단락으로 되였는데 이 4개단락이 한문단으로 되는것이다. 그것이 한문단으로 되는 리유는 문장 ①과 문장 ②와 문장 ③은 병렬관계를 이루고 이것들이 또한 문장 ④와 총괄관계를 이루어 두개의 관계를 나타내기때문이다.

단락은 그 구성이 비교적 자유로와서 어떤 경우에는 하나의 문장 또는 하나의 문장군으로도, 하나의 문단으로도 되며 어떤 경우에는 몇개의 문장, 몇개의 문장군으로도 될수 있으며 몇개의 문단으로도 될수 있다.

반대로 하나의 문장군, 하나의 문단보다도 작게 될수도 있는것이다.

단락이 이런 수의적인 특성을 가지게 되는것은 단락이 글의 단계에서 가장 기본으로 되는 단위로 되면서 작자의 사유발전의 순서를 나타낼 때 그 어떤 특수한 목적과 효과를 얻기 위하여, 특수한 언어환경의 지배하에서 어떤 내용을 강조하거나 아래우 문맥을 이어주기 위하여 단락이 설정되는것과 관련되기때문이다.

3. 단편과 단락

문장군이나 문단이 단락보다 클수도 있고 같을수도 있다면 단편은 언제나 단락보다 크다.

단편은 문단보다 크고 장절보다 작은 언어적단위로서 여러개의 단락으로 구성된다.

단편과 단락은 다른 단계에서 구획되여나오는 단위이지만 그 용량에서 이렇게 비교할수도 있는것이다.

그러면 **단편과 단락**을 비교해보기로 하자.

단편은 여러개의 단락으로 된다.

○ 2선남폭포, 천태폭포로부터 얼마쯤 더 골짜기를 따라 올라가면 2선남폭포가 있다. 두개의 물줄기가 의좋은 형제처럼 가지런히 떨어진다고 하여 얼마전까지 이 폭포의 이름을 형제폭포라고 불러왔다. 묘향산을 인민의 문화휴식터로 잘 꾸려주시려는 위대한 수령님의 구상을 실현하기 위하여 친애하는 **김정일동지**께서 이곳 등산로정을 새로 확정해주시면서 하늘의 선녀들이 묘향산에 내려와 놀았다지만 오늘은 로동당시대의 《선남》이 찾아와 마음껏 즐기게 되였다는 의미에서 이 폭포의 이름을 《2선남폭포》로 고쳐부르게 하시였다.

폭포가 있는 골짜기의 오른쪽에는 수직으로 된 절벽이 솟아있고 그 우에는 소나무, 참나무들이 빽빽하게 서있다. 폭포를 드리운 절벽의 바위짬에는 진달래나무와 단풍나무들이 자라고있다.

폭포의 왼쪽에는 비스듬히 폭포쪽으로 기울어진 큰 바위산이 솟아 있다.

골짜기를 언제처럼 가로막고 솟아있는 수직으로 된 절벽우에서는 두개의 물줄기가 어깨겯고 기운차게 떨어진다.

왼쪽의 폭포수는 웃부분에서 경사진 바위를 타고 얼마간 흐르다가 갑자기 밑으로 날아떨어진다. 오른쪽의 폭포수는 경사진 바위를 타고 미끄러져내리다가 바위턱에 걸려 앞으로 내뿜기도 하고 또다시 미끄러지다가 솟구치기도 하면서 밑으로 떨어진다. 폭포우에 뽀얗게 서린 물안개에는 7색무지개가 곱게 비껴있다.

두 폭포가 떨어지는 밑에는 깊이 3m되는 푸른 소가 있다.

소에 찼던 물은 폭포앞을 넓게 가로질러간 암반우를 미끄러져내려 다시 그밑에 두번째 소를 형성하였다. 맑은 물은 그곳을 떠나기 아쉬운듯 두어바퀴 돌다가 계곡으로 흘러내려간다.

폭포밑에서 우를 올려다보면 두 폭포사이로 멀리 푸른 하늘을 배경으로 높이 솟은 석가봉의 험준한 메부리가 바라보인다. 2선남폭포가 짙은 록음속에 잠기는 여름철의 경치도 좋지만 빨간색, 황금색 단풍이 절벽우에 가지를 드리우는 마가을의 경치는 더욱 황홀하다.

폭포의 왼쪽바위에는 폭포의 경치를 바라볼수 있는 산뜻한 휴식각이 있다.

우에서 보다싶이 단편 《2선남폭포》는 여러개의 단락으로 구성되였다.

글의 길이에서 어떤 경우 단편은 한 문장으로 이루어진 단락보다 작을수 있다. 그것은 단편이 언어단위들의 결합으로써 구성된 단위로서 글이 길고짧은데 있는것이 아니라 언어의 구조적결합이 간단한가 복잡한가에 있기때문이다.

단편은 하나의 문장으로 된 단락이 아무리 길다 하더라도 언어단위에서는 문장보다 크며 단락보다도 큰것이다.

아래의 례에서 대비하여보기로 하자.

○ 향로봉. 향로봉은 묘향산의 주봉인 비로봉에서 서쪽으로 뻗은 산발우에 솟아있는 봉우리이다.

봉우리에 올라가면 누운향나무, 누은측백나무, 누운잣나무들이 향기를 풍기며 록색주단처럼 아름답게 깔려있다. 또한 산등에는 모진 비바람을 이겨내며 바위등판에 뿌리박고있는 들쭉나무와 만병초가 고산지대의 정취를 풍기며 굳세게 자라고있다.

향로봉으로부터 동쪽으로는 천탑봉, 천태봉, 석가봉들이 줄지어 솟아있고 그 우로는 비로봉의 모습이 한눈에 안겨온다. 서쪽으로는 아름다운 곡선을 그리며 뻗어나간 오선봉, 법왕봉들이 눈아래로 굽어보인다.

북쪽으로 눈길을 돌리면 번영하는 공업강국의 축도인듯 공업도시 희천시와 양지바른 산구비마다에 오붓이 들어앉은 문화농촌들이 정겹게 안겨온다. 남쪽을 바라보면 세계적관광지로 아름답게 꾸려진 향산골과 청천강을 끼고 흘러간 첩첩한 산발들이 그림처럼 펼쳐져있다.

○ 묘향산은 소나무, 잣나무, 전나무를 비롯한 바늘잎나무들이 적지 않은 비중을 차지하고있는 울창한 산림, 흰구름을 허리에 휘감고 아아히 솟아있는 웅장한 메부리들, 부드러운 곡선을 그리며 뻗어나간 높낮은 산발들, 골안마다 수천수만의 구슬이 일시에 부서져 내리는듯 아슬한 벼랑우에서 산울림하며 떨어지는 폭포들, 깊은 골짜기마다 서정을 담아싣고 속삭이며 흘러가는 주옥같은 맑은 물, 산말기와 계곡들에서 기묘하고 웅장한 자태를 자랑하는 큰 바위들, 신록이 짙어가는 봄철의 연분홍 진달래와 주홍빛 두봉화, 눈속에 피여난 비로봉의 만병초와 초여름의 목란, 한여름의 불볕을 막아주는 울창한 록음, 눈부신 꽃비단을 필필이 늘여놓은듯한 가을의 단풍바다, 은백색 눈무지속에서도 소나무, 잣나무들이 청초한 빛을 뿌리고 흘러내리던 폭들이 그대로 얼어붙어 수정궁을 방불케 하는 겨울의 설

경, 마냥 기쁨만을 가슴 가득히 안겨주는 뭇새들의 지저귐과 여울물소리, 이 모든 자연미들은 4계절 어느때에 보아도 묘향산을 이름난 명승지로 특출하게 부각시켜주는 절경들이다.

우에서 보다싶이 두번째 례문은 하나의 문장인데 단편보다도 더 길다. 그러나 아무리 길어도 결국은 《나는 조국을 사랑한다.》와 같은 하나의 문장에 지나지 않는다.

제 3 절. 본문의 언어단위의 변형

본문은 형식과 형태를 자유로이 변형할수 있다. 이는 이미 본문의 기본표식에서 고찰하였다.

이것은 본문의 언어단위인 문장군, 문단, 단편을 임의의 문장으로 변형시킬수 있을뿐만아니라 문장군을 문단으로, 문단을 단편으로 변형시킬수 있다는것이며 그 반대의 공정도 실현할수 있다는것이다.

ㅇ 비가 멎었다. 우리는 인차 길을 떠났다. 늦비가 멎자 우리는 인차 길을 떠났다.

우에서 보다싶이 문장군과 문장이 서로 변형되였다.

이와 같은 방법으로 문단과 문장도 서로 변형시킬수 있다.

ㅇ 나는 목이 메여 미시가루를 탄 물이 넘어가지 않았다. 그것은 나뿐이 아니였다. 우리 셋이 모두 그랬다. (《한줌의 미시가루》에서)

⇌ 나는 목이 메여 미시가루를 탄 물이 넘어가지 않았는데 그것은 나뿐이 아니라 우리 셋이 모두 그랬다.

여기서 문단과 문장이 서로 변형되였다.

이와 같은 식으로 단편도 문장으로 변형시킬수 있으며 반대로 문장을 단편, 문단, 문장군으로 변형시킬수 있다.

또한 문장군, 문단, 단편도 서로 변형할수 있다.

ㅇ 나는 목이 메여 미시가루를 탄 물이 넘어가지 않았다. 그것은 나뿐이 아니였다. 우리 셋이 모두 그랬다.

⇌ 나는 목이 메여 미시가루를 탄 물이 넘어가지 않았는데 그것은 나뿐이 아니였다. 우리 셋이 모두 그랬다.

여기서 보면 문단과 문장군이 서로 변형되였다.

이와 같이 단편도 문단, 문장군과 서로 변형시킬수 있는것이다.

ㅇ 금강폭포를 지나 1km정도 골짜기를 따라 더 올라가면 대하폭포가 있다. ① 이 폭포는 인호대아래에 있는 폭포라 하여 대하폭포라고 부른다

고 한다. ② 대하폭포는 그우에 있는 룡연폭포와 산주폭포의 물이 하나로 합쳐져서 흘러내려오다가 계단모양의 바위벼랑으로 떨어지면서 생긴 폭포이다. ③ 대하폭포의 주위에는 울창한 나무숲이 병풍처럼 폭포를 감싸고있고 량쪽기슭에 키높이 자란 소나무들은 반기는것 같이 보인다. ④ 바위벼랑에서 쏟아져내리는 폭포수는 벼랑중턱의 계단처럼 패워진 바위홈에 한번 부딪쳤다가 꽃보라같은 물방울을 흩날리면서 다시 윤기도는 바위우를 미끄러져 밑으로 떨어진다. ⑤ 벼랑턱에서 기승을 부리면서 떨어지는 물줄기의 힘찬 모습은 마음을 더욱 상쾌하게 해준다. ⑥ 밑으로 떨어진 물은 숨을 돌리는듯 푸른 소를 천천히 돌다가 웅기중기 널려있는 바위들사이를 재치있게 빠져서 금강폭포로 흘러간다. ⑦ 푸른 소에는 천동치는 폭포소리에도 아랑곳하지 않고 버들잎같은 작은 물고기들이 재롱을 부리면서 한가로이 헤염치고있다. ⑧

이 례문은 두개의 단락으로 된 하나의 단편이다. 문장 ①, 문장 ②, 문장 ③이 한 단락이고 문장 ④, 문장 ⑤, 문장 ⑥, 문장 ⑦, 문장 ⑧이 다른 한 단락이다. 이 단편은 두개의 문단으로 나뉘어지는데 첫째 단락이 하나의 문단으로 되고 둘째 단락이 다른 하나의 문단으로 된다.

첫째 문단의 문장 ①, 문장 ②, 문장 ③을 하나의 문장군으로 변형시킬 수 있다.

둘째 문단은 두개의 단계로 되였는데 한 단계는 문장 ④, 문장 ⑤, 문장 ⑥으로 되고 다른 한 단계는 문장 ⑦, 문장 ⑧로 되였다. 문장 ④, 문장 ⑤, 문장 ⑥을 하나의 문장군으로 변형시키고 문장 ⑦, 문장 ⑧을 다른 하나의 문장군으로 변형시킬수 있다. 이렇게 하면 이 단편이 문단으로 변형되고 이 문단이 또 문장군으로 변형된다.

변형시킬 때 그 결합적관계에 주의하여 의미상에서나 언어접속상에서 가장 긴밀하고 밀접한것들을 먼저 변형시키고 그 다음에 그와 관련해서 밀접하게 관계되는것들을 하나하나 변형시켜나가야 한다.

이 단편을 문장군으로 변형시키면 다음과 같이 된다.

○ 금강폭포를 지나 1km정도 골짜기를 따라 더 올라가면 대하폭포가 있는데 이 폭포는 인호대아래에 있는 폭포라 하여 대하폭포라고 부른다고 한다. 대하폭포는 그우에 있는 룡연폭포와 산주폭포의 물이 하나로 합쳐져서 흘러내려오다가 계단모양의 바위벼랑으로 떨어지면서 생긴 폭포이다. //

대하폭포의 주위에는 울창한 나무숲이 병풍처럼 폭포를 감싸고있고 량쪽기슭에 키높이 자란 소나무들은 폭포쪽으로만 가지들을 뻗치고 있어 마치 흐르는 폭포수를 손저어 반기는것 같이 보이고 바위벼랑에서 쏟아져 내리는 폭포수는 벼랑중턱의 계단처럼 패워진 바위홈에 한번 부딪쳤다가 꽃보라같은 물방울을 흩날리면서 다시 윤기도는 바위우를 미끄러져 밑으로 떨어진다. 벼랑턱에서 기승을 부리면서 떨어지는 물줄기의 힘찬 모습은 마음을 더욱 상쾌하게 해준다. ∥밑으로 떨어진 물은 숨을 돌리는듯 푸른 소를 천천히 돌다가 웅기중기 널려있는 바위들사이를 재치있게 빠져서 금강폭포로 흘러간다. 푸른 소에는 천둥치는 폭포소리에도 아랑곳하지 않고 버들잎같은 작은 물고기들이 재롱을 부리면서 한가로이 헤염치고있다.∥

이렇게 이 단편은 두개 문단으로, 두개의 문단이 3개의 문장군으로 변형되였다.

이 문장군들을 문장으로 변형시킬수 있으며 그 반대로 할수도 있다.

본문의 언어적단위들이 호상 변형될수 있고 이렇게 변형시켜도 그 내용에 큰 변화가 생기지 않는다고 하지만 표현적효과에서는 다르게 될수 있다.

○ 바람도 멎었다. 비도 그쳤다. 우리는 잇차 길을 떠났다.

이 례문은 순서관계로 된 초문장통일체인데 언어표현에서 환경에 따라 행동이 련속적으로 진행됨으로써 급속한 분위기를 조성하여준다.

○ 바람도 멎고 비도 그치니 우리는 잇차 길을 떠났다.

그러나 복합문으로 변형된 이 례문은 합동적관계로 된 다음 원인관계로 되면서 언어표현에서 급속한 분위기보다도 인과적인 의미를 다분히 준다. 그러므로 본문의 언어적단위들을 변형할수 있다고 하여 그 표현적효과가 반드시 변형되기전과 같다고 말할수 없는것이다.

제 3 장. 기능적인 문장구획법과 그 수단

제 1 절. 기능적인 문장구획법

1. 기능적인 문장구획법의 개념

언어학의 매개 분과에는 독특한 자기의 연구방법이 있다.

본문언어학은 초문장통일체에 대해 기능적인 문장구획법(functional sentence-perspective)으로 분석한다.

기능적인 문장구획법은 체스꼬의 언어학자이며 쁘라하학파의 창시자인 마테지우스(Mathesius)가 1929년에 제기한것이다.

기능적인 문장구획법은 기능-의미분석법이다. 마테지우스는 일정한 상하문장 또는 언어환경에서 문장의 구체적인 의미를 분석하였다. 그는 문장을 두개 부분으로 나누었다. 하나는 서술의 출발점 또는 기초이고 다른 하나는 서술의 핵심이였다.

독일의 언어학자 보스트(Boost)는 전자를 테마(thema)라 하고 후자를 레마(rhema)라고 하였다.

이전 쏘련의 그루쉐리니쯔까야(Крушельницкая)는 주어진것(данное)

과 새로운것(HOBOe)라고 하였다.

술어는 다르지만 관점은 같다. 문장을 두개의 의미부분 테마와 레마로 나눈것이다.

기능적인 문장구획법은 문장을 테마와 레마로 구획하는 방법이다.

테마와 레마는 본문언어학의 두개의 중요한 술어로 된다. 그것이 중요하다는것은 본문의 연구가 본문의 언어실용, 의미구조의 연구를 떠날수 없기때문이다.

테마와 레마는 언어실용, 의미구조에 대한 분석연구에서 발견된것으로서 언어실용, 의미구조성분에서의 개념으로 된다.

어떠한 사물의 구조에 대한 연구에서 사물의 구조성분의 개념을 나타내지 못한다면 연구를 진행할수 없는것이다. 때문에 본문의 언어실용, 의미구조성분을 나타내는 테마와 레마의 두 개념은 본문언어학의 중요한 개념으로 되는것이다.

테마를 후에 많은 사람들이 관련되는 언어현상을 반영하는것과 구별하기 위하여 토픽(topic)이라고도 하였지만 본문언어학에서는 테마라는 개념을 많이 쓴다. 이것을 조선어로는 《주제》 또는 《화제》라고 번역하고있다. 레마를 후에 토픽과 맞추어 커멘트(comment)라고 하였다. 이것을 조선어로는 《서술》, 《설명》, 《평언》이라고 번역하고있다. 이 론문에서는 《주제》와 《진술》이라고 하기로 한다.

주어진것은 이미 알고있는 정보를 말한다고 보아 구정보라고 하며 새로운것은 알려는 정보를 말한다고 하여 신정보라고 한다.

구정보와 신정보는 본문의 언어실용, 의미구조를 연구하는데서 쓰이는 개념이다. 이것은 본문의 언어실용, 의미구조의 한 측면을 나타내므로 본문연구의 하나의 중요한 개념으로 된다.

정보는 정보론의 주요한 개념이다. 정보는 말하는 사람이 말을 듣는 사람의 각도에 서서 보면 말하는 사람이 말을 듣는 사람이 이미 알고있는 정보라고 여기는것을 구정보라고 하며 말하는 사람이 말을 듣는 사람이 아직 모르는 정보라고 여기는것을 신정보라고 한다.

주제와 진술의 의미에 대하여 각이한 설명이 있다. 주제에 대해 어떤 사람들은 서술의 출발점 또는 대상, 기초라고도 하고 어떤 사람은 이미 알고있는 내용이라고도 한다. 진술에 대해 어떤 사람은 서술의 핵심, 서술의 내용이라고도 하고 어떤 사람들은 새로운 내용이라고도 한다.

이리하여 이미 알고있는 내용과 이미 알고있는 정보, 새로운 내용과 새로운 정보는 모두 동일한 대상에 대한 각이한 이름이므로 주제를 이미 알고있는 정보라고 말하거나 이미 알고있는 정보를 포함하였다고 말하며 진술은 새 정보라고 하거나 알려는 정보를 포함하였다고 말하고있다. 이렇게 알고있는 정보를 주제의 내용으로 하고 알려는 정보를 진술의 내용으로 하고있다.

여기서 주제와 진술을 각각 알고있는 정보와 알려는 정보에 련계시키고 대등하게 보는것은 주제, 진술과 알고있는 정보, 알려는 정보와의 밀접한 련계를 반영한다.

주제는 진술의 출발점, 진술의 대상, 이미 알고있는 정보를 나타내고 진술은 진술의 핵심, 새로운 정보를 나타낸다고 하는데 이것도 완전히 맞는것이 아니라고 보는 학자도 있다.

이전 쏘련의 꼽뚜노와(Н. Ковтунова)는 문장을 주제와 진술 두개 부분으로 나누고서는 주제는 진술의 출발점 또는 진술의 대상이고 진술은 진술의 주요부분 또는 진술의 교제중심, 술어라고 하였다.

그리고 주제와 진술, 이미 알고있는것과 새로 알려는것은 다르다고 하였다. 주제는 순수하게 이미 알고있는것을 표시할뿐이다. 그러나 이미 알고있는것의 개념은 넓을수도 있고 좁을수도 있다. 그것은 주제는 이미 알고있는것으로 충당될뿐아니라 새로 알려는것으로 충당될수도 있다. 이때 주제의 내용은 이미 알고있는것보다 넓다. 이밖에 이미 알고있는것은 주제에 충당될 수 있을뿐만아니라 진술의 일부분으로 될수도 있다. 심지어는 전부가 될수도 있다. 이때 주제의 개념은 이미 알고있는것에 비해 좁다. 이와 동시에 진술은 새로 알려는것으로 충당될뿐만아니라 이미 알고있는것으로 충당될수도 있다. 이때의 진술은 주요하게 이미 알고있는 사실을 중복하여 강조하게 된다. (진술의 반복으로 표현)

주제는 진술의 출발점 또는 대상밖에 이미 알고있는 정보도 포함할수 있는가? 이것을 이미 알고있는 정보라고 말할수 있는가?

진술은 주제에 대한 서술밖에 알려는 정보를 포함할수 있는가? 이것을 알려는 정보라고 할수 있는가?

이러한 문제는 모두 중요한 리론적문제로서 본문의 언어실용에서나 의미구조연구에서 반드시 해결하여야 할 문제이며 개념체계를 합리적으로 세우고 언어현실을 제대로 분석하는데 관계되는 문제이다.

문제를 이렇게 제기하는것은 주제와 진술, 알고있는 정보와 알려는 정보는 확연히 서로 다른 두개의 개념으로서 한 개념이 다른 한 개념에 포함되여 설정될수 없다는것과 관련되기때문이다.

주제와 진술은 말하는 사람이 말하려는 의도를 나타낸것이고 알고있는 정보와 알려는 정보는 정보의 련계를 나타낸것이다. 두 개념이 나타내는 의미는 서로 다른것이다. 그러므로 두 개념은 상속관계를 가지지 않으며 독자적으로 자체의 개념을 이룬다.

주제가 반드시 알고있는 정보를 나타내고 진술이 반드시 알려는 정보를 나타내지 않는다는것을 다음과 같은 언어사실에서 찾아볼수 있다.

○ 갑: 지난해에 어떤 지방은 큰물이 많이 지고 어떤 지방은 큰물이 지지 않았다면서?

을: 남쪽지방은 많이 지고 북쪽지방은 지지 않았어.

이 대화를 주제와 진술로 나누고 주제는 알고있는 정보를 나타내고 진술은 알려는 정보를 나타낸다는데 따라 분석하면 을의 말에서 《남쪽지방은》과 《북쪽지방은》은 주제로 되여 알고있는 정보를 나타낼것이며 《많이 지고》와 《지지 않았어》는 진술로 되여 알려는 정보를 나타내게 될것이다.

이러한 분석은 의문시되는 점이 있음을 찾아볼수 있다.

이 대화에서 보면 갑과 을은 큰물이 어떤 지방에 많이 지고 어떤 지방에 지지 않았다는것을 알고있는것이다. 갑은 《어떤 지방은》이 구체적으로 어느 지방이라는것을 모르나 을은 《어떤 지방은》이 구체적으로 어느 지방이라는것을 알고있다.

하여 을은 주제 《남쪽지방은》과 《북쪽지방은》은 말을 듣고있는 갑이 모르고있는(알려고 하는) 정보라고 생각하며 《많이 지고》와 《지지 않았어》는 말을 듣고있는 갑이 알고있는 정보라고 생각한다. 때문에 을은 《남쪽지방은 많이 지고 북쪽지방은 지지 않았어.》라고 말하였다.

그러면 을의 말에서 주제 《남쪽지방은》과 《북쪽지방은》은 알고있는 정보가 아니라 알려는 정보이며 《많이 지고》와 《지지 않았어》는 알려는 정보가 아니라 알고있는 정보이다.

다음과 같은 례에서도 이런것을 찾아볼수 있다.

○ 당도 위대하고 인민도 위대하다.

이 례문에서 《당도》와 《인민도》는 주제이고 《위대하고》와 《위대하다》는 진술이다.

주제가 알고있는 정보를 나타내고 진술이 알려는 정보를 나타낸다는데 의하면 《당도》와 《인민도》는 알고있는 정보이고 《위대하고》와 《위대하다》는 알려는 정보이다. 그러나 여기서 알고있는 정보는 《위대하고》와 《위대하다》이고 알려는 정보는 《당도》와 《인민도》이다.

이렇게 서로 상관되는 두개의 진술이 같게 표현되고 주제가 다를 때 진술은 알고있는 정보를 나타낸다.

이상과 같이 주제와 진술은 알고있는 정보와 알려는 정보와 반드시 대응관계를 가지는것이 아니며 알고있는 정보와 알려는 정보가 주제와 진술에 포함되는 개념이 아닌것이다.

그러면 주제와 진술, 알고있는 정보와 알려는 정보는 아무런 관계도 없으며 동떨어져있는 개념인가?

여기서 먼저 결론적으로 말하면 주제와 진술, 알고있는 정보와 알려는 정보는 그것이 비록 다른 개념을 나타내고 서로 포섭하는 관계가 아닐지라도 이 두 개념은 호상 련계되며 호상 보충하는 관계이다.

언어교제에서 교제에 참가하는 사람은 두사람일수도 있고 그이상일수도 있다. 교제에 참가한 사람이 얼마인가에 관계없이 오직 한사람이 말하여도 이 사람이 말하는 사람이 되며 기타의 사람들은 듣는 사람이 된다. 때문에 교제에 참가하는 사람은 실제상에서 말하는 사람과 듣는 사람 두 측면으로 나뉜다.

누가 교제에서 말하게 되면 그가 말하는 사람이 되고 누가 교제에서 다른 사람의 말을 들으면 그가 듣는사람이 된다.

교제에서 사람을 이렇게 나누기때문에 정보는 다만 듣는 사람과만 관계를 발생하는것이 아니라 말하는 사람과도 관계를 발생하게 된다.

교제에서의 정보를 교류하는것을 보면 한갈래로 정보를 전달하는것과 두갈래로 정보를 전달하는것이 있다.

한갈래로 정보를 전달하는 경우에는 말하는 사람이 듣는 사람에게 듣는 사람이 알고있는 정보와 알려는 정보를 전달하는 정황도 있지만 일반적으로 말하는 사람이 자기의 알고있는 정보와 알려는 정보를 전달한다.

두갈래로 정보를 전달하는 경우에는 말하는 사람이 듣는 사람에게 정보를 전달하고 듣는 사람이 말하는 사람의 신분으로 되여 원래의 말하는 사람에게 정보를 전달한다. 두갈래로 정보를 전달할 때 말하는 사람이 교제를 할 것을 요구하며 듣는 사람에게서 자기가 요구되는 정보를 얻으려 한다.

이렇게 말을 주고받는 사람들에게서 자기가 요구하려는 정보가 말하는 사람의 알려는 정보이다. 때문에 알고있는 정보와 알려는 정보를 말하는 사람의 알고있는 정보, 알려는 정보와 듣는 사람의 알고있는 정보, 알려는 정보로 나누는것이 실제에 부합되며 교제에서도 근거가 있게 된다.

그러면 아래의 례문에서 그 정당성을 찾아보기로 하자.

○ 갑: 너의 아버지는 누구냐?
　　을: 김철선생님.

— 40 —

이 례문을 지금의 설명에 따라 분석한다면 갑은 을이 자기가 물은 《누구》가 누구를 가리키는가를 모른다고 생각하기때문에 을에게 물은것이다. 을은 도리여 갑이 《누구》가 《김철선생님》을 가리킨다는것을 모른다고 생각하기때문에 갑에게 대답을 한것이다.

이러한 분석은 무엇을 설명하는지 도무지 리해할수 없다. 이런 분석에서 사람들은 《누구》를 듣는 사람인 을의 알려는 정보의 초점이라고 한다면 을이 어떻게 대답할수 있겠는가? 그렇다면 말하는 사람인 갑의 생각이 틀린데서 제기된 물음인가? 그렇다면 정보의 초점은 어떻게 설정되는것인가?

초점은 말하는 사람이 말하려는 새로운 내용의 관건부분이거나 또는 새로운 내용의 핵심이다. 례를 들어 《그는 한장의 그림을 그렸다.》에서 《그는》, 《한장의》, 《그림을》, 《그렸다》, 《한장의 그림》, 《한장의 그림을 그렸다.》는 모두 초점으로 될수 있다.

이것들은 모두 일정한 물음에 대하여 대답할수 있는데서 찾아볼수 있는것이다. 《그는》은 《누가 한장의 그림을 그렸는가》는 물음에 대답할수 있다. 《그렸다》는 《그는 한장의 그림에 대해 어찌하였는가》 하는 물음에 대답할수 있다. 《한장의》는 《그는 몇장의 그림을 그렸는가》 하는 물음에 대답할수 있다. 《그림을》은 《그는 한장의 무엇을 그렸는가》 하는 물음에 대답할수 있다. 《한장의 그림을》은 《그는 무엇을 그렸는가》 하는 물음에 대답할수 있다. 《한장의 그림을 그렸다》는 《그는 어찌하였는가》 하는 물음에 대답할수 있다.

초점은 전제와 련계되며 전제에 대하여 새로운 내용을 제공할수 있는것이다.

《어떤 사람이 한장의 그림을 그렸다》라는 전제에 대하여 초점은 《이 사람은 곧 그 사람이다》라는 새로운 내용을 제공한다.

《그는 그림에 대하여 한가지 일을 하였다.》는 전제에 대하여 초점은 《이 일은 곧 그린것이다》라는 새로운 내용을 제공한다.

《그는 일정한 수량의 그림을 그렸다》는 전제에 대하여 초점은 《이 일정한 수량은 한장이다》라는 새로운 내용을 제공한다.

《그는 한장의 물건을 그렸다》는 전제에 대하여 초점은 《이 한장의 물건은 그림이다》라는 새로운 내용을 제공한다.

《그는 한가지 일을 하였다》는 전제에 대하여 초점은 《이 일은 한장의 그림을 그리는것이다》는 새로운 내용을 제공한다.

《그는 물건을 그렸다》는 전제에 대하여 초점은 《이 물건은 한장의 그림이다》라는 새로운 내용을 제공한다.

이렇게 이런 문답식대화에서 정보분석은 언제나 초점, 전제와 관련하여 이런 문제에 봉착하게 된다. 이것은 알고있는 정보, 알려는 정보에 대한 지금의 설명에서 이런 류형의 문답식대화를 완전하게 해결하지 못하고있다는것을 시사해주기도 한다.

이런 문답식대화를 정보론적관점으로 분석하려면 알고있는 정보, 알려는 정보를 말하는 사람이 알고있는 정보, 알려는 정보와 듣는 사람이 알고있는 정보, 알려는 정보로 나누어야 한다.

○ 갑: 날씨는 어떠합니까?

여기서 주제 《날씨는》은 말하는 사람이 알고있는 정보이고 진술 《어떠한가?》는 그가 알려는 정보이다.

○ 갑: 누가 왔댔는가?

우에서 《누가》는 말하는 사람이 알려는 정보이고 《왔댔는가?》는 그가 알고있는 정보이다.

말하는 사람에 대해 말하면 그가 듣는 사람에게 전달하는 정보의 일부분은 알고있는 정보이며 일부분은 그가 듣는 사람에게서 얻으려는 정보이다.

○ 갑: 오늘은 덥구나. 너는 강으로 미역감으러 가지 않겠니?

을: 감으러 가자.

여기서 갑이 말한 《오늘은 덥구나. 너는》은 말하는 사람이 알고있는 정보이며 《강으로 미역감으러 가지 않겠니?》는 그가 알려는 정보이다. 이것은 말하는 사람인 갑이 듣는 사람인 을한테서 얻으려는 정보이다.

○ 갑: 너는 코끼리가 요란하게 소리를 내면서 꼬리를 흔드는것이 무엇때문인지 알만 하니? 그것은 기분이 좋아서 그러는거야.

을: 그럼, 코끼리가 꼬리를 움직이지 않고 코를 드리우고 끝을 말아붙이는것은 무엇때문이냐? 이때는 성이 나서 그러는거야. 이만하면, 어때.

여기서 갑과 을의 대화는 모두 말하는 사람이 알고있는 정보로 된다. 그가운데서 《너는 코끼리가 요란하게 소리를 내면서 꼬리를 흔드는것이 무엇때문인지 알만 하니?》도 그가 알고있는 정보로 되는데 그것은 그아레말 《그것은 기분이 좋아서 그러는거야.》에서 이미 해답을 주었으므로 갑이 을한테서 얻으려는 정보가 아니다. 같은 도리로 《그럼, 코끼리가 꼬리를 움직이지 않고 코를 드리우고 끝을 말아붙이는것은 무엇때문이냐?》도 아래에 해답이 있으므로 갑한테서 얻으려는 정보가 아니다. 그러므로 을이 알고있는 정보이다.

정보가 주제, 진술에서 독립한후 주제, 진술은 정보분포의 장소, 환경으로 된다. 말하는 사람이 알고있는 정보, 알려는 정보는 주제 또는 진술에 분포될수 있으며 호상 보충할수 있다. 주제에 알고있는 정보가 분포되면 진술에 알려는 정보가 분포되며 주제에 알려는 정보가 분포되면 진술에 알고있는 정보가 분포된다.

○ 갑: 누가 밖에 있습니까? 들어오시오.

우에서 주제 《누가》에 말하는 사람이 알려는 정보가 분포되여있으며 진술 《밖에 있습니까?》에 그가 알고있는 정보가 분포되여있다.

○ 갑 : 몸은 완쾌되였습니까 ?

을 : 예

우의 례문에서 주제 《몸은》에 말하는 사람이 **알고있는** 정보가 분포되여있으며 진술 《완쾌되였습니까 ?》에 알려는 정보가 분포되여있다.

주제, 진술에도 듣는 사람이 알고있는 정보, **알려는** 정보가 분포된다.

○ 그렇습니다. 사람은 정밀한 생물의기입니다.

우에서 주제 《사람은》에 듣는 사람이 알고있는 정보가 분포되여있으며 진술 《정밀한 생물의기입니다》에 알려는 정보가 분포되여있다.

○ 《너희들 반에 새 동무들이 왔다면서 ?》

《응, 영철이도 오고 철남이도 왔다.》

우의 례문에서 《영철이도 오고 철남이도 왔다.》에서 주제 《영철이도》, 《철남이도》에 듣는 사람이 알려는 정보가 분포되여있으며 진술 《오고》, 《왔다》에 알고있는 정보가 분포되였다.

이렇게 주제, 진술의 구분은 말하는 사람의 의미배렬의 의도를 탐구하고 정보의 분포에 환경을 마련하여주고있다.

어떤 학자들은 주제와 진술을 주제 또는 주제부, 서술 또는 서술부(혹은 설명 또는 설명부, 평언)로 나눈다. 조선어에서는 주제를 주제부로 하였으며 서술(설명)을 서술부(설명부)로 하였다.

여기서는 이런것과 관계없이 주제와 진술이라고 쓴다.

또 어떤 학자는 주제를 표기주제와 무표기주제로 나누고있다. 다시말하여 주제가 형태적표식을 가지고있는것을 표기주제라 하고 형태적표식이 없이 어조, 력점, 어순에 의하여 이루어진것을 무표기주제라고 하였다.

조선어에도 표기주제와 무표기주제가 존재한다.

○ 희망찬 래일, 피땀과 분투로 맞이할 날이였다.

여기서 《희망찬 래일》은 《희망찬 래일은》으로 되는데 주제의 형태적표식 《은》이 쓰이지 않고 어조에 의하여 주제를 나타내고있다. 주제의 형태적표식 이 없이 어순, 어조에 의하여 주제로 되였다.

2. 주제, 진술에 따르는 문장의 구분

기능적인 문장구획법에 의하여 문장은 주제와 진술로 나뉘어진다.

이렇게 나누는 한에서 문장은 주제와 진술을 다 가지고있는 문장도 있고 진술은 없고 주제만 가진 문장도 있으며 주제가 없이 진술만 가진 문장도 있다.

1) 주제와 진술로 나누어지는 문장

조선어에서 주제와 진술로 나누어지는 문장은 여러가지 형식으로 구분된다.

○ 나는 그만 어리둥절해졌다.

○ 장녀인은 목이 메여 말을 못하고 옆에 서있는 딸의 팔을 잡았다.

○ 우리는 땀벌창이 되면서 엇갈아 메고 집으로 돌아왔다.

여기에 있는 문장들은 모두 주제와 진술로 나누어지는 문장들인데 하나의 주제에 하나의 술어를 가진 진술, 하나의 주제에 여러개의 술어 또는 주어와 술어의 형식을 갖춘 진술로 되였다.

○ 두 팔을 넓게 벌린 은주는 춤이라도 추듯 빙그르르 몇바퀴 돌았다.

주제는 두개이상의 단어들의 결합으로 되였다.

한 문장이 몇개의 주제와 진술로 나뉘여진다.

○ 사람들사이에 끼여서 분여받는걸 살피고있던 자작농 마종대는 명진이가 리상욱에게 차례질 분여지를 정해주자 그는 제 이름이라도 불리운듯 재빨리 뛰여나와 패말묶음에서 리상욱의것을 찾아들고 억쇠를 따라나갔다.
《새봄》에서

이 문장은 두개의 주제-진술로 나뉘여진다.

주제는 단계적으로 되여있는 경우도 있다.

○ 우리는 벌방농장의 논면적에는 비길수 없는 적은 논을 가지고있을 뿐이다.

여기서 《우리는》은 주제이고 《벌방농장의 논면적에는》도 주제이다. 뒤의 주제는 앞의 주제를 설명하는 진술에 속하여있는 주제이다. 다시말하면 두 주제는 단계적으로 되여있다.

2) 주제 또는 진술만을 가지고있는 문장

주제와 진술로 나뉘여지지 않고 주제만을 가지고있거나 진술만을 가지고있는 문장을 나뉘여지지 않는 문장이라고 하는데 이것은 언어환경, 문맥에 의하여 어느 하나만 가지게 된다.

(1) 주제만을 가지고있는 문장

주제만 가지고있는 문장은 추어진 언어환경과 문맥, 정보전달에서 호상 리해할수 있는 경우에 주제에 대한 진술이 없어도 정보전달에서 아무런 장애가 없는 경우에 진술이 생략된다.

○ 저 기쁨을 참지 못해 벙글거리는 장과부, 그옆에서 하얀 이발을 방싯이 드러내고 웃고있는 박선덕, 두눈에 기쁨을 감추지 못하는 리상욱, 땅뙈울가 두려워서 빗나가는 아버지때문에 무던히도 애타던, 그러나 활짝 핀 목란꽃처럼 깨끗하고 아름다운 얼굴에 웃음이 남실거리는 분옥이, 조용한 눈길로 미덥게 바라보는 어머니 권성녀, 키다리 박서방곁에 붙어선 지고부…모두가 어질고 부지런한 사람들이었다. 그들의 순박한 얼굴마다에 내비친 저 밝은 웃음들… 《새봄》에서

이 례문에서 《모두가 어질고 부지런한 사람들이였다.》의 우에서는 모두 주제만을 제시하고 진술은 제시하지 않았다. 그러나 전반의 언어환경(문맥)에 의하여 의사소통에는 아무런 지장도 없다. 이런 경우에는 주제만 제시되고 진술은 제시되지 않아 주제만 있는 문장으로 된다.

○ 《이 동무는 학생이다. 동무는?》

여기서 《동무는?》은 진술이 생략되였다. 그러나 주제와 진술을 가지고 있는 문장과 같은 작용을 한다.

(2) 진술만을 가지고있는 문장

진술만을 가지고있는 문장은 앞에서 주제가 명백히 제시되였거나 암시되였을 때, 주제를 밝히지 않아도 의사전달에 지장이 없을 때 주제는 제시되지 않고 진술만 제시된다.

① 행동의 주체, 진술의 주체가 없이도 의미적전달에 아무런 불편도 없는 경우 주제가 생략된다.

○ 아늑하고 아름답기 그지없는 바다가의 한여름밤이다.

○ 화창한 봄날이였다.

② 앞문장에서 주제가 제시되는 경우 뒤문장들에서 주제를 생략할수 있다.

○ 봄비가 내린다!

천실만실 은실을 반공에 드리웠는가. 비단결같은 면사포로 전야를 감싸준다.

옥반우에 진주알을 쏟듯이 거울같은 저수지에 내리고, 함치르르한 머리채를 빗질해주듯 나무우름지에 내리고, 땅우에 꽃을 피워주려는듯 대지에 내리고…

③ 대화에서 말하는 사람이 주제를 명확히 알고있는 경우 주제가 생략된다.

○ 《그래 가겠니?》

《가자.》

대화쌍방이 주제에 대해 알고있으므로 주제가 생략되였다.

④ 장면에 의하여 주제를 밝힐 필요가 없는 경우 생략된다.

○ 어느날 아침이였다.

⑤ 설명하는 내용이 모든 사람들에게 다 알려지는 경우 주제가 생략된다.

○ 속담에 《김치는 절반량식》이라고 남새를 잘 가꾸면 야드르르한 줄기와 잎새며 둥글둥글한 땅속 밑둥이며 좁많은 열매들을 먹을수 있다.

⑥ 강렬한 감정을 표현하는 경우 주제가 생략될수 있다.

○ 얼마나 행복한 시각이였던가!

○ 정말 이제부터 대를 이어 한뉘 땅이 없는 《죄》로 지주놈에게 구박받

고 설음받으며 지지리도 고생해온 저 가난한 농민들에게 땅을 나눠준단말 인가 !(《새봄》에서)

⑦ 속담은 주제가 제시되지 않는 경우가 많다.

○ 소잃고 외양간 고친다.

⑧ 호소, 구호, 결의 등을 나타내는 경우 주제가 생략될수 있다.

○ 시간을 아끼고 청춘을 아끼자(호소)

○ 인민을 위하여 복무함 !(구호)

○ 다 같이 총진군에로 나아가자 !(결의)

3. 단일단계구획법과 여러단계구획법

단일문과 복합문을 다 포함하여 기능적인 문장구획법을 진행할수 있다.

1) 단일단계구획법

같은 한 단계에서 문장을 주제와 진술로 나누는것이다.

○ 장녀인은 목이 메여 말을 못하고 옆에 서있는 딸의 팔을 잡았다.

《장녀인》은 주제이며 그아래는 진술이다. 한단계에서 주제와 진술이 나누어졌다.

○ 사람들은 올라가고 물은 내리흐른다.

《사람들은》은 주제, 《올라가고》는 진술이고 《물은》은 주제, 《내리흐른 다》는 진술이다. 두개의 주제, 두개의 진술로 구획되지만 한 단계에서 구획되므로 단일단계구획에 속한다. 이상의 주제와 진술을 가져도 단일한 단계에서 구획되면 단일단계구획에 속하게 된다.

2) 여러단계구획법

복합문의 매개 구성부분을 각이한 단계에서 몇개 절차로 나누어서 주제와 진술로 분석하는것이다.

○ 우리에게 있어서는 어려운 과업은 있을수 있으나 못해낼 일이란 있을수 없다.

여기서 《우리에게 있어서는》은 주제, 《어려운 과업은 있을수 있으나 못해낼 일이란 있을수 없다.》는 진술로 먼저 구획되고 진술이 또 《어려운 과업》은 주제, 《있을수 있으나 못해낼 일이란 있을수 없다》는 진술로 구획된다.

○ 가는 길엔 위험도 많겠지만은, 그래도 꼭 난관을 뚫고나가야 합니다.

여기서 《가는 길엔 위험도 많겠지만은》은 주제, 《그래도 꼭 난관을 뚫고 나가야 합니다》는 진술로 구획된다. 다음 주제 《가는 길엔 위험도 많겠지만은》은 《가는 길엔》은 주제, 《위험도 많겠지만은》은 진술로 구획되고 《위험도 많겠지만은》은 주제 《위험도》와 진술 《많겠지만은》으로 분석된다.

○ 이 공장은 저에게 있어서는 집이며 학교이며 영원한 보금자리입니다.

여기서 《이 공장은》은 주제로, 《저에게 있어서는 집이며 학교이며 영원한 보금자리입니다.》는 진술로 구획된다. 진술은 또 《저에게 있어서는》은 주제, 《집이며 학교이며 영원한 보금자리입니다.》는 진술로 구획된다.

제 2 절. 기능적인 문장구획법의 수단

기능적인 문장구획법은 일종 교제기능분석법이다.
기능적인 문장구획법의 수단으로는 형태, 어순, 어조가 있다.

1. 형태적표식

기능적인 문장구획법은 문장을 주제와 진술로 분석하는것으로서 주제와 진술은 또한 일정한 형태적표식에 의하여 구획되기도 한다.
정보적측면에서 기능적인 문장구획법은 알고있는 정보와 알려는 정보로 분석함에 있어서 알고있는 정보와 알려는 정보는 주제와 진술과 밀접한 관계를 가지며 주제와 진술은 정보가 분포되는 장소, 환경으로 된다. 알고있는 정보와 알려는 정보는 모두 주제와 진술에 분포되며 이것들은 서로 보충하고 있다.
주제와 진술은 다음과 같은 형태적표식에 의하여 표현된다.

1) 주제의 형태적표식
－는/－은
  ○ 바다는 포효하며 맹렬히 기슭을 향해 돌진하여왔다.
  ○ 바다물은 흉용팽배하며 멀고가까운, 크고작은 섬들을 삼켜버렸다.
－가/－이
  ○ 바다의 아름다움이 바로 여기에 있는거요.
  ○ 멀리 야학에서 울리는 종소리가 문득 바다의 달콤한 꿈을 깨뜨려놓았다.
－란/－이란
  ○ 개념이란 객관사물의 본질적속성을 반영하는 사유형식이다.
  ○ 근시란 먼곳에 있는것을 잘 보지 못하는 시력이다.
－도
  ○ 너도 이 투쟁에 뛰여들어야 한다.
－야말로
  ○ 사람의 힘이야말로 무궁무진하다.

2) 진술의 형태적표식

진술의 형태적표식은 주요하게 종결토에 의하여 표현되며 접속로 또는 어조에 의하여서도 표현된다.

진술은 진술성이 집중적으로 표현되는 부분으로서 진술부분에서 술어가 구조적중심으로 되고있다.

○ 그는 인차 물에 뛰여들었다.

○ 그는 제것이 된 논을 돌아보기도 하고 사람들을 향해 자랑하듯, 선언하듯 소리를 치면서 덩실덩실 춤을 추었다.《새봄》에서)

○ 당신은 묘향산으로 유람간다면서.

첫째 례문에서 종결토가 붙은 종결술어 《뛰여들었다》를 구조적중심으로 하여 진술이 이루어졌으며 둘째 례문에서 《돌아보기도 하고》, 《치면서》는 접속토를 가진 접속술어, 《추었다》는 종결토를 가진 종결술어인데 이것들을 구조적중심으로 하여 진술이 이루어졌으며 셋째 례문에서는 접속형태를 가진 술어 《유람간다면서》에 의하여 진술이 이루어졌다. 술어와 접속술어는 갖추어야 할 형태적표식을 갖추고있다.

2. 어 순

어순은 기능적인 문장구획법의 중요한 수단이다.

어순의 변화는 직접적으로 문장의 교제적역할에 변화를 일으키게 한다.

어떤 언어학자들은 어순을 자연적인것(또는 원시적인것)과 변화적인것으로 나누고있다.

자연어순은 사람들의 사상이 일상적, 자연적인 발전이라고 하며 변화어순은 말하는 사람의 사유발전에 따르는 각이한 정황이라고 한다. 이것은 어순이 말하는 사람의 사상활동의 변화에 따라 변화된다는데 대해 주의를 돌린 것이며 의미를 구분하는데서 어순이 작용을 한다는것을 보아낸것이다.

례를 들어 다음과 같은 문장에서 단어들의 어순을 어떻게 배렬하는가에 따라 말하는 의도가 달라진다.

○ 인간은 로동의 덕택으로 동물계에서 분리되였다.

○ 로동의 덕택으로 동물계에서 분리된것은 인간이다.

이 두 례문은 서로 어순을 달리한 문장으로서 첫째 문장에서는 《인간》에 대하여 이야기가 전개되였다면 둘째 문장에서는 《로동의 덕택으로 동물계에서 분리된것》에 대하여 이야기가 전개되고있다.

이 두 문장은 이야기하려는 목적과 지향이 서로 다르게 표현되였다. 그러므로 정보전달에서 동일한 언어재료를 가지고 어떻게 표현하는가에 따라 전달하는 정보는 달라진다.

본문언어학에서는 어순연구와 주제, 진술의 문장에서의 위치에 대한 연구를 유기적으로 결합시킨다.

언어교제에서는 일반적으로 이미 알고있는 정보를 진술의 출발점으로 하여 신일보 새로운 정보를 전달한다.

본문언어학에서 알고있는 정보를 나타내는 주제가 앞에 놓이고 알려는 정보를 나타내는 진술이 뒤에 놓일 때 이런 어순을 객관어순이라고 하거나 정상적인 어순이라고 한다. 련관되는 문장들에서 앞문장의 진술이 뒤문장의 주제로 되는 경우도 모두 정상적인 어순이다.

○ 령토와 상대되는것은 《령공》이다. ① 그 《령공》은 오히려 끝없이 넓어 천리밖까지 내다볼수 있고 천지간을 맘껏 굽어볼수 있다. ②

그러나 알고있는 정보를 나타내는 진술이 앞에 놓이고 알려는 정보를 나타내는 주제가 뒤에 놓일 경우의 어순은 주관어순 또는 전도된어순이라고 한다. 이런 어순은 강조에 따라 어순을 변화시키프로 강조어순이라고도 한다.

.전통문법에서는 주어가 앞에 놓이고 술어가 뒤에 놓여야 론리사유의 판단에 맞는다고 인정하여 《주어─술어》의 어순이 정상어순이고 그렇지 않으면 전도어순이라고 한다.

본문언어학에서는 문장성분인 주어와 술어와는 관계없이 기능적인 문장 구획법에 의하여 구획되는 주제와 진술의 전후 위치에 관해서 문장의 어순을 결정한다. 그러므로 전통문법에서 말하는 어순과 본문언어학에서 말하는 어순은 완전히 다른 각도에서 고려되는것이다.

전통문법에서는 언제나 하나의 고립된 문장을 분석의 대상으로 하여 어순을 연구하였다. 그리하여 문장성분의 위치를 자유로이 바꾸어놓아도 문장성분의 기능과 문장의 내용은 변하지 않는다고 인정해왔다.

그러나 본문언어학에서는 아래우문장과 언어환경에서 어순을 연구한다. 고립된 문장에서 단어들의 위치는 임의로 변동시킬수 있으나 실제언어교제에서 매개 단어의 어순은 임의로 변동시킬수 있는것이 아니여서 아래우문장과 언어환경의 제약에 의하여, 일정한 본문구조규칙에 의하여 배렬된다.

한어나 인도─구라파언어에서는 어순이 특별히 큰 작용을 한다.

○ 我們/買了這台机器.

이 문장은 《당신들은 무슨 일을 하였는가?》 하는 물음에 대답할수 있다.

○ 這台机器我們/買了.

이 문장은 《이 기계를 당신들은 어떻게 할 작정인가?》 하는 물음에 대답한다.

○ 買了, /我們這台机器!

이 문장은 말투가 견결하고 결심을 이미 내린것을 표현하는데 《당신들은 이 기계를 샀는가?》 하는 물음에 대답한다.

○ 是我們，/實了這台机器的！

이 문장은 어조가 강경하고 의문을 제거하는 의미를 나타내는데 《이 기계를 산것이 당신들인가？》 하는 물음에 대답한다.

로어에서도 어순은 큰 작용을 한다.

○ Гуля / поехала к днепру.

이 문장은 《Что сделалагуля？》의 물음에 대답한다.

○ К днепру поехала/ Гуля.

이 문장은 《Кто поехал к днепру？》의 물음에 대답한다.

○ Поехала гуля/ к днепру.

이 문장은 《Куда поехала гуля？》 의 물음에 대답할수 있다.

조선어에서도 주제와 진술을 어떻게 배렬하는가에 따라 정보전달에서 차이가 있게 된다.

○ 나는/ 구두를 샀다.

이 문장은 《너는 어찌하였니？》라는 물음에 대답한다.

○ 구두를 산것은/ 내다.

이 문장은 《구두를 산것은 누구냐？》라는 물음에 대답한다.

○ 구두를 샀다, / 나는.

이 문장은 확정적인 강경한 태도를 나타내는데 《너는 샀는가？》하는 물음에 대답할수 있다. 또 《구두를 샀는가, 네가？》라는 물음에도 대답한다.

조선어에서 주제는 일반적으로 문장의 앞에 놓이며 이것을 정상적인 어순이라고도 한다.

○ 우리는 아름다운 자연의 경치에 이끌려 힘든줄도 모르고 가파로운 산발과 벼랑을 타고 비로봉으로 올랐다.

○ 비탈진 수십메터의 바위우를 세차게 내리던 물줄기가 함지같은 돌확에 부딪쳐 허공에 솟구쳐올랐다가 커다란 반원을 그리며 다시 깊숙이 벼랑밑으로 쏟아지는 무릉폭포의 모습은 참으로 희한하고 장쾌하다.

이 두 문장에서의 주제 《우리는》과 《비탈진 수십메터의 바위우를 세차게 내리던 물줄기가 함지같은 돌확에 부딪쳐 허공에 솟구쳐올랐다가 커다란 반원을 그리며 다시 깊숙이 벼랑밑으로 쏟아지는 무릉폭포의 모습은》은 각각 문장의 앞부분에 놓였다. 이 주제들이 앞부분에 놓이게 된것은 이것들이 진술의 출발점, 기본대상으로 되는것과 관련된다.

그러나 모든 경우에 주제가 앞에만 놓이는것이 아니다.

전도된 어순의 경우나 다주제문장의 경우 주제가 뒤나 가운데에 놓인다.

○ 나아간다, 조국은.

본문언어학에서 전도된 어순이 있게 되는것은 아래와 같은 두가지 요인으로 설명하고있다.

1) 감 정

입말에서 진술의 내용을 강조하거나 말하는 사람의 객관적사물에 대한 태도를 특별히 나타내기 위하여 왕왕 진술을 주제의 앞에 놓으면서 동시에 앞문장의 력점을 문장의 첫머리의 진술에 옮겨간다.

○ 《어떻게 됐소, 영희동무는?》

어떤 경우에는 전체 진술을 주제앞에 혹은 뒤에 놓지 않고 진술에서 강조가 되는 부분을 문장의 첫머리에 놓는다. 이렇게 진술이 주제의 앞뒤에 놓이는 정황이 나타나는데 이런 어순을 사이둔 어순이라고도 한다.

로어에서 례를 들어보면 가음과 같다.

○ <u>Смешно</u> / <u>это</u> / <u>было и глупо</u>
　　진술　　　　주제　　　　진술

2) 률 동

시나 노래에서 음률적률동을 위하여 주제나 진술의 정상적어순을 개변시킨다.

○ 숨쉬고있다, 조국은
　살아있다, 조국은
　전진하고있다, 조국은.

3) 악센트

악센트는 기능적인 문장구획법의 중요한 수단이다.

주제가 악센트를 동반하면서 일정한 휴지를 가지고 진술과 구획된다.

주제는 문장에서 내세워지는 단위, 이야기의 중심에 놓이는 단위로서 사람의 주의를 집중시키고 두드러지게 나타내는데 이때 주제에 악센트가 오면서 동시에 일정한 휴지를 둔다.

○ 저녁의 바다바람은 청신하고 상쾌하다.

○ 땅속으로 내려가던 지하수는 물이 새지 않는 층에 이르면 더 내려가지 못하고 그우에 고이게 된다.

이 두 문장에서 주제 《저녁의 바다바람은》, 《땅속으로 내려가던 지하수는》은 다 악센트를 가지면서 일정한 휴지를 두고 발음된다. 그리하여 그뒤에 오는 진술들과 발음상에서 일정한 구획을 짓고있다.

주제만 있는 문장은 일반적으로 명명문, 생략문들인데 이런 문장은 악센트를 가지면 주제로 구획된다.

○ 대조를 이룬 두 얼굴이 나의 눈앞에 나타났다. 생리별과 같은 큰 슬픔의 색조를 띤 얼굴, 가을하늘처럼 맑고 푸른빛을 띤 얼굴.

○ 눈보라가 휘몰아치는 밤, 정처없이 살길을 찾아떠나가는 돌쇠의 아버지, 눈보라를 맞받아 앞을 향해 걸어간다. (이상 소설에서)

《생리별과 같은 큰 슬픔의 색조를 띤 얼굴, 가을하늘처럼 맑고 푸른빛을 편 얼굴>과 <눈보라가 휘몰아치는 밤, 정처없이 살길을 찾아떠나가는 돌쇠의 아버지>는 아래우문장들과 일정한 악센트를 가지면서 명명문을 이루었으며 이것들을 주제로 된다.

전도된 어순에서 주제와 진술은 악센트를 가지고 어순이 서로 바뀌여서 표현된다.

    ○ 언제나 웃고있다, 그들은.

주제 <그들은>과 진술 《언제나 웃고있다》는 그사이에 악센트를 두고 휴지를 가지면서 서로 구획되고있다.

제 3 절. 기능적인 문장구획법과 문장성분분석법

1. 기능적인 문장구획법과 문장성분분석법과의 관계

기능적인 문장구획법과 문장의 성분분석법은 본질적으로 다른 두가지 분석방법이다.

문장성분분석법은 형식상의 구획인데 이것은 기능적인 문장구획법과 호상 대립된다. 형식상의 구획이 문장의 문법적성분화를 기초로 한다면 기능적인 문장구획법은 구체적언어행위의 환경을 전제로 한다.

전통적인 문장성분분석법은 단어 또는 단어결합이 문장가운데서 노는 문법적기능과 의미에 따라 문장의 각 구성부분으로 문장성분을 나눈것이다. 문장성분분석법은 일종의 구조분석법으로서 각종 문장론적단위들의 문법적형태와 문법적기능을 분석하고 문법적관계를 분석하는데 큰 의의가 있다. 이런 분석방법으로 문장을 분석하면 문장이 어떻게 구성되였는가를 리해하는데 도움이 된다.

기능적인 문장구획법은 문장론적단위들이 문장에서 노는 교제기능에 착안하여 주제와 진술로 나누어 분석한다. 어떠한 문장성분이든지 모두 주제 또는 진술로 나누는데 참가할수 있다. 그 어떤 문장성분이 주제로 구획되든 진술로 구획되든 문법적기능에는 변함이 없다.

  ○ <u>순희는</u> <u>마당에 있는</u> <u>쓰레기를</u> <u>말끔히</u> <u>쓸어냈다.</u>
    주어   규정어   보어   상황어 술어
    주제   진 술

기능적인 문장구획법은 일종의 기능분석방법이다. 이런 방법으로 련관되는 문장들의 구조를 연구하면 본문에서 문장과 문장사이의 내부적련계를 밝히는데서 매우 효과적이다. 특히 언어를 운용하고 리해하는 능력을 제고하는데 유리하게 된다.

성분분석법과 기능적인 문장구획법의 근본적차이는 성분분석법은 하나

— 52 —

의 문장, 고립적인 문장을 주요대상으로 하여 분석한다면 기능적인 문장구획법은 련관되는 문장의 내부구조법칙을 주요목적으로 하여 연구한다.

본문언어학에서 기능적인 문장구획법을 사용하는 목적은 련관된 문장들에서의 문장과 문장사이의 주제와 진술의 호상관계를 분석하고 이로부터 본문구성의 법칙성을 밝히는것이다.

본문언어학에서 문장을 기능적인 문장구획법에 의해 구획하는것은 하나의 문장구조를 리해하는데 그 목적이 있는것이 아니라 련관된 문장들에서 문장들의 관계를 연구하는데 그 목적이 있다.

련관된 문장에 대해 주제와 진술의 관계로 분석하고 연구하는것은 련관된 문장의 각 구조간의 내용적련계를 탐구하는데서 매우 효과적이다.

교제에서는 일반적으로 주제가 앞에 놓이고 진술이 뒤에 놓인다. 이것은 련관된 문장들이 구성되는 기본법칙이다. 만약 앞의 문장의 주제와 진술이 뒤의 문장의 주제와 진술과 병렬적으로 두개의 병존하는 객관적사실을 서술한다고할 때 이 문장들은 횡적선상에서 확대되여 병렬식으로 이루어진다.

이것을 도표로 표시하면 다음과 같다.

| 주제 | / | 진술 . | 주제 | / | 진술 . |

이것은 다음과 같은 례들에서 찾아볼수 있다.

○ 바다는 끝내 분노하였다. 바다는 포효하며 맹렬히 기슭을 향해 돌진하여왔다.

○ 은빛은 형체를 감추었다. 바다물은 흉용팽배하며 멀고가까운, 크고 작은 섬들을 삼켜버렸다.

첫째 례문에서 주제 《바다는》과 진술 《끝내 분노하였다》, 주제 《바다는》과 진술 《포효하며 맹렬히 기슭을 향해 돌진하여왔다》는 각각 바다를 병렬적으로 서술하였다.

둘째 례문에서 주제 《은빛은》과 진술 《형체를 감추었다》, 주제 《바다물은》과 《흉용팽배하며 멀고가까운, 크고 작은 섬들을 삼켜버렸다》는 병렬적으로 병존하는 두 사물 《은빛》과 《바다물》을 서술하였다. 만약 앞문장의 진술이 뒤문장의 주제로 되고 뒤문장의 진술이 또 뒤에 있는 문장의 주제로 될 때 이 문장들은 횡적선상에서 확대되여 련쇄적으로 이루어진다.

이것을 도표로 표시하면 다음과 같다.

| 주제 | / | 진술 . | 주제 | / | 진술 . | 주제 | / | 진술 . |

이것은 다음과 같은 례예서 찾아볼수 있다.

○ 령토와 상대되는것은 《령공》이다. 그 《령공》은 오히려 끝없이 넓어 천리밖까지 내다볼수 있고 천지간을 맘껏 굽어볼수 있다.

여기서 보면 첫째 문장의 진술 《령공》이 둘째 문장의 주제로 되고있다.

련관된 문장들의 구조순서는 다음과 같이 종합하여 살펴볼수 있다.

1) 련쇄적인 순서

첫째 문장의 진술이 둘째 문장의 주제에 다시 나타난다.

○ 교실에는(T_1) 선생님이 계신다.(R_1) 그는(T_2) 우리반 선생님이시다.(R_2)

이것을 다음과 같이 표시할수 있다.

$$T_1 \rightarrow R_1$$
$$\downarrow$$
$$T_2(=R_1) \rightarrow R_2$$
$$\downarrow$$
$$T_3(=R_2) \rightarrow R_3$$

※ T는 주제를 가리키며 R는 진술을 가리킨다. 문자옆의 수자는 주제와 진술의 번호이다. T_1은 첫째 주제, T_2는 둘째 주제…, R_1는 첫째 진술, R_2는 둘째 진술… 등을 나타낸다.

2) 한 주제가 여러가지 각이한 진술과 련접된 순서

○ 나의 자전거는(T_1) 새로 산것이다.(R_1) 그것은(T_2) 아버지가 나에게 사준것이다.(R_2) 그것은(T_3) 우리 층집아래에 있다.(R_3)

이것을 다음과 같이 표시할수 있다.

$$(T_1 \rightarrow R_1)$$
$$\downarrow$$
$$T_2(=R_1) \rightarrow R_2$$
$$\downarrow$$
$$T_2(=R_1) \rightarrow R_3$$
$$\downarrow$$
$$T_2(=R_1) \rightarrow R_4$$

3) 주제가 파생된 순서

개별적문장의 주제는 하나의 총주제에서 파생되여나온다.

○ 코끼리의 긴 코는(T_1) 매우 작은 물건까지 감아올린다.(R_1) 코끼리의 귀는(T_2) 움직일수 있다. (R_2) 코끼리의 성질은(T_3) 온화하다.(R_3)

이것을 다음과 같이 표시할수 있다.

$$T$$
$$\downarrow$$
$$T_1 \rightarrow R_1 \qquad T_2 \rightarrow R_2 \qquad T_3 \rightarrow R_3$$

4) 한 진술이 여러개의 주제로 나뉜 순서

○ 원탁에는(T_1) 두사람이 앉아있었다. ($R_1 = R_1' + R_1''$) 한사람은 ($T_2' = R_1'$) 담배를 피우고있었다.(R_2') 다른 한사람은($T_2'' = R_1''$) 물을 마시고있었다.(R_2'')

· 이것을 아래와 같이 표시할수 있다.

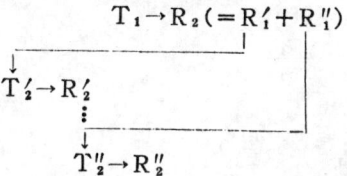

$$T_1 \rightarrow R_2 (= R_1' + R_1'')$$

5) 주제-진술의 련쇄가운데서 어떤 환절은 생략될수 있다.

○ 어제는(T₁) 마을에서 혼례식이 있었다.(R₁) (T₂…R₂) 신부는 (T₃) 흰치마를 입었다.(R₃)

이것을 아래와 같이 표시할수 있다.

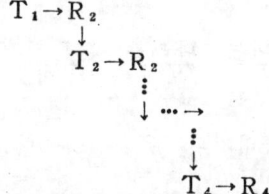

$$T_1 \rightarrow R_2$$

여기서 생략된 부분은 혼례식에서 《신랑은 어찌 하였는가》를 말하지 않은것이다.

2. 주제, 진술과 문장성분과의 대응관계

1) 일반적으로 주어는 주제로 되여 진술의 출발점, 진술의 대상을 나타낸다.

술어는 진술로 되며 사물의 행위와 특징을 설명하고 진술의 핵심으로 된다. 때문에 본문에서 《주제-진술》의 구조는 《주어-술어》의 구조와 일치할 때가 많다.

○ 바다는 노호한다.
　　주어　　술어
　　주제　　진술

2) 보어는 주제로 될뿐만아니라 진술로 된다. 일반적으로 보어는 술어와 함께 진술로 된다.

○ 청년들에게는 전진과 혁신만을 요구하게 된다.
　　보 어　　　보 어　　　　술 어
　　주 제　　　　　　진 술

3) 상황어는 주제로도 되고 진술로도 된다. 상황어는 일반적으로 술어
와 함께 진술로 된다.

○ 학교까지는   좀   멀다.
   상황어(시간)   상황어   술어
      주제   진술

○ 역전에는   사람들로   붐빈다.
  상황어(장소)   상황어   술어
    주제   진술

○ 사람으로 되기 위하여서는   무엇보다도   인간의   량심을   가져야
       상황어(목적)   보어   규정어   보어   술
         주   제   진

한다.
어
술

○ 민족을 단결함이 없이는   나라를   튼튼히   건설할수   없다.
     상황어(조건)   보어   상황어   술 어
        주 제   진   술

○   이   천으로는   아버지의   옷을   짓는다.
  규정어 상황어(재료)   규정어   보어   술어
     주 제   진 술

4) 제시어는 주제로 된다.

○ 행복, 기쁨, 희망―이것은   루쟁없이는   생각할수   없으며   바랄수
   제시어   주어   규정어   접속술어   술
     주 제   진

도   없다.
어
술

○ 나라와 민족의 자주성, 이것을 위하여   얼마나   많은   피와   땀을
   제시어   상황어   규정어   보어
     주 제   진 술

흘렸던가.
술어
어

5) 규정어는 피규정어와 떨어질수 없으므로 단독으로 주제 또는   진술
로 될수 없기때문에 주제 또는 진술로 분석되는 성분과   함께   주제
또는 진술로 된다.

○   그   학생은   우리 반의   학생이다.
  규정어 피규정어(주어)   규정어   피규정어(술어)
    주 제   진 술

제 4 장. 본문의 련결수단과 그 구조적관계

본문에서 문장들의 련결관계를 분석하고 문장들의 련결수단을 연구하며 본문의 구성 조건과 법칙을 밝히는것은 본문언어학의 연구대상의 하나로 된다.

본문의 련결수단과 그 구조적관계에 대하여 정확한 리해를 가지는것은 본문의 구성과 본문의 언어단위의 호상관계를 밝히는데서, 본문의 언어단위의 경계를 정확히 확정하는데서 모두 중요한 문제로 제기된다.

제1절. 본문의 련결수단

본문은 일정한 수단을 리용하여 집합된 문장들로 이루어진다. 그러므로 본문에서의 련결수단은 문장과 문장이 련결될 때 리용되는 수단을 의미한다.

문장들의 련결에는 의미적련결, 형식적련결, 수사학적련결 등이 있다.

1. 의미적련결

의미적련결은 어순배렬의 순서에 따라 아래우 의미상의 련관에 의하여 어떠한 언어형식(접속형식)도 리용하지 않고 련결되는것이다. 다시말하여 문장과 문장이 의미적관계에 의해서 련결되는것이다.

○ 폭포우에는 굴러내려온 커다란 바위가 물길을 막으려는듯 한가운데에 버리고 앉아있다. ① 조찰거리며 흐르던 물은 이 바위에 부딪쳐 좌우로 에돌아 물안개를 일으키면서 절벽밑으로 떨어진다. ② 폭포밑에는 내리쫓는 물기둥이 큰 돌확을 파놓은듯 검푸른 금강소를 이루었다. ③ 소의 물은 손수건을 잠그면 금시 푸른 물이라도 들것처럼 옥색빛을 띠고있다. ④

이 례문은 의미적관계에 의하여 문장들이 련결된것을 보여주는것인데 우로부터 아래에 이르는 순서에 따라 서술되었다. 문장 ①은 폭포우에 대해 쓰고 문장 ②는 절벽밑에 이르기까지에 대해 썼으며 문장 ③은 폭포밑에 대해 쓰고 문장 ④는 폭포밑에 있는 소에 대해 썼다. 이처럼 우로부터 아래에 이르는 순서에 따라 하나하나 순서적으로 서술하고 아무런 언어접속형식도 리용하지 않고 문장들이 의미적으로 련결되였다. 즉 의미상에서 앞문장에서 뒤문장을 끌어내고 뒤문장에서 앞문장을 이어받으면서 서로 의미적으로 관통되고 긴밀히 련결되여있는것이다.

○ 봉건시기에 친척들이 동성부락을 이루고 살았던것은 친척이란 곧 가

족이 커져서 분화되는 과정에 이루어지는 사회적집단이라는 사정과 봉건사회에서는 가족이 사적소유에 기초한 자급자족적인 경제단위였다는 사정과 관련되였다. ① 봉건사회에서 가족이 커져서 갈라져나가는 것은 아버지의 재산을 나누어가지고 나가는 형식으로 진행되므로 결국 토지를 받아가지고 나가게 마련이였고 따라서 세간난대야 멀리에 가는것이 아니라 그 고장에 집을 따로 짓고 사는것이였다. ② 봉건시기의 마을이름에 김촌이라든가 선우촌, 석촌 등의 직접 성을 따서 부르는 이름이 많은것과 연산 현가가 사는 촌이라고 해서 연산부락이라고 부르는 식으로 성씨의 본관을 따서 마을이름을 부른것이 다. 봉건시기에 대체로 동성부락을 이루고 살았던 사정을 반영한것이다.
③ 《우리 나라의 민속유산》에서

이 례문은 《봉건시기에 친척들은 동성부락을 이루고 살았다.》라는 의미중심을 나타내는데 3개의 문장은 이 의미중심에 의하여 의미적으로 련결된다. 문장 ①에서는 《동성부락은 가족이 분화되는 과정에 이루어지는 사회적집단이라는 사정과 가족이 사적소유에 기초한 자급자족적인 경제단위였다는 사정과 관련된데 있다.》는 의미를 나타내며 문장 ②는 《동성부락이 이루어지는것은 세간난대야 멀리 가는것이 아니라 그 고장에서 살고있기때문이다.》는 의미를 나타내며 문장 ③은 《성씨와 성씨의 본관을 따서 마을이름을 부른것은 동성부락을 이루고 살았던 사정을 반영한다.》는 의미를 나타내였다. 이 의미는 모두 의미중심과 관련되며 따라서 3개의 문장은 아무런 언어접속형식이 없이 의미적으로 련결되였다.

이렇게 의미적련결에서는 문장들이 의미상의 련관에 의해서 련결될뿐 언어접속형식은 리용하지 않는다. 언어접속형식을 리용하여 문장들이 련결되면 그것은 의미적련결인것이 아니라 형식적련결인것이다.

2. 형식적련결

형식적련결이란 언어접속형식을 리용하여 문장들이 련결되는것이다.

형식적련결에는 접속어, 삽입어, 지시어, 련관적단어, 토, 단어반복, 시간과 장소와 방향을 나타내는 단어나 단어결합, 수량적의미 또는 순서적의미를 나타내는 단어 등 다양한 접속수단들이 리용된다.

1) 접속어

문장을 련결시켜주는 접속어로는 접속사, 접속부사, 용언의 접속형으로 된 이음말, 단어결합으로 된 이음말들이다.

그것들을 아래의 례문에서 몇가지 보기로 하자.

○ 죽기전에 들려준 정서방의 말을 그대로 믿는다면 이 사건과 주룡갑사 이에 그 어떤 상서롭지 못한 줄이 이어져있으리라는것이였다. ① 그러나 이 소문은 며돌자 곧 찾아들어버렸다.(《높새바람》상에서)

○ 관리위원회쪽에서 뜨락또르소리가 들렸다. ① 그러자 가슴에 매달려

있던 생각—석진이가 래일이면 떠난다는것, 래일이라는것이 이 한밤
만 지새면 곧 온다는것이 뚜렷해졌다.

○ 그는 이제 자기 나이가 스물일곱이라는것을 새삼스레 상기하였다.
① 그리고 나이에 비해서는 자기가 무척 늙었다는것을 생각하고 쓴웃
음을 지었다. ② 《전사들》에서)

○ 그때 한아이가 벌떡 몸을 뒤집으며 반듯하게 눕더니 가위로 철조망을
자르는 시늉을 했다.
① 그러더니 재빨리 자리를 차고 일어서서 만세를 높이 부르며 고지를
향해 뛰여올라갔다. ② (《꼬마보초병》에서)

○ 두무령은 사랑과 증오로 얽혀진 열정의 봉우리였다. ① 또한 이 조그
마한 고지는 그의 사랑의 시금석이였다. ② (《전사들》에서)

○ 하지만 위대한 수령님께서 들려주신 이야기를 듣고나니 자기의 글들
에서 민족의 태양, 전설적영웅으로서의 장군님의 업적과 풍모가 미흡
하게 그려졌음을 절감하지 않을수 없었다. ① 그럴수록 그이의 위대
성을 칭송하는 새로운 작품을 써내고싶은 충동이 못견디게 그를 사로
잡는것이였다.

○ 5월1일경기장을 바라보면 마치 물우에 뜬 한송이꽃과도 같아 그것이
모란봉의 자연풍치와 대동강의 풍치에 잘 어울려 아름답기 그지없
다. ① 그러므로 5월1일경기장은 사계절 아름다운 체육문화기지로,
유원지로서의 종합적인 면모를 훌륭히 갖추고있다. ②

○ 려행길에 오른 사람들은 아마도 강령, 옹진, 고성, 통천 군들에 펼쳐
진 참대나무숲을 보고 경탄할것이다. ① 하지만 그 참대숲이 어떻게
마련되였는가를 다는 모를것이다. ②

○ 그는 곧 탄광에서 같이 일하는 맏형을 찾아가 자기의 생각을 터놓았
다. ① 그랬더니 맏형도 무릎을 탁 치며 역시 기뻐하였다. ②

이렇게 접속어는 문장들을 련결시켜주는 작용을 한다.

접속어는 문장을 련결시키는데서 주요하게 리용되는 수단으로 되며 본문
의 언어단위는 접속어를 주요한 수단으로 하여 이루어진다.

조선어에는 문장들을 련결시켜주는 접속어가 매우 발달되여있으며 그 형
태도 매우 다양하다.

2) 지시어

지시어는 앞의 내용을 가리키는 단어나 단어결합이다.

지시어에는 지시대명사, 지시대명사와 단어나 토의 결합, 지시적기능을
가진 부사, 동사, 형용사들이 속한다. 이것들로는 《이것, 그것, 저것, 이,
그, 저, 이런, 그런, 저런, 여기, 저기, 거기, 이러한, 그러한, 저러한, 이렇
게, 그렇게, 저렇게…》등을 들수 있다.

지시어는 문장들의 련결에 널리 리용되며 접속어와 마찬가지로 문장의 련
결에서 중요한 자리를 차지한다.

아래에 일부를 들어보이면 다음과 같다.

○ 리조시기에 일정한 형태를 만드는 방법에는 주입법, 돌림법, 틀빼기법이 있었다. ① 물론 이 방법들은 리조시기에 비로소 도입된 방법이 아니라 오래동안 전승되여온 방법이다. ② 이 방법들은 이미 원시시기에 질그릇생산에 적용되였으며 그후 계속 발전되면서 오지제품, 사기제품 생산에서 보다 완성되였다. ③ 《우리 나라의 민족유산》에서)

○ 혼례식을 할 날자가 정해지면 그 다음에는 혼례식차비에 바쁘게 지냈다. ① 여기서 제일 큰 문제로 나서는것은 남자측에서는 례장준비였고 녀자측에서는 자장준비였다.② (우와 같은책)

○ 조국애는 의무이기전에 량심이여야 하며 창조와 정열로 되여야 한다. ① 그것은 곧 당의 구상과 의도, 당정책을 관철하기 위한 실천행동에서 집중적으로 나타난다. ②

○ 누에를 많이 칠데 대하여 주신 위대한 수령님의 교시와 당의 높은 뜻을 심장깊이 새긴 농장원들은 빈땅에 한그루두그루 뽕나무를 심었다. ① 그렇게 심은 뽕나무면적이 300정보나 되였다. ②

○ 조국애는 력사적으로 형성된 뿌리깊은 사상감정이다. ① 어느 민족, 어느 인민에게나 조국에 대한 애착과 사랑의 감정이 있기마련이다. ② 이러한 애국심은 철저히 계급적성격을 띠게 된다. ③

3) 삽입어

문장들의 련결에는 삽입어도 리용된다.

삽입어는 접속어나 지시어처럼 그렇게 발달되여있지 않지만 문장들의 련결에 활발히 쓰인다.

○ 국토관리는 국가주권이 행사되는 전령토에 대한 관리사업이다. ① 다시말하여 국토관리는 나라의 경제발전의 물질적기초인 토지와 자원에 대한 보호관리사업이며 사람들의 주위를 둘러싸고있는 자연과 생활환경에 대한 보호관리사업이다. ②

이밖에 《다 아는바와 같이》, 《듣건대》, 《내 생각에는》, 《아니나다를가》, 《요약하면》, 《바꾸어말하면》 등등에 의하여 문장들이 련결될수 있다.

4) 련관적단어

앞문장이나 뒤문장의 끝에 앞뒤문장을 의미상에서 련관되게 하는 단어들을 련관적단어라고 한다. 련관적단어는 문장의 끝에 쓰이면서 의미적으로 문장들을 이어주는것으로 나타난다.

○ 은주가 막 일어나서 총각애처럼 부엌을 향해 뛰여가려는 때였다. ① 아버지의 큰 기침소리가 울리더니 대문 한끝에 드리운 외등밑에 두사람의 그림자가 나타났다. ② (《메아리》에서)

여기서 《때였다》는 이런 시각에 뒤문장에서 인차 일이 벌어짐을 나타내게 되므로 앞뒤문장은 의미적으로 서로 련결되게 되는것이다.

○ 영철이는 가까이 걸어오시는분들을 넌지시 바라보며 어쩔바를 몰라 하였다. 저 많은분들은 도저히 멈춰세울것 같지 않았기때문이였다.

《꼬마보초병》에서)

뒤문장에서 《때문이였다》는 말을 써서 앞뒤문장이 인과관계로 련결되게 하였다.

5) 토

주로 토 《-는/-은》, 《-도》에 의하여 표현된다.

○ 형님은 로동자이다. 동생은 학생이다.

토 《-는/-은》은 형님과 동생을 대조하여 설명하는 대상을 나타내므로 두 문장은 련결된다.

○ 그는 신을 신은채로 물에 들어섰다. 나도 더 생각할 사이없이 물에 들어섰다.

여기서 《도》는 그가 물에 들어섰는데 나까지 포함하여 물에 들어섰다는 것으로 두 문장은 련결되게 된다.

6) 단어반복

단어반복은 단어들의 반복에 의하여 문장들이 련결되는것이다. 같은 단어들이 반복하여 쓰인다는것은 문장들이 하나의 의미중심을 향하여 의미적으로 련계된다는것을 보여준다.

○ 굉장한 폭음이 들려왔다. ① 행군하던 모든 사람들이 흠칫하고 흔들릴 정도의 큰 폭음이였다. ② 산악이 통채로 날아 올라가는 폭음이였다.③ 《메아리》에서)

문장 ①에서 《폭음》에 대해 쓰고 문장 ②에서도 《폭음》에 대해 썼으며 문장 ③에서도 《폭음》에 대해 썼다. 이렇게 세개의 문장은 모두 《폭음》이라는 의미중심과 관련하여 의미를 나타내므로 세개의 문장은 련결되는것이다.

의미가 같거나 비슷한 단어, 의미가 같으나 형태가 다른 단어들이 반복 사용되면 문장과 문장간에는 의미적련관성이 발생하게 되며 따라서 문장들이 련결되게 된다.

7) 시간, 장소, 방향을 나타내는 단어나 단어결합

시간, 장소, 방향을 나타내는 단어나 단어결합은 같은 시간적의미를 나타낸다는데서, 같은 장소적의미를 나타낸다는데서, 같은 방향적의미를 나타낸다는데서 문장들은 련결되게 된다.

○ 고려왕조가 성립된후 970년 이 지역이 연주로 고쳐지면서 묘향산은 연주에 속하게 되였고 1366년에 연주가 연산부로 개편된 다음에는 이 부 관할밑에 들게 되였다. ① 리조초인 1413년 연산부가 도호부로

고쳐진후에는 이곳에 속하였다. ② 1429년 연산도호부와 무산현이 통합되여
녕번대도호부가 설치되면서 그 관할지역으로 되였다. ③ (《묘향산의 력사와
문화》에서)

문장 ①과 문장 ②와 문장 ③은 시간을 나타내는 단어결합이나 단어인
《고려왕조가 성립된후 970년》, 《리조초인 1413년》, 《1429년》에 의하여 련결
된다. 다시말하여 모두 시간적의미를 나타낸다는데 의하여 서로 련결된다.

○ 북부형주택에는 가운데 정주간과 부엌이 정방형의 공간을 이루고
그 좌우쪽에 살림방과 경리시설들이 두줄로 배치되였다. ① 살림방에는 세
방, 웃방, 새고방, 장고방 등이 있었고 경리시설들로서는 방아간과 외양
간이 있었다. ② (《우리 나라의 민속유산》에서)

문장 ①과 문장 ②는 장소적의미를 나타낸다는 의미적련관성에 의하여
련결된다. 즉 문장 ①의 《북부형주택에는》과 문장 ②의 《살림방에는》은 모두
장소적의미를 나타내는데 의하여 련결된다.

○ 룡골산성에 올라서면 서남쪽으로 부라벌(염주벌)에 잇닿은 조선서
해가 끝없이 펼쳐져보이며 북쪽으로는 신의주일대가 한눈에 안겨온다. ①
서북쪽으로는 고려시기에 안흥진을 두었던 룡천구읍성이 내려다보이며 멀
리 북쪽으로 천마산이 아득히 보인다. ② (《묘향산의 력사와 문화》에서)

문장 ①과 문장 ②는 각각 한 문장안에서 방향을 나타내는 단어에 의하
여 관계적의미를 나타낼뿐만아니라 문장 ①과 문장 ②는 같은 방향적의미를
나타내는 단어 《서남쪽으로》와 《북쪽으로는》에 의하여 서로 련결된다.

8) 순서적의미를 나타내는 단어나 단어결합

문장들이 순서적의미를 나타내는 단어나 단어결합에 의하여 순서적으로
관계되면 문장들은 서로 련결된다.

○ 이 무덤을 순장무덤으로 볼수 있는 근거는 첫째로, 무덤의 째임새
가 주종관계를 보여준다는데 있다. ① 둘째로, 작은 무덤칸에 어른, 아이
할것없이 되는대로 묻은 장법상 특성에 있다. ② 셋째로, 노예주와 노예들
의 무덤에서 드러난 유물의 질적차이에서 찾아볼수 있다. ③

이 례문에서 《이 무덤을 순장무덤으로 볼수 있는 근거》를 《첫째로》, 《둘
째로》, 《셋째로》 나누어서 순서적으로 서술하였다. 이 순서적으로 나누어서
설명한 내용은 모두 《이 무덤을 순장무덤으로 볼수 있는 근거》로 된다. 다시
말하여 문장 ①과 문장 ②와 문장 ③은 순서적관계에 의하여 서로 련결된다.

3, 수사학적련결

수사학적련결이란 수사학적수단을 리용하여 문장들이 련결되는것이다.

여기에 리용되는 수사학적수단들로는 주요하게 다음과 같은것들을 들수 있다.

1) 문답식련결

묻고대답하는 형식으로 문장들이 련결되는것이다.

○ 그러면 지진이란 무엇인가. ① 고유한 의미에서 지진은 지구안쪽의 어느 한곳에 쌓였던 에네르기가 갑자기 유리되면서 바위층에 틈이 생기고 급격한 땅껍데기변동에 따라 생긴 튐성파가 사방으로 퍼지는 현상을 말한다. ② 즉 땅속 깊은곳의 암석이 지각구조운동에 의하여 생긴 거대한 힘을 받아 갑자기 깨질 때 일어나는 충격파가 땅걸면에 전달되는 흔들림에 의하여 일어난다. ③

문장 ①은 물음이고 문장 ②와 문장 ③은 물음에 대한 대답이다. 묻는것과 대답하는것은 하나의 통일체를 이룬다. 그러므로 문장 ①과 문장 ②와 문장 ③은 서로 련결되는것이다.

이러한 현상은 대화에서도 마찬가지로서 묻고대답하는것이 하나의 단위로 묶어진다.

○ 《그래 집엔 오빠들이 몇이지?》

《없어요.》

《언니는?》

《저 혼자예요.》

《아버지는?》

《……》

《어머니는?》

《……》

《그러면 집식구들은?》

《저 혼자예요.》 (《메아리》에서)

여기서 매번 묻고대답하는것이 하나의 단위로 구획된다.

2) 속담식련결

속담을 리용하여 문장이 련결되는것이다.

○ 《암 그렇지, 사람이란 맷힌데가 있어야지. ① 향기가 있는 꽃은 가시돋힌 나무에 핀단다. ②》

이 문장들에서 문장 ①의 《사람이란 맷힌데가 있어야지》라는 의미를 속담인 문장 ②의 《향기가 있는 꽃은 가시돋힌 나무에 핀단다.》에서 이미 표현한 의미를 더 확증하고 그것을 형상적으로 설명하였다. 즉 두 문장은 하나의 의미중심과 관련되면서 서술되였으므로 의미적으로 련결되는것이다.

속담식련결에서 속담으로 된 문장이 뒤에 놓일뿐아니라 앞에도 놓인다. 이때에는 앞문장에서 이미 표현한 의미를 더 확증하는 역할을 하는것이 아니라 표현하려는 의미보다 먼저 제시되여 의미의 전제를 주는 역할을 한다.

○ 《못을 파놓으면 물고기가 모이는 법이여유. ① 새 글을 가르쳐줄 선생님이 오게 되거든요.》

여기서 속담으로 된 문장 ①이 문장 ②의 앞에 놓이여 문장 ②에서 표현하려는 의미보다 먼저 제시되였다. 이것은 이 문장들에서 표현하려는 의미의 전제로 된다. 이렇게 두 문장은 하나의 의미전제를 가지고 의미적으로 련결되는것이다.

3) 부정식련결

부정적수법을 리용하여 문장들이 련결되는것이다.

○ 사회주의 문화농촌은 청산리와 그리고 문덕과 숙천만이 아니다. ① 재령과 안악, 탕림의 골깊은 마을과 돌배꽃이 하얗게 피여나는 개마고원의 감자밭기슭에도 보란듯이 들어앉았다. ②

례문에서는 《공산주의리상촌》이 어느 한 마을이나 고장에만 한한것이 아니라고 문장 ①에서 부정하고 문장 ②에서 《공산주의리상촌》이 전국의 이르는곳마다에, 사람들이 발길을 돌리기 어려워하던 산간벽지에도 일며섰음을 긍정함으로써 두 문장을 부정, 긍정 관계로 련계시켰다.

4) 대비식련결

대비적관계로 문장들이 련결되는것이다.

○ 날씨가 개인 뒤 우쩍우쩍 소리를 내며 자라는것은 참대싹에 한한 일이 아니다. ① 조선에서는 기계도, 집도, 곡식도, 인재도 모두가 다 우후죽순의 기세다. ②

여기서는 형상적비교의 형식으로 의미적관계를 가지는 두가지 사실이 대비되였다. 즉 비약적으로 발전하는 오늘의 현실과 바로 날씨가 개인뒤에 참대싹이 자라나는 기세가 의미적관계에 의하여 형상적으로 대비되였다. 의미상에서의 대비적의미는 하나의 대비적의미중심을 표현하므로 문장 ①과 문장 ②는 련결된다.

5) 반복식련결

단어나 구절이 반복되면서 문장들이 련결되는것이다.

○ 강산도 변하였다. ① 사람도 변하였다. ② 마을의 모든것이 변하였다. ③

여기서 문장 ①과 문장 ②와 문장 ③이 《변하였다》는 단어를 반복사용하여 하나의 의미중심 《강산도, 사람도, 마을도 변하였다》는것을 표현하므로 세개의 문장은 련결된다. 이것은 일반적인 단어나 구절의 반복사용으로 표현된것이 아니라 수사학적수법을 리용하여 표현한것이다.

반복식련결은 단어나 구절이 반복되여 문장들이 련결되는것과 다르다. 반복식련결은 수사학적수법을 리용하여 련결되는것이고 단어나 구절이 반복되여 문장이 련결되는것은 앞뒤문장에서 같은 단어나 구절을 사용하여 문장들이 서로 긴밀히 맞물려서 련결되는것이다.

6) 꼬리잡이식련결

문장들이 꼬리잡이수법으로 련결되는것이다.

○ 인도의 수도 뉴델리중심부에는 2층으로 된 회색석조건물인 네루기념박물관이 있다. ① 이 박물관의 뒤뜨락에는 밑둥이 두아름은 실히 될 커다란 뼁칼나무 한그루가 서있는데 그 나무아래의 크지 않은 공지에 자그마한 성화대가 있다. ② 그 성화대에서는 언제나 두어뼘쯤되는 불길이 꺼지지 않고 타오른다. ③

여기서 문장 ①의 《네루기념박물관》은 문장 ②의 《이 박물관의》에 넘겨주고 문장 ③의 《그 성화대에서는》은 문장 ②의 《성화대가》에서 넘겨받았다. 이렇게 세개의 문장은 호상 넘겨주고 넘겨받으면서 긴밀히 련결된다. 이 세개의 문장은 서로 분리될수 없는 관계에 놓여있다.

7) 대구식련결

문장들이 짝을 맞추어서 련결되는것이다.

○ 담장우에 자란 갈대는 머리는 무거우나 대는 약하고 뿌리가 얕다. ① 산간에서 자란 참대순은 끝이 뾰족하고 껍질은 두꺼우나 속이 비였다. ②

여기서 《담장우에 자란 갈대는》과 《산간에서 자란 참대순은》, 《머리는 무거우나 대는 약하고 뿌리가 얕다》와 《끝이 뾰족하고 껍질은 두꺼우나 속이 비였다》가 짝을 이루면서 두 문장은 서로 련결된다. 이 두 문장은 서로 갈라놓을수 없다.

8) 점층식련결

문장들이 점층적으로 련결되는것이다.

○ 백중을 앞둔 며칠전에 개일듯하던 비는 다시 부실부실 내리더니 오늘 식전부터는 바람이 불기 시작한다. ① 바람은 차차 강풍으로 돌변하자 해가 지기도전에 지척을 분별할수 없게 되였다. ②

례문에서는 개일듯하던 비가 다시 부실부실 내리기 시작하여 큰 비로 변하여가는 과정을 점층법으로 심화시켜 서술하였는데 문장들은 이런 순차적으로 그리고 점차적으로 의미가 심화되면서 긴밀히 련결된다.

9) 렬거식련결

문장들이 렬거적수법에 의하여 련결되는것이다.

○ 정말 이제부터는 대를 이어 한�뉘 땅이 없는 《죄》로 지주놈에게 구박받고 설음받으며 지지리도 고생해온 저 가난한 농민들에게 땅을 나눠준단말인가 ! ① 그 누구도 감히 다칠수 없는 신성불가침의 존재로만 생각되

던 강병기의 횡포한 권세와 위엄 앞에서 억울해도 항변 한마디 할수 없어 가슴에 피멍을 덧지으면서 참고 살아야 했던 저 사람들이 강가놈의 땅을 뺏어 그 땅의 주인으로 된단말인가! ②(《새봄》에서)

례문에서 문장 ①과 문장 ②는 사실을 라렬하는것으로 되였는데 이 두 문장은 사실의 라렬에서 긴밀히 련결된다.

10) 비유식련결

비유적수법을 리용하여 문장들이 련결되는것이다.

○ 산허리로 저녁안개가 흘렀다. ① 부드러운 입김 같기도 하고 하르르한 두메꽃잎 같기도 한 그런것이 서서히 골짜기로 흘러내렸다. ②

례문에서 문장 ②는 문장 ①에 대한 비유이다. 문장 ①이 없으면 문장 ②의 의미를 리해할수 없다. 또한 문장 ①은 문장 ②에 의하여 생동한 표상을 가지게 된다. 이렇게 문장 ①과 문장 ②는 비유적수법에 의하여 련결된다.

제 2 절. 본문의 구조적관계와 그 단계

1. 본문의 구조적관계

본문의 구조적관계란 련관된 문장들에서 문장들간의 구조상, 의미상에서의 련결을 말한다.

본문의 구조에는 아래와 같은 몇가지 류형이 있다.

1) 병렬관계

병렬관계는 두개 또는 두개이상의 문장이 의미상에서 서로 종속되지 않고 병렬적인 관계에 있는것이다.

○ 달빛은 흐르는 물과도 같이 소리없이 이파리와 꽃들에 쏟아져내린다. ① 파르스름한 실안개가 련못우에 가벼이 떠있다. ② 련잎과 련꽃들은 은빛도금을 한것 같기도 하다. ③

문장 ①과 문장 ②와 문장 ③은 병렬관계를 가진다. 문장 ①은 련잎우에는 흐르는 물과도 같은 달빛이 보인다는것을 쓰고 문장 ②는 몽롱한 달빛을 쓰고 문장 ③은 련잎과 련꽃을 썼지만 의미는 달빛에 있다. 세개문장은 서로 종속되여있지 않고 병렬적으로 되여있다.

2) 인과관계

인과관계는 문장과 문장간의 관계가 원인과 결과의 관계로 된것을 말한다. 좁은 의미에서는 사물발생의 원인과 결과를 가리키고 넓은 의미에서는 리유와 근거, 관점과 론점의 관계를 가리킨다.

○ 묘향산에 살고있는 130여종의 새들가운데는 머무르는 새들에 비하

여 철따라 오가는 새들이 많다. ① 그러므로 여기에서는 사철 새들의 종류
가 바뀌여진다. ②

문장 ①은 원인을 나타내고 문장 ②는 결과를 나타낸다.

3) 순서관계

순서관계는 앞뒤문장들이 시간, 공간, 위치, 방향의 순서, 행동, 사건
발전의 순서에 따라 서술되는것이다.

○ 향로봉으로부터 동쪽으로는 천탑봉, 천태봉, 석가봉들이 줄지어 솟
아있고 그우로는 비로봉의 모습이 한눈에 안겨온다. 서쪽으로는 아름다운
곡선을 그리며 뻗어나간 오선봉, 법왕봉들이 눈아래로 굽어보인다. 북쪽으
로 눈길을 돌리면 번영하는 공업강국의 축도인듯 공업도시 희천시와 **양지**
바른 산구비마다에 오붓이 들어앉은 문화농촌들이 정겹게 안겨온다. 남쪽
을 바라보면 세계적관광지로 아름답게 꾸려진 향산골과 청천강을 끼고 흘
러간 첩첩한 산발들이 그림처럼 펼쳐져있다.

이 례문에서 보는바와 같이 《동쪽－서쪽－북쪽－남쪽》의 순서로 설명되
여있다. 다시말하면 방향의 순서에 따라 묘향산의 위치를 설명하였다.

4) 점층관계

점층관계는 앞뒤문장들의 의미가 한단계, 한단계 점차적으로 심화되여가
는 관계를 말한다.

○ 하백은 해모수를 시험해보기 위하여 그와 재주내기를 하기로 하였
다. 하백은 곧 재주를 피워 잉어로 변하였다. 그러자 해모수는 수달로 변
하여 잉어를 한입에 집어삼킬듯 사납게 뛰따랐다. 하백이 또다시 재간을
피워 사슴으로 변하자 해모수는 승냥이가 되여 탐욕스러운 입을 무섭게 벌
리고 달려들었다. 하백은 다시 재주를 피워 아름다운 색갈의 꿩으로 변하
여 하늘높이 날아올랐다. 그러자 해모수는 곧 매로 변하여 날카로운 부리
와 발톱으로 금시 꿩을 덮칠듯이 달려들었다. 이에 질겁한 하백은 곧 룡왕
으로 변하였다.

하백은 잉어－사슴－꿩으로 변하고 해모수는 수달－승냥이－매로 변하였
다. 하백이 변하는데 따라 해모수도 변하였다. 그리고 이들이 변한것은 물의
동물로부터 륙지의 동물로, 륙지동물로부터 하늘에 날아다니는 동물로 서로
변하였다. 즉 점층적으로 문장들이 련결되여있다.

5) 전환관계

전환관계는 앞뒤문장의 의미가 전환되는 관계이다.

○ 그림그리는데 소질을 가진 은주는 사람들을 한번 보면 그 얼굴모
습을 오래도록 똑똑히 기억하는 재간이 있었다. ① 그러나 강철의 얼굴모
습만은 그렇게 선명히 재생할수가 없었다. ②

문장 ①과 문장 ②는 반대되는 의미를 가진 전환관계로 된것이다.

6) 총괄관계

총괄관계는 앞뒤문장들이 총괄적으로 서술되거나 나누어서 서술하는것이다. 먼저 총괄하고 후에 나누어 서술하거나 먼저 나누어 서술하고 후에 총괄할수 있다.

○ 전반 정황으로 볼 때 반송파전화의 동작과정을 세마디 말로 귀납할수 있다. ① 즉 주파수변환기로써 말소리를 고주파신호로 고쳐놓는것이 첫째이고 고역려파기와 저대역려파기로써 반송파전화와 소리주파수전화를 갈라놓는것이 둘째이며 반주파수변환기로써 고주파신호를 원래의 말소리로 환원시키는것이 셋째이다. ②

○ 우리는 보통 전송주파수가 변하지 않는 그 갈래의 전화를 ≪소리주파수전화≫라고 하며 전송주파수가 높아진 그 갈래의 전화를 ≪반송파전화≫라고 한다. ① 이로부터 알수 있는바와 같이 반송파전화란 말소리의 신호를 주파수가 높은 전자기파로써 전달하는 전화를 가리키는것이다. ②

첫째 례문에서 문장 ①은 총괄이고 문장 ②는 그에 대하여 나누어서 설명한것이다. 둘째 례문에서 문장 ①은 나누어 설명한것이고 문장 ②는 그에 대한 총괄이다.

7) 설명관계

설명관계는 앞뒤문장들이 설명하는것과 설명되는것의 관계이다. 일반적으로 뒤의 문장들에서 앞의 문장의것을 설명한다.

○ 사람들은 석유가 유기화합물이라는 이 특징을 리용하여 자기자신들이 먹고 입고 사용하는 등 여러 면에 쓰는 갖가지 석유화학제품들을 만들어내고있다. ① 지금까지 알려진데 근거하면 석유를 원료 또는 부분적원료로 하여 만든 제품들이 이미 5,000종이상이나 된다. ② 례하면 인조고무, 가소물, 염료, 향료, 폭발약, 의학용품, 사카린, 비누, 합성섬유, 합성세척제 등이다. ③

문장 ①에서는 석유에서 여러가지 석유화학제품을 만들어낸다고 하고는 문장 ②와 문장 ③을 통하여 그에 대해 구체적으로 설명하였다.

8) 가설관계

가설관계란 앞문장에서 가설을 제기하고 뒤문장에서 가설조건에 의하여 결론을 얻는 관계이다.

○ 탑의 형태를 보면 그것이 원래 다섯층의 돌탑이였다는것을 짐작할수 있다. ① 그것은 우선 탑밑단의 크기와 탑의 높이와의 비례관계를 보아 3층탑으로서는 밑단이 너무 높고 넓기때문이다. ② 그것은 또한 일반적으로 3층탑의 경우에는 그 높이를 보장하기 위하여 지붕돌은 보통 3층탑의 지붕돌보다 퍽 얇으며 지금 맨 웃층의 지붕돌은 그우에 탑꼭을 올려놓을수 있으리만큼 넓기때문이다. ③ 그렇게 보면 탑의 원래높이는 4.4메터가량

되였을것이다. ④

문장 ①에서 가설을 제기하고 문장 ②와 문장 ③에서 그 원인을 밝히고 문장 ④에서 결론을 내렸다.

9) 조건관계

조건관계는 앞문장에서 조건을 제기하고 뒤문장에서 이런 조건에서 산생되는 결과를 나타낸다.

○ 무릇 내가 신세를 진 사람에 대하여 나는 책임이 있게 되고 무릇 내가 마땅히 해야 하고 또 내가 능히 할수 있는 일에 대하여 나는 책임이 있게 되고 무릇 내가 어떤 일을 하려고 생각하였다면 곧 현재의 자기와 미래의 자기사이에 한가지 계약을 맺게 되는데 곧 자기자신에 대하여 더욱 무거운 책임을 지게 된다. ① 이런 책임이 있게 되면 량심은 시시각각 나를 감독하게 될것이다. ②

문장 ①에서 책임에 대한 몇가지 조건을 말하고 문장 ②에서 이에 대한 결론을 말하였다.

10) 선택관계

선택관계는 두개 또는 두개이상의 문장이 선택으로 되는 관계이다.

○ 우리가 지금 하고있는 일들이 과연 인민에게 유익한 일인가? 혹은 인민에게 불리한 일인가?

두 문장은 선택관계를 나타낸다.

11) 보충관계

보충관계란 앞문장에서 한 말에 대하여 뒤문장에서 보충하는 관계이다.

○ 묘향산에 깃들어있는 전설들가운데는 우리 나라 력사의 유구성을 말하여주는 건국전설들이 있는가 하면 외적을 반대하여 용감하게 싸운 투쟁에 대한 전설도 있다. ① 또한 지난날 빈궁과 고역속에서 신음하던 인민들이 천하절경인 묘향산에서 행복을 누려보려는 소박한 념원을 반영한 전설들도 있으며 아름다운 자연을 신비화한 이야기들도 있다. ②

문장 ①에서 이야기한데 근거하여 문장 ②에서 보충하고있다.

2. 본문구조의 단계

언어구조의 단계성은 언어의 본질적속성의 하나로 된다. 어떠한 언어든지 그 구조조직에는 단계가 있다.

문장군이나 문단, 단편 등은 모두 두개 또는 그이상의 언어적단위들로 이루어지는 비교적 복잡한 언어단위들이다.

이런 언어단위들에는 자체의 구조단계가 있다. 그러나 이런 구조단계는 모두 한 평면에 있는것이 아니라 한 단계씩 차례로 조직되여있다. 문장군,

문단, 단편 등 단위에 대하여 한 단계씩 분석하는것을 본문의 단계적분석이라고 한다.

본문의 언어단위들은 일정한 결합방식에 따라, 단계에 따라 조직되는데 한 언어단위와 다른 한 언어단위들이 결합되여 하나의 관계를 구성한다. 이런 관계는 형식상에서 하나의 단계로 나타난다.

한 단계와 다른 한 단계가 결합되여 비교적 큰 단계로 구성되는데 이것은 더욱 큰 단계로 된것이다.

이런 단계적분석은 본문의 언어단위들이 어떻게 한 단계, 한 단계 결합되였는가를 볼수 있게 하며 단계적관계와 의미중심을 똑똑히 리해할수 있게 한다.

단계라는 개념의 외면에는 크고작은것이 있다. 문장군은 문장군의 단계가 있으며 문단은 문단의 단계가 있으며 단편은 단편의 단계가 있다.

이렇게 단계라는 개념은 각 이한 언어적조건에서 각이한 범위로 표현된다.

문장군이나 문단, 단편이 하나의 단계로 되였다면 단일단계로 된 본문의 언어단위이며 두개이상의 단계로 되였다면 여러 단계로 된 본문의 언어단위이다.

본문의 언어단위의 단계가 몇개의 언어단위로 구성되였지만 하나의 단계적관계만을 표시하면 단일단계로 된것이며 두개이상의 단계적관계를 표시하면 여러단계로 된것이다.

1) 단일단계

단일한 단계적관계로 이루어진것이다.

○ 해방후 길지 않은 생활을 통하여 그들은 조국이야말로 우리 인민의 행복의 요람이며 조국을 지켜싸우는것이 인민들의 자유와 행복을 위한 성스러운 투쟁이라는것을 자각하게 되였다. 때문에 그들은 조국의 풀 한포기, 꽃 한송이, 흙 한줌을 자기 몸의 한부분처럼 귀중히 여겼으며 그것을 지켜 목숨을 바쳤던것이다.

이것은 두개의 문장으로 구성된 인과관계를 가진 문장군이다. 하나의 단계를 나타내므로 단일단계로 된 문장군이라고 할수 있다.

2) 여러단계

여러개의 복잡한 단계적관계로 이루어진것이다.

○ 우리는 또 구름이 비낀 빛갈을 보고 날씨를 추측할수 있다. ① ‖ 해나 달의 둘레에 때로는 안쪽이 붉은빛이고 바깥쪽이 자주빛인 아름다운 7색 테가 둘려질 때가 있다. ② 이런 테를 무리라고 한다. ③ 해무리와 달무리는 흔히 권층운의 우에 생긴다. ④ 권층운뒤에 고층운과 란층운이 있으면 큰 바람이 일거나 큰 비가 올 징조이다. ⑤ 그러므로 《해무리가 지면 밤중에 비가 오고 달무리가 지면 낮에 바람이 인다.》는 말이 있다. ⑥ 이것은 권층운이 나타나고 무리까지 지면 날씨가 나빠지리라는것을 의미한

다. ⑦‖ 그리고 무리보다 더 작은 채색테가 있는데 이것은 광환이라고 한다. ⑧ 색갈은 안쪽이 자주빛이고 바깥쪽이 붉은빛이여서 무리와는 정반대이다. ⑨ 일환과 월환은 거의 고충운의 변두리에서 생긴다. ⑩ 광환이 차차 커지면 날씨가 개이고 광환이 차차 작아지면 날씨가 흐리고 비가 내린다. ⑪‖ 여름날, 비가 멎고 날이 개이면 흔히 해 맞은켠 구름막에 아치형 채색떠가 걸린다. ⑫ 이것을 무지개라고 한다. ⑬ ≪동쪽에 무지개 서면 우뢰 울고 서쪽에 무지개 서면 비가 온다.≫고들 한다. ⑭ 그것은 동쪽에 무지개 서면 우뢰가 울지만 비가 없고 서쪽에 무지개 서면 작달비가 온다는 뜻이다. ⑮‖ 채색구름은 흔히 아침이거나 저녁무렵에 나타난다. ⑯ 해빛이 그 맞은켠 하늘에 비치면 구름이 붉은색을 띠는데 이것을 노을이라고 한다. ⑰ 아침노을이 서쪽에 비끼면 날씨가 흐려질것을 알려주고 저녁노을이 동쪽에 비끼면 며칠동안 날씨가 개이리라는것을 의미한다. ⑱ 그러므로 ≪아침노을이 지면 길을 떠나지 말고 저녁노을이 지면 천리길을 떠나라.≫는 속담이 있다. ⑲

이 례문은 먼저 크게 문장 ①과 그 아래의 모든 문장들과 갈라지는데 이것은 이 례문에서 제일 처음 분석되여나오는 큰 단계이다. (총괄관계이다.)

다음 문장 ①의 아래 문장들을 단계로 나눌수 있다. 문장 ②~⑦과 문장 ⑧~⑪과 문장 ⑫~⑮와 문장 ⑯~⑲는 각각 다음 단계에서 분석되는 단위들이다.

그 다음 이 단위들을 각각 분석을 진행할수 있다.

문장 ②③④⑤⑥⑦은 문장 ②③④⑤⑥과 문장 ⑦로 분석되며(총괄관계) 지시어 ≪이것은≫으로 련결되여있다. 또 문장 ②③④⑤⑥은 문장 ②③④⑤와 문장 ⑥으로 분석되는데 접속어 ≪그러므로≫를 사용하여 련결된것으로서 인과관계를 가진다. 문장 ②③④⑤는 ≪테≫、≪무리≫、≪권충운≫ 등 단어들을 반복하여 사용하면서 문장들이 련결되는데 병렬적관계를 이룬다.

문장 ⑧⑨⑩⑪은 ≪광환≫의 ≪환≫을 반복적으로 사용하면서 문장들이 련결되는데 병렬적관계를 이룬다. 문장 ⑫⑬⑭⑮는 ≪무지개≫를 반복적으로 사용하면서 문장들이 련결되는데 병렬적관계를 이룬다.

문장 ⑯⑰⑱⑲는 문장 ⑯⑰과 문장 ⑱⑲의 병렬적관계로 이루어졌는데 ≪채색구름≫, ≪노을≫ 등 단어와 형식적련결(지시어, 접속어, 삽입어 등을 의미하는것)의 수단으로 련결되였다. 문장 ⑯⑰은 ≪채색구름≫(문장 ⑰에서는 구름이 붉은색을 띤다고 하였음)이 반복 사용된 병렬관계를 이루며 문장 ⑱⑲는 인과관계를 이루는데 ≪노을≫이 반복 사용되고 접속어 ≪그러므로≫가 사용되여 문장들이 련결되였다.

여기서 문장 ②③④⑤⑥⑦, 문장 ⑧⑨⑩⑪, 문장 ⑫⑬⑭⑮, 문장 ⑯⑰⑱⑲는 각이한 사물을 평행적으로 서술하고 ≪무리≫, ≪채색테≫, ≪환≫, ≪무지개≫, ≪노을≫ 등 단어를 서로 이어서 반복적으로 사용하고 접속어 ≪그리고≫를 사용하여 이것들을 병렬적으로 결합하여 새로운 단계에서의 병렬적관계를 이루었다. 이 관계는 또한 문장 ①과 총괄관계를 이룬것이다.

아래에 도식으로 표시하여 보이면 다음과 같다.

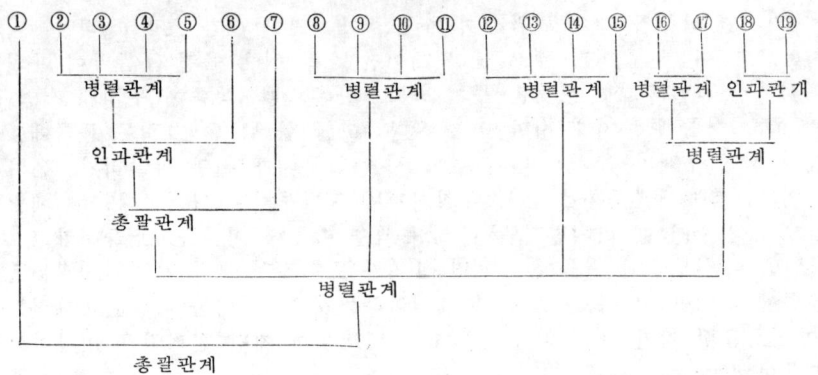

제 5 장. 본문의 언어단위의 경계확정과 그 수단

제 1 절. 본문의 언어단위의 경계확정

　본문연구에서 본문의 언어단위의 경계를 어떻게 확정할것인가 하는 문제는 본문연구에서 중심적문제의 하나로 나서고있다.

　문장은 문장의 끝에 있는 문장부호에 의하여 그 경계가 명확히 끊어지나 본문의 언어단위는 두개이상의 문장들이 집합되여 이루어지므로 언어단위의 경계를 어디까지 확정할것인가 하는 문제는 문장의 경계가 명확한것처럼 그렇게 쉽게 해결되지 않는다.

　본문의 기본언어단위는 문장군, 문단, 단편이다.(기본단위이외에 더 나누기도 한다.) 그러므로 본문의 언어단위의 경계확정이란 문장군, 문단, 단편에 대한 경계확정이다.

　본문의 언어단위는 단계적으로 되여있다. 때문에 그에 대한 경계확정은 단계적으로 진행된다. 그리하여 본문의 언어단위의 경계확정은 작은데로부터 큰데로, 큰데로부터 작은데로 나아가면서 진행된다. 다시말하여 가장 작은 문장군으로부터 시작하여 단위경계를 확정할수 있으며 반대로 단편으로부터 (단편이 없는 본문에서는 문단으로부터) 시작하여 아래로 진행할수 있다.

　그러나 일반적으로 작은데로부터 큰데로 이르는 순서에 따라 진행한다. 즉 문장군으로부터 시작하여 문단, 단편의 단위경계를 확정한다.

본문의 언어단위의 경계확정에서 문장군의 단위적경계를 확정하는것이 기본으로 되며 기초작업으로 된다. 이것은 다른 언어단위(문단, 단편)를 확정하는 담보로 된다. 그것은 문장군이라는 언어단위가 본문의 기본언어단위에서 기초단위로 되며 다른 언어단위(문단, 단편)들은 이 단위를 기초로 하여 이루어지기때문이다. 또한 문장군은 경계를 확정하기 어려운 단위로서 이 단위의 경계가 확정되면 다른 단위들의 경계는 쉽게 확정할수 있기때문이기도 하다. 그러므로 본문의 언어단위의 경계확정에서는 문장군의 단위경계를 기본으로 하여 진행하게 된다.

1. 표현방식에 의한 경계확정

표현방식이 다름에 따라 경계를 확정하는 방법이 같지 않다. 주요하게 아래와 같은데서 표현된다.

1) 시간의 순서에 의한 경계확정

시간의 순서에 따라 단계가 되여있는것은 시간을 기준으로 하여 경계를 확정한다.

○ 1592년 전쟁이 일어난후 전라도 태인사람 손홍록과 안의 등은 전주사고에 보관되여있던 《리조실록》과 《고려사》를 비롯한 가치있는 귀중한 민족고전들을 정읍의 내장산으로 소개시키였다. ① 왜적들이 전라도로 기여들 위험성이 조성되자 이들은 그것들을 그 다음해 배길로 충청도의 아산을 거처 황해도의 해주로 옮기였다. ② 1597년 일본침략자들이 다시 침입해오자 손홍록은 한춘을 비롯한 자기 집종 30명과 함께 무려 50바리나 되는 력사책들을 다시 강화도로 옮기였다. ③ 그후 강화도도 안전하지 못하다고 생각한 그는 다시 배에 실어 안주를 거처 먼 후방인 묘향산의 불영암에 날라올려다 보관하게 하였다. ④ 이리하여 소중한 민족·문화재들인 《리조실록》과 《고려사》 등이 전쟁의 피해를 면하였다. ⑤

이 례문은 두개 단계로 되였는데 첫단계는 이 례문의 마지막문장인 《이리하여 …》의 우에까지고 둘째단계는 마지막문장 《이리하여 …면하였다》이다. 첫단계의 문장(문장 ①, 문장 ②, 문장 ③, 문장 ④)들은 시간의 순서에 의하여 련결되고있다. 즉 《1592년 전쟁이 일어난후》, 《그 다음해》, 《1597년》, 《그후》 등 시간의 순서에 의하여 문장들이 련결되여 하나의 병렬적문장군을 이루고있다. 때문에 단위적경계는 문장 ⑤의 《이리하여 …》 우에서 확정된다.

2) 공간위치의 변화에 의한 경계확정

공간위치의 변화에 따라 경계를 확정한다.

○ 이 폭포(금강폭포)는 상원동골짜기로 흘러내리는 물이 좁은 바위

절벽으로 보여 굴러떨어져 이루어졌다. ① 폭포우에는 굴러내려온 커다란 바위가 물길을 막으려는듯 한가운데에 버티고 앉아있다. ② 조잘거리며 흐르던 물은 이 바위에 부딪쳐 좌우로 에돌아 물안개를 일으키면서 절벽 밑으로 떨어진다. ③ 폭포밑에는 내리쳥는 물기둥이 큰 돌확을 파놓은듯 검푸른 금강소를 이루었다. ④ 소의 물은 손수건을 잠그면 금시 푸른 물이라도 들것처럼 옥색빛을 띠고있다. ⑤ 폭포번두리의 절벽들에는 푸른 이끼가 두텁게 덮여있고 푸르청청한 소나무숲속에는 봄이면 진달래와 철쭉꽃이 붉게 피고 가을이면 빨간 단풍이 긴 가지를 드리우고있어 사철 폭포를 아름답게 장식해준다. ⑥

이 례문은 4개의 단계로 되였는데 문장 ①이 한 단계를 이루고 문장 ②와 문장 ③이 한 단계를 이루고 문장 ④와 문장 ⑤가 한 단계를 이루며 문장 ⑥이 한 단계를 이룬다. 문장 ②, 문장 ③과 문장 ④, 문장 ⑤는 공간위치의 변화로 되여있는데 문장 ②와 문장 ③은 《폭포우》를 쓴것이며 문장 ④와 문장 ⑤는 《폭포밑》을 쓴것이다. 이들은 각각 문장군을 이룬다. 여기시 문장군의 경계가 확정된다.

3) 재료의 성질과 특성에 의한 경계확정

사건이나 사물의 성질이나 특성에 의해 경계를 확정하는것이다.

○ 법왕봉은 화강편마암으로 이루어진 돌산이다. ① 묘향산에서 제일 높은곳에 위치하고있는 절간인 능인암에서 법왕봉을 바라보면 마치 암석병풍을 둘러세운듯하다. ② 법왕봉봉우리는 기암괴석들로 이루어졌는데 그 모양이 하나도 같은것이 없다. ③ 바위들은 거인이 무쇠주먹을 추켜들고 우뚝 서있는것처럼 보이는가 하면 먹이를 노리는 험상궂은 괴물같이도 보이고 달리는 사슴이나 날아가는 학모양같기도 하다. ④ 실로 법왕봉의 바위생김은 천태만상을 이루고있어 이곳을 《묘향산의 만물상》이라고도 일러온다. ⑤

이 례문은 문장 ①과 문장 ②를 한 단계, 문장 ③과 문장 ④를 한 단계, 문장 ⑤를 또 한 단계로 하여 3개 단계를 이루고있다. 문장 ①과 문장 ②를 한단계로 한 이 단계에서는 《법왕봉》에 대해 썼으며 문장 ③과 문장 ④를 다른 한 단계로 한 이 단계에서는 《법왕봉봉우리》에 대해 썼다. 이것들은 각각 하나의 문장군을 이룬다. 이 두 단계의 문장들은 사물의 특성을 나타내는것으로서 그 특성이 다름에 따라 단계가 다르게 나누어지며 같은 특성을 나타내는 문장들끼리 련결되고있다.

2. 수사학적수법에 의한 경계확정

수사학적수법에 의하여 문장들이 련결되며 따라서 경계도 확정된다.

○ …모든 사람들의 활기며고 기쁨이 넘치는 눈길이 명진에게 쏠렸다. 그들을 마주보는 명진이도 저절로 웃음이 새여나왔다. 정말 이제부터

대를 이어 한뉘 땅이 없는 《죄》로 지주놈에게 구박받고 설음받으며 지지리도 고생해온 저 가난한 농민들에게 땅을 나눠준단말인가! 그 누구도 감히 다칠수 없는 신성불가침의 존재로만 생각되던 강병기의 횡포한 권세와 위엄 앞에서 억울해도 항변 한마디 할수 없이 가슴에 피멍을 덧지으면서 참고 살아야 했던 저 사람들이 강가놈의 땅을 뺏어 그 땅의 주인으로 된단말인가! 꿈만 같구나! 저 기쁨을 참지 못해 벙글거리는 장과부, 그 옆에서 하얀 이발을 방싯이 드러내고 웃고있는 반선덕, 두눈에 기쁨을 감추지 못하던, 그리나… 《새봄》에서)

우의 례문에서 《정말 이제부터 …나눠준단말인가!》, 《그 누구도… 주인으로 된단말인가!》는 수사학적물음의 수법으로 되였지만 이 두 문장은 또한 렬거적수법으로도 된다. 하여 이 두 문장은 하나의 언어단위인 문장군으로 되며 경계도 문장군에서 확정된다.

○ 차창밖으로 울창한 수림이 펼쳐졌다. 수림이 끝나자 귤포전이 나타났다. 귤나무들에는 익어가는 귤들이 탐스레 주렁졌는데 농민들이 수확한 귤을 상자에 담아 자동차에 싣고있었다. 귤포전이 끝나자 이번에는 밀밭이 눈길이 모자라게 펼쳐졌다. 어디선가 부르는 농민들의 흥겨운 노래소리가 들려왔다.

우의 례문에서 《이번에는 …들려왔다》의 우의 문장들은 꼬리잡이수법으로 되였는데 이 문장들은 하나의 문장군으로 된다. 따라서 경계는 《이번에는…》 우에서 확정된다.

3. 관할어에 의한 경계확정

관할어란 몇개 문장을 하나의 의미총체에 들어가게 하는 단어나 구절을 말한다. 다시 말하면 몇개 문장이 관할어의 지배하에서 하나의 의미적단위로 묶어지는것을 말한다. 관할어의 지배하에 들어간 몇개 문장은 본문에서 의미적단위를 이룬다.

관할어는 아래와 같이 표현된다.

1) 아래의 내용을 제시하는 말

아래의 내용을 제시하는 말은 아래의 내용을 제시하여주면서 아래의 내용을 하나의 의미덩어리로 되게 한다.

아래의 내용을 제시하는 말로는 《다음과 같이》, 《아래와 같이》, 《이렇게 말하다》 등과 같은 형식을 가지는것인데 이 말들은 서술어와 결합하여 쓰인다.

○ 이 마치는 그가 소년공으로 제련소에 취직했을 때 아버지가 준것이다. 그날 아버지는 부저가락으로 자루에다 할아버지의 이름을 새겨주며 이렇게 말했다.

《우리 집에서는 할아버지대로부터 로동을 해왔다. 로동자는 로동대중이라고도 하구 무산대중이라고도 해… 외토리로 돌아가서는 벌어먹지 못한다. 대중에 쌔여서 살아야 돼. 그러자면 너 중뿔나게 놀게 아니라 로동대중을 혈육처럼 믿구 아끼면서 맘이랑 잘 써야 돼. …맘은 가는만큼 오는 계야, 알겠니！》(《해빛을 안고 온 청년》에서)

여기서 말한 부분은 모두 아버지가 한 말로서 《이렇게 말했다》는 관할어의 지배하에 들어가게 된다. 다시 말하여 관할어 《이렇게 말했다》는 아래의 말을 제시하여주면서 아래의 내용을 하나의 의미덩어리를 이루게 한다.

2) 개괄을 나타내는 말

개괄을 나타내는 말은 아래에 세분하여 설명한 내용을 개괄한다. 먼저 개괄하고 후에 세분하여 말하는 부분들은 하나의 의미덩어리로 된다. 즉 개괄하는 말은 아래에 세분하여 설명하는데까지 관할한다.

○ 사람의 잠은 5개 단계로 나눈다. 첫단계는 몽롱한 상태에 처한것이고 두번째 단계는 수면상태에 들어가 눈이 외계의 자극에 반응이 없는 때이다. 세번째 단계와 네번째 단계는 깊이 잠든 때이다. 다섯번째 단계는 눈알이 빠르게 돌아가는 단계인데 이때 대뇌는 특별히 활약적이며 꿈이 가장 많지만 대뇌는 일종 화학물질을 분비하여 꿈속에서 사지를 움직이지 못하게 제지한다.

우에서 잠을 5개 단계로 먼저 개괄한다고 하고는 아래에 수면단계를 하나하나 설명하였다. 하나하나 설명되는 부분은 개괄한 말의 지배를 받으면서 하나의 의미덩어리로 되며 개괄한 말은 아래의 세분된 부분을 관할한다.

3) 시간, 장소를 나타내는 말

시간, 장소를 나타내는 말은 문장의 첫머리에 놓이면서 아래의 문장들이 이 시간, 장소와 관련되여 하나의 의미덩어리를 이루게 한다. 문법에서는 시간, 장소를 나타내는 성분을 한 문장에 귀속시켜 성분화하고있다. 그러나 본문분석의 측면에서 자세히 분석하여보면 의미적으로 한 문장의 시간, 장소를 나타낼뿐만아니라 아래의 문장들의 시간, 장소도 나타내게 된다. 다시 말하면 시간, 장소를 나타내는 성분은 문장의 첫머리에 놓이면서 그 성분이 놓인 문장을 수식할뿐만아니라 그 문장을 벗어나 아래의 문장까지 관할하게 된다.

○ 먼동이 희붐히 트며 동녘의 어둠을 밀어내기 시작할 무렵, 벌써 징소리가 징징 울리며 간드러진 새납소리, 꽹과리소리가 어울리면서 사람들의 흥주머니를 들추어놓으며 돌아갔다. 학생아이들의 가창대도 씩씩하게 노래부르며 마을돌이를 시작하였다. 사람들은 새옷을 갈아입고 논벌을 향해 장마철 시위처럼 굽이쳐 밀려나갔다. 권성녀네 시며느리도, 리상옥의 내외도, 장파부네 어이딸도, 김봉석로인과 마종대도… (《새봄》에서)

우의 례문에서 《먼동이 희붐히 르며 동녘의 어둠을 밀어내기 시작할무렵》 아래에서 나타낸 모든 일들은 그 시간에 발생한 일들로서 그 시간관할어의 지배하에 들어가게 된다.

○ 넓은 마당에서는 언제나 여러마리의 말들이 달리고있다. 밤색, 흰색, 얼룩색의 말들이다.

우에서 장소의미를 나타내는 《마당에서는》은 두 문장과 다 관계되는데 여러가지 말들이 달리는것이나 밤색, 흰색, 얼룩색의 말들이 다 《마당에서는》과 관련되는것이다. 두 문장의 의미적존재는 모두 《마당》과 관계를 맺고있다.

4) 목적을 나타내는 말

목적을 나타내는 말이 문장의 앞에 놓이는 경우 이런 목적의미와 관련 있는 문장은 목적을 나타내는 말과 관계를 맺으면서 하나의 의미덩어리로 된다.

○ 먼저 무덤칸 전체를 집안처럼 보이게 하기 위하여 네 벽모서리에 두공을 얹은 기둥을 그렸다. 기둥들사이는 도리를 이어대고 도리우에 ∧형으로 된 활개가 놓이고 다시 그우에 도리를 련이어 얹은 모양이다.

우에서 《네 벽모서리에 두공을 얹은 기둥을 그렸다》는것이나 《기둥들사이는 도리를 이어대고 도리우에 ∧형으로 된 활개가 놓이고 다시 그우에 도리를 련이어 얹은 모양》은 모두 《먼저 무덤칸 전체를 집안처럼 보이기 위하여》한것이다. 이것들은 모두 《먼저 무덤칸전체를 집안처럼 보이기 위하여》란 관할어의 지배하에 들어가게 된다. 즉 아래의 모든 문장은 이 목적을 나타내는 관할어와 관계를 맺는것이다.

5) 정보원천을 나타내는 말

정보원천을 나타내는 말은 어떤 사건에 대하여 보고들은것을 전달하는것인데 이렇게 전달되는 사실들은 정보원천을 나타내는 말과 의미적관계를 맺으면서 하나의 의미덩어리로 된다.

○ 보도에 의하면 7일 말레이시아의 한 고원지대에서 무더기비에 의한 사태로 사람들이 죽는 등 피해가 났다. 수도 꾸알라 룸뿌르에서 동북쪽으로 200키로메터 떨어진 이 고원지대에서 새벽에 집이 사태에 묻혀 2명이 죽고 4명이 행방불명되였다.

여기서 한 고원지대에서 무더기비에 의한 사태로 사람들이 죽은것이나 수도 꾸알라 룸뿌르에서 동북쪽으로 200키로메터 떨어진 고원지대에서 새벽에 집이 사태에 묻혀 2명이 죽고 4명이 행방불명이 된것은 모두 《보도에 의하면》에 의한 소식이다. 이런 사실과 정황은 모두 《보도에 의하면》의 관할어의 지배하에 들어가게 된다.

6) 사건과정을 나타내는 말

사건과정을 나태내는 말은 사건의 진행과정에서 발생한 사건들을 하나의 의미적통괄에 들어가게 하면서 하나의 의미덩어리로 묶어놓는다.

○ 회의에서 지역의 경제 협조와 개발을 강화하기 위한 일련의 문제들이 토의되였다. 《카사블랑카선언》이 채택되였다.

사건과정을 나타내는 말 《회의에서》는 그아래에 있는 몇개의 사실들을 포괄하고있다. 다시 말하면 회의에서 발생한 일들은 모두 《회의에서》라는 관할하에 들어가게 되며 《회의에서》의 지배하에서 하나의 의미덩어리로 합치는것이다.

7) 화제를 나타내는 말

화제를 나타내는 말은 어떤 화제에 대하여 서술을 진행하는것인데 한 화제에 대한 서술은 하나의 의미덩어리를 이룬다. 화제로 되는 관할어는 화제의 서술을 관할한다.

○ 국제정세에 대하여 쌍방은 발전변화가 매우 크다고 인정하였다. 새로운 형세는 새로운 문제와 도전을 제기한 동시에 새로운 기회를 제공하였다고 지적하였다.

여기서 《국제정세에 대하여》는 회담의 화제로서 아래에서는 이 화제에 근거하여 국제형세에 대한 견해를 제기하였다. 그러므로 화제관할어 《국제정세에 대하여》는 아래의 내용을 지배하고있다.

8) 분야를 나타내는 말

분야를 나타내는 말이 앞에 오면 해당한 분야의 내용을 관할하게 된다.

○ 어휘론분야에서는 단어를 기본으로 하여 거기에 작용하는 법칙과 규칙들을 연구한다. 이와 함께 하나의 단어는 아니나 의미상 하나의 단어에 해당하는 굳은 단어결합들도 연구한다.

문체론분야에서는 사상을 언어로 더 잘, 더 효과적으로 표현하기 위한 언어적표현 수단과 방법을 연구한다. 문법론과 어휘론은 언어행위의 련쇄된 고리에 나타나며 모든 고리를 다 지배하고 관리하는 문법적, 어휘적 체계와 규칙을 대상으로 하지만 문체론은 오직 언어행위의 일정한 고리에서만, 다시말하여 요소요소에 나타나는 문체론적표현을 통하여 실현되는 표현방식의 세계와 그것을 지배하는 규칙을 연구한다.

《어휘론분야에서는》과 《문체론분야에서는》의 뒤부분은 각각 모두 이 분야와 관계되는것으로서 《어휘론분야에서는》과 《문체론분야에서는》이라는 관할어의 지배하에 들어가게 된다.

9) 평가를 나타내는 말

평가를 나타내는 말은 필자가 사실정황을 대체적으로 추측하고 평가하는것이다. 아래에 추측되고 평가되는 부분은 모두 평가관할어의 관할에 들어가게 된다.

○ 총적으로 보면 문법은 단어변화와 단어결합의 규칙을 연구하는 언어학의 한분과로서 단어, 단어결합, 문장들의 구성, 그것들사이의 문법적 관계와 류형 등을 규정지으며 언어의 체계정연한 질서들과 언어의 단위 등을 관계지어준다. 문체론은 문체를 연구대상으로 하는 언어학의 한 분과로서 문체의 본질과 그 특성, 갈래, 표현성과 문체의 발전을 밝히며 문체론적 수단과 수법을 기능적측면과 표현적측면에서 연구한다.

우에서 본바와 같이 《총적으로 보면》의 뒤부분은 모두 평가관할어 《총적으로 보면》과 관계를 맺는다. 즉 총적으로 보면 문법은 어떤것을 연구하고 문체론은 어떤것을 연구한다는것이다.

10) 련결을 나타내는 말

련결을 나타내는 말은 론리성의 표현에서 보면 련결되는 전후 두 부분의 어느 한 부분에도 속하지 않고 동시에 두 부분을 지배한다. 그러나 형식상에서 보면 련결을 나타내는 말은 련결되는 뒤부분에 속한다.

○ 해방후 길지 않은 생활을 통하여 그들은 조국이야말로 우리 인민의 행복의 요람이며 조국을 지켜싸우는것이 인민들의 자유와 행복을 위한 성스러운 투쟁이라는것을 자각하게 되였다. 때문에 그들은 조국의 풀 한포기, 꽃 한송이, 흙 한줌을 자기 몸의 한부분처럼 귀중히 여겼으며 그것을 지켜 목숨을 바쳤던것이다.

우에서 련결을 나타내는 말 《때문에》는 앞의 원인부분을 포괄할뿐만아니라 결과부분도 포괄한다. 이는 어느 관할어보다도 다른 점이다. 련결관할어를 제외한 기타 관할어들은 문장의 앞에 놓이면서 뒤의 부분을 관할하는것이 특징이라면 련결관할어는 앞뒤부분을 동시에 관할하는것이 특징이다.

본문의 언어단위의 경계확정은 표현방식, 수사학적수법에 의해서도 진행되고 관할어에 의해서도 진행된다는것을 우에서 찾아보았다.

그렇다면 이 세가지 방법을 어떻게 적용하여야 하는가.

이 경계확정의 방식은 본문의 구성상 특성, 서술상 특성, 문체상 특성 등에 의해 세개 방식을 알맞게 적용할수 있다. 다시말하면 글의 구성상 특성과 서술상 특성을 보아 표현방식에서 공간위치변화의 순서인가 아니면 시간의 순서에 의한것인가, 아니면 재료의 성질과 특성에 의한것인가 아니면 수사학적수법에 의한것인가 아니면 관할어에 의한것인가 하는 등등의 문제를 파악하고 각이하게 경계를 확정할수 있는것이다.

경계를 확정하는데서 의미융합은 중요한 문제로 나선다. 의미가 융합되지 않으면 하나의 의미덩어리로 되지 못하며 따라서 언어단위로 확정되지 못하는것이다. 이것은 또한 언어단위를 확정하는데서 관건적문제로 되는것이다.

의미융합은 경계의 연장을 의미하며 의미가 융합되지 않으면 경계는 의미가 융합되지 않은곳에 세워질수 있음을 의미하게 된다.

제 2 절. 본문의 언어단위의 경계확정을 위한 수단

본문의 언어단위의 경계를 확정하기 위해서는 그 경계확정수단을 연구하여야 한다.

본문에서 경계가 명확히 표현되지 않으면 말을 듣는 사람이나 독자가 언어단위의 경계를 정확히 리해하지 못하게 되며 심지어 원래의 의미를 오해하여 리해하게 된다. 그러므로 본문의 언어단위의 경계를 확정할 때 말을 듣는 사람이나 독자의 분석측면으로부터 문제를 고려하며 우리의 출발점은 본문의 언어단위의 경계를 확정할수 있는데 립각하여 말을 듣는 사람이나 독자가 본문의 언어단위의 경계를 판단할수 있게 하여야 한다.

이렇게 하려면 말을 하거나 글을 쓰는 사람 자체가 본문의 언어단위의 경계에 대하여 명확히 하여야 한다.

본문의 언어단위의 경계확정을 위한 수단을 옳게 파악하는것은 본문의 언어단위의 경계를 확정하는데 정확성을 보장하게 된다.

본문의 언어단위의 경계를 확정하는 수단은 의미와 형식에 의하여 아래와 같이 분류할수 있다.

1) 화제, 관점의 바뀜

화제, 관점의 바뀜은 말을 하거나 글을 쓰는 사람이 어떤 사물을 서술하다가 자기의 말을 끌어들이는것이다. 말을 하거나 글을 쓰는 사람의 관점이 개입하면 앞에서 제기된 관할어가 그의 관점을 초월하여 경계가 세워지는 것이 아니라 그가 관점을 개입한 우에 경계가 세워지게 된다. 다시말하면 관할어가 관할하는 내용과 말을 하거나 글을 쓰는 사람이 개입한 관점은 의미상에서 융합되지 않으므로 융합되지 않는곳에 경계가 세워지게 되는것이다.

○ 이 문짝과 관련하여 다음과 같은 전설이 전해온다.

뛰여난 조각술을 가진 《운나》라는 소년이 이 절간을 짓는데 동원되었다. 그는 이 문짝을 조각하던 어느날 어머니의 병이 위급하다는 소식을 받고 집에 다녀오게 해달라고 간청하였다. 그러나 당시 통치배들은 이를 승인하지 않았다. 그러던중 이 소년은 어머니가 세상을 떠났다는 슬픈 소식을 받게 되였다. 소년은 억울함과 슬픔을 참지 못하여 스스로 자기의 한 손을 잘라버리고 절간을 뛰쳐나와 농민폭동군에 참가하였다고 하느!
그리하여 이 문의 한짝은 완성하지 못한채 그대로 달았다는것이다.

우의 례문에서 보다싶이 관할어 《다음과 같은》은 아래의 전설내용을 관할하고 《이 전설을 통하여…》부터는 글쓰는 사람의 관점이 개입한것으로서 화제가 바뀐것이다. 그러므로 관할어 《다음과 같은》은 전설의 내용을 벗어나 그아래의 글쓰는 사람의 관점까지 관할하지 못하며 글쓰는 사람의 관점이 개입한곳, 《이 전설을 통하여…》의 우에 경계가 세워진다.

관할어가 나타나지 않은것도 마찬가지로 말하거나 글쓰는 사람의 관점이 개입된곳에 경계가 세워진다.

○ 금강사터 각 전당들의 호상거리는 도식적으로 련결된다. 금강터 남쪽면을 밑변으로 하는 정3각형을 거꾸로 세우면 그 정점은 탑터의 중심점과 일치한다. 탑터중심점에서 중문터까지의 거리를 반경으로 하는 원을 그리면 그 원은 동, 서 전당터의 안쪽면, 금당터계단의 남쪽면에 닿는다. 이것을 통하여 금강사터의 평면을 3각형, 4각형, 8각형, 원 등의 도형들로 비례에 맞추어 쓰면서 치밀하게 계획화되였다는것을 알수 있다.

이 례문에서도 글쓰는 사람의 관점이 개입된 《이것을 통하여…》의 우에 경계가 세워진다. 금강사터를 구체적으로 서술한 다음 이것을 통한 글쓰는 사람의 분석이 서술된것이다.

2) 동류관할어의 재현

병렬적으로 된 구조에서 동류의 관할어가 출현되였을 때 앞의 관할어가 경계를 뛰여넘어 뒤의 부분까지 관할하지 못하며 각 관할어는 자기가 분담한 부분만을 관할한다.

○ 그해(1924) 10월 22일, 신의주지방법원에서는 제1회공판을 열었다. 공판시 일제는 편강렬로 하여금 모든 죄목을 승인함과 아울러 그를 유인하여 극력 항복을 피했으나 도리여 일제의 죄행을 규탄하는 편강렬의 우렁우렁한 목소리로 하여 공판장은 란장판이 되였다.

그해 11월 12일, 평양에서 가진 제2회 공판과 위협과 공갈에 두려움없이 맞서는 편강렬에 한해 일제는 아예 그를 옥에 가두고말았다. 법정에서도 편강렬은 추호도 두려움 모르는 그의 강의한 성격을 남김없이 그대로 보여주었을뿐만아니라 비분에 치를 떨며 일제의 죄행을 규탄하였다.

시간관할어 《그해 10월 22일》과 《그해 11월 12일》은 각각 자기가 담당한 부분만을 관할할뿐 서로 뛰여넘어서 다른 부분까지 관할하지 않는다. 이것은 또한 시간의 순서에 따라 갈라지는것과 같게 표현된다.

3) 련결성분의 출현

련결성분은 앞뒤부분을 관할하여 하나의 의미덩어리를 이루게 한다.

○ 은희는 뻐스시간이 박두해서야 학적부의 마지막페지를 덮어 금숙

에게 넘겨주었다. 그리고는 무엇인가 꼭 해야 할 말을 잊고 못한듯한 그런 표정을 지었다. 그러더니 교탁밑의 서랍을 열고 과자통만한 비닐함을 꺼내였다.

련결성분 《그리고》, 《그러더니》는 아래우 문장들을 호상 관할하면서 서로 련결시켜준다.

련결성분은 순서를 나타내는 《첫째, 둘째, 셋째, …》, 《먼저, 다음, 최후》, 대등을 나타내는 《역시, 동시에, …》, 점층을 나타내는 《더욱, 뿐만아니라, …》, 첨가를 나타내는 《또, 이외, 밖에, …》, 대립을 나타내는 《그러나, 하지만, …》, 원인을 나타내는 《그러므로, 때문에, …》 등등 여러가지가 있다.

4) 경계표시말의 출현

경계표시말은 경계가 끝남을 명확히 나타낸다. 이것은 가장 뚜렷하게 경계를 표시하는 수단이다. 일반적으로 《여기까지 말하고》, 《말을 마치고》, 《말하고서》, 《말을 끊고》 등등에 의하여 표현된다.

○ 그 녀자는 처음엔 슬픔에 잠겨 깍듯이 답례한후 침묵을 지키더니 나중엔 흑흑 흐느껴 울면서 이렇게 하소연을 하는것이였다.

《저는 불쌍한 녀자예요. 지금 선비님께서 관심하셔 물어주시니 황송하와요. 비록 부끄러운 일이지만 뼈에 사무치는 원한을 어찌 숨길수 있겠어요. 이제 그 사연을 낱낱이 말씀드리겠어요. … 그분들은 절 학대하고 구박하던 끝에 밖으로 쫓아내여 이 지경에 이르게 된거예요.》

그 녀자는 말을 마치자 슬픔에 겨워 눈물을 흘리며 흐느꼈다. …

(중국소설에서)

우의 례문에서 《그 녀자는 말을 마치자 …》는 녀자의 말이 완전히 끝났음을 명확히 표시하면서 아래에 다른 내용으로 들어감을 나타낸다. 관할어가 있는데 관할어 《이렇게 하소연을 하는것이였다》는 《그 녀자는 말을 마치자 …》의 아래까지 더 관할하지 못한다. 경계는 그 녀자의 말이 끝난데서 세워진다.

5) 담화자의 바뀜

담화에서 담화자가 바뀌면 앞의 관할어는 뒤의 담화자의 담화까지 관할하지 못하며 경계는 담화자가 바뀐곳에서 세워진다.

○ 이 말에 감동된 안해는 한동안 흐느껴울더니 다시 이렇게 말하였다.

《당신은 제가 인간이 아니라고 마음가짐도 다르다고 생각마세요. 은혜를 보답해야 한다는것쯤은 저도 알고있어요. 룡은 만년장수하는 생령이예요. 당신도 인젠 저와 같이 장수할수 있고 강과 바다에서나 륙지에서나 마음대로 살수 있게 됐어요. 정말이예요.》

- 82 -

류의는 감개무량해서 말했다.

《나는 내가 룡궁의 부마가 되고 신선들의 행렬에 끼여설줄 몰랐소.》
（중국소설에서）

앞의 관할어 《이렇게 말하였다》는 아래의 담화를 다 관할하는것이 아니라 안해가 말한 말만 관할한다. 그것은 담화자가 바뀜에 따라 담화의 내용이 서로 갈라지므로 경계는 담화자가 바뀐곳에 세워지게 되기때문이다.

6) 가리키는 말의 출현

가리키는 말은 이미 있은 사실을 다시 가리키는 말인데 이때 가리키는 말이 포함된 부분부터는 의미상 다르게 되므로 우의 관할어나 우의 내용에 들어가지 않고 가리키는 말우에 경계가 세워진다.

○ 고려시기 평양성을 보수하여 서경으로 하면서 1111년 이 자리에 다시 루정을 세우고 이름을 《산수정》이라고 하였다. 그후 보수도 하고 다시 세우기도 하면서 어느새 그 이름을 련광정이라고 고쳐부르게 되였다. 련광정에서는 서로 년대가 다른 글자새긴 기와가 20여종이나 발견되였다. 이것은 여러차례 보수하였다는것을 말하여준다. (《우리 나라 력사유적》에서)

가리키는 말은 앞의 사실에 대한 설명으로서 우의 내용과 의미상에서 융합되지 않는다. 그러므로 《이것은》의 우에 경계가 세워진다.

7) 문체의 차이

문체에서 차이가 있으면 의미상에서 융합되지 않음을 표시하므로 경계가 문체의 차이가 나는곳에 세워진다.

○ 17세기 묘향산에서 오래 산 설암대사(호 추봉)는 묘향산에 대하여 다음과 같이 읊었다.

> 향나무는 푸르싱싱
> 흰눈우에 떨기떨기
> 향기 풍기네
> 묘향이라 불리우니
> 백향같이 아름다와라

묘향산이라고 이름을 짓기전에는 연주고을(녕변)에 속해있는 산이라는 뜻에서 연주산이라고도 불러왔고 이 산의 바위돌이 류달리 희고 정갈하다는 의미에서 태백산이라고도 불러왔다. 《태백산》이란 《밝은 산》이라는 뜻의 옛조선말을 한자로 써놓은것이다.

여기서 지문과 시의 문체는 현저한 차이가 있음을 볼수 있는데 관할어 《다음과 같이》는 아래의 시까지 관할하고 시아래의 말은 관할하지 못한다. 아래의 말은 따로 한 단위를 이룬다. 그 경계는 문체의 차이가 있는곳에 세워진다.

8) 인용표식의 출현

인용표식은 경계를 확정하는데서 중요한 역할을 한다. 인용된 말은 하나의 의미덩어리로 묶어진다.

○ 김학철동무가 남포시에 사는 안해 박선화녀성에게 쓴 편지에는 이런 구절이 있었다.

《당신이 곧 둘째를 해산하게 된다는 소식을 들었소. 마음같아서는 당장이라도 고향으로 달려가고싶소. 하지만 난 그럴수 없구려. 백두산탐험목표를 빨리 수행해야 어버이수령님을 잃은 슬픔으로 몹시 수척해지신 우리의 친애하는 **김정일**동지께 기쁨을 드릴게 아니겠소. 그러니 내가 고향땅에 들어서는 그날은 백두산탐험목표를 수행한 날인줄로 알고 기다려주오.》

김선구동무가 고향인 개풍군 연룡리에 사는 아버지 김갑종로인에게 쓴 편지에는 이런 구절이 있었다.

《이 아들은 한생을 백두산탐험에 바치렵니다. 이 길을 떠난 저의 행복은 없을것입니다.》

이들은 얼마나 훌륭한 정신도덕적풍모를 지닌 사람들인가. 당의 뜻을 받드는 충성의 한길에서 혁명의 성산 백두산을 빛내이기 위하여 고귀한 청춘을 바친 김학철, 김선구 동무들을 조국은 영원히 잊지 않을것이다.

이 례문에서 《이런 구절이 있었다》는 그 아래 인용된 부분까지만 각각 관할하며 경계는 인용된 부분의 마지막에 세워진다. 《이들은 … 잊지 않을것이다.》는 우에 포함되지 않고 따로 한 의미덩어리를 이룬다.

제 6 장. 본문의 의미중심

제 1 절. 의미중심과 그 개괄

1. 의미중심

의미중심은 각 구성성분이 표현하는 의미가 향하는 중심을 말하는데 이것은 하나의 의미를 나타낸다.

○ 투쟁의 길은 결코 순탄하지 않다. ① 순탄하지 않은 그 길에서 비관을 모르고 꿋꿋이 싸워 승리하는것이 참된 혁명가의 생활이다. ②

문장 ①과 문장 ②는 모두 하나의 중심에 향하는데 그 중심은 《혁명가의 빛나는 삶은 투쟁속에 있다》는것이다. 이것은 이 두 문장의 의미중심으로 된다.

○ 눈은 이제 치료를 받으면 맑아질것이다. ① 그러나 흐려진 량심은 치료를 받을수도, 맑게 하는 시약도 없다. ② 사람이 진정 눈동자처럼

귀중히 여겨야 할것은 량심이였다. ③

　문장 ①과 문장 ②가 전환관계를 나타내는 단어 《그러나》로 먼저 련결된다음 문장 ③과 련결된다. 이 세문장은 모두 《귀중한 량심》이란 의미중심에 향하며 이 의미중심을 축으로 하여 집합하였다.

　○ 《초산장수》란 리용빈동무의 별호였다. ① 그 별호는 그가 고향인 초산에서 송전선건설대에 입직한 첫날 어찌나 일에 열성을 냈던지 남들이 한구멍이밖에 파지 못하는 철탑구멍이를 네개씩이나 파서 사람들로부터 받게 된 칭호였다. ② 그런데 그 별호는 점차 그 어떤 난관앞에서도 굴할 줄 모르는 사람, 언제나 어렵고 힘든 일을 찾아서 남보다 몇배씩 해제끼는 사람, 아무리 불가능하다고 하는 공사도 어깨를 들이밀고 희생적으로 해제끼는 사람이라는 뜻으로 통하게 되였다. ③

　세개문장이 《별호》란 단어반복으로 련결될뿐만아니라 지시대명사 《그》, 접속어 《그런데》에 의해서도 련결된다. 이렇게 련결된 세개문장은 《리용빈동무의 별호》란 의미중심을 나타낸다. 세개문장은 모두 이 의미중심을 향하고있다.

　초문장통일체는 작은 초문장통일체와 큰 초문장통일체로 나눌수 있기때문에 초문장통일체의 의미중심도 작은 초문장통일체의 의미중심과 큰 초문장통일체의 의미중심으로 나눌수 있다.

　문장군은 가장 작은 초문장통일체로서 그 의미중심도 가장 작은 초문장통일체의 의미중심으로 되며 문단은 큰 초문장통일체로서 그 의미중심도 큰 초문장통일체의 의미중심으로 된다. 단편이상의 단위들은 가장 큰 초문장통일체로서 그 의미중심들도 가장 큰 초문장통일체의 의미중심으로 된다.

　○ 노예주의 무덤칸은 한장의 판돌로 바닥을 만들었으나 노예들의 무덤칸은 돌쪼각들로 한번 깔아 바닥을 만들었다. ① 노예주의 무덤칸바닥은 노예들의 무덤칸바닥보다 한단 높게 하였다. ②

　○ 량반차림을 한 사람들이 주위환경에는 그다지 관심이 없는듯 서늘한 그늘밑에서 바둑놀이를 하고있다. ① 두사람은 마주앉아 바둑판을 뚫어지게 들여다보는데 왼손으로 바둑알을 쥐려고 하는 사람은 다음 차례를 안타까이 기다리는듯하다. ② 바둑판결에 앉은 다른 한 사람은 턱에 손을 고이고 바둑놀이를 열심히 구경하는데 정신이 팔렸고 또 다른 한 사람은 바둑놀이에는 실증난듯 소나무에 기대여 정신없이 잠자고있다. ③

　이 두 례문은 모두 가장 작은 초문장통일체(문장군)이다. 첫번째 례문의 의미중심은 《노예주와 노예의 무덤의 차이》이며 두번째 례문의 의미중심은 《바둑놀이에 대한 묘사》이다. 이 의미중심은 모두 가장 작은 초문장통일체의 의미중심이다.

　○ 순장무덤은 단군릉으로부터 동북쪽으로 11.5키로메터 멀어진 성천군 룡산리에 있다. ① 무덤의 동남쪽에는 단군조선시기의 《신지성》이라고

전해오는 토성이 있다. ② 동쪽에는 산성, 서남쪽에는 비류강이 흐르고있다. ③ 그 건너편에는 고인돌무덤들이 분포되여있다. ④

○ 룡산리순장무덤에서 발굴된 사람뼈에 대한 절대년대는 지금으로부터 5,069년전의것이다. ① 이것은 단군뼈의 절대년대보다 58년가량 앞선것으로 된다. ② 따라서 이 순장무덤은 단군조선 성립직전의 무덤으로 볼수 있다. ③

○ 이 무덤을 순장무덤으로 볼수 있는 근거는 첫째로, 무덤의 째임새가 주종관계를 보여준다는데 있다. ① 둘째로, 작은 무덤칸에 어른, 아이 할것없이 되는대로 묻은 장법상 특성에 있다. ② 셋째로, 노예주와 노예들의 무덤에서 드러난 유물의 질적차이에서 찾아볼수 있다. ③

우의 세개례문은 모두 큰 초문장통일체(문단)이다. 첫번째 례문의 의미중심은 《순장무덤의 위치》이고 둘째 례문의 의미중심은 《순장무덤은 단군조선 성립직전의 무덤》이라는것이고 셋째 례문의 의미중심은 《순장무덤으로 보는 근거》이다. 이는 모두 큰 초문장통일체의 의미중심이다.

○ 묘향산에는 각이한 높이의 지대에서 자라는 여러가지 식물들이 뚜렷한 대조를 이루면서 자라고있다. 묘향산에는 600여종이나 되는 고등식물이 있다.

산높이 500메터까지에는 사철 푸른 소나무가 무성하고 그속에 단풍나무, 물푸레나무, 참나무, 신갈나무, 박달나무 등 넓은잎나무들과 분지나무, 병꽃나무, 찔광나무, 개암나무 등 떨기나무들이 자란다. 풀식물로서는 바위짬에서 자라는 바위채송화를 비롯하여 돌양지꽃, 억새, 마타리 등이 있다.

산높이 500메터에서 900메터까지는 소나무와 넓은잎나무들의 섞임숲으로 되여있으나 높이 올라감에 따라 점차 넓은잎나무가 많은 비중을 차지한다. 이 지대에 제일 많은 나무는 떡갈나무, 갈참나무, 신갈나무 등이며 그밖에 단풍나무, 고로쇠나무, 피나무, 사시나무, 전나무, 잣나무, 이깔나무들도 자란다.

산높이 900메터에서 1,000메터사이는 넓은잎나무숲을 이루고있다. 여기서는 신갈나무, 돌배나무, 찰피나무, 물박달나무, 단풍나무들이 많이 자라며 드물게 소나무, 잣나무들도 있다.

산높이 1,000메터에서 1,800메터사이에서는 전나무, 가문비나무, 종비나무 등 바늘잎나무들이 자라며 그 이상 지역에서는 누운측백나무, 누운향나무, 누운잣나무들과 만병초(백두산만병초), 들쭉나무와 같은 높은 산에서 사는 나무들이 자란다.

이 례문은 우의 큰 초문장통일체보다도 더 큰 초문장통일체(단편)이다. 이 가장 큰 초문장통일체의 의미중심은 《묘향산에는 각이한 높이의 지대에 따라 여러가지 식물들이 뚜렷한 대조를 이루면서 자란다.》는것이다.

가장 작은 초문장통일체의 의미중심과 큰 초문장통일체의 의미중심은 같을수 있다.

　ㅇ 만폭동어귀에는 일찌기 부모를 여의고 서로 의지하여 사이좋게 사는 8형제총각이 있었다. ① 맏형은 그들 형제들에게 있어서 가장 엄하면서도 살뜰한 웃사람이였다. ② 형들은 동생들을 사랑하고 동생들은 형들을 존경하면서 서로 힘을 합쳐 농사를 지으며 행복하게 살고있었다. ③ (《묘향산의 력사와 문화》에서)

　여기서 문장 ②와 문장 ③은 작은 초문장통일체로 되는데 그 의미중심은 《사이좋은 형제》이다. 이것은 이보다 큰 초문장통일체인 문장 ①＋(문장 ②＋문장 ③)의 의미중심으로도 된다.

　ㅇ 묘향산의 산악미를 훌륭히 형상한 풍경화로는 《묘향산풍경》이 있다. ① 그림에는 오랜 세월 모진 비바람을 이겨내며 산마루에 우뚝 솟아있는 큰 바위가 보이고 그림의 중심에는 원만봉에서 바라보이는 비로봉의 아아한 메부리가 그려져있다. ② 그리고 비로봉 뒤로는 하얀 구름바다우로 끝간데없이 흘러간 산발들이 펼쳐져있다. ③

　작은 초문장통일체로 되는 문장 ②와 문장 ③의 의미중심은 《묘향산의 산악미를 형상한 풍경》인데 이것은 큰 초문장통일체인 문장 ①＋(문장 ②＋문장 ③)의 의미중심으로도 된다.

　이렇게 작은 초문장통일체의 의미중심과 큰 초문장통일체의 의미중심이 같게 되는 경우는 같은 정도에서 의미를 추상화하여 일치하게 표현하는것과 관계된다.

　ㅇ 흔히 정신로동을 하는 과학자의 일에는 특별한 한계라는것이 없다고 한다. ① 많이 일한다고 하여 곧 나타나는것도 아니며 또 하지 않는다고 하여도 사람의 눈에 인차 띄우지 않는다. ② 과학자의 고심과 노력을 측정할수 있는 척도는 아직 없다. 있다면 오직 량심뿐이다. ③ 량심만이 과학자자신을 통제할수 있고 추동할수 있다. ④

　문장 ①과 문장 ②의 의미중심은 《과학자의 일에는 한계가 없다》이고 문장 ③과 문장 ④의 의미중심은 《과학자의 노력을 측정할수 있는 척도는 없다.》는것이다. 이것은 낮은 단계에서의 두 문장군의 의미중심이다. 이 두 문장군은 련결되여 한 문단을 이루는데 그 의미중심은 《과학자의 일의 한계와 노력을 측정할수 있는 척도는 아직 없다.》는것이다. 이것은 (문장 ①＋문장 ②)＋(문장 ③＋문장 ④)의 의미중심으로 되는데 같은 정도에서 추상화하여 높은 단계에서 일치하게 표현한것으로 된다.

　ㅇ 결심과 신심이 확고하면 뚫고나갈 방도가 나오기 마련이다. ① 해탄로는 드디여 고스란히 간직해온 자기의 비밀을 드러내고야말았다. ② 김명철동무는 탄화실의 성성한 내화벽돌의 열팽창계수와 새로 쌓은 내화벽돌의 열팽창계수가 다르다는것을 알아냈던것이다. ③

　문장 ②와 문장 ③의 의미중심은 《해탄로의 비밀을 알아내다》인데 이것은 낮은 단계에서 추상화한 이 문장군의 의미중심으로 된다. 문장 ① + (문장 ② + 문장 ③)의 의미중심은 《해탄로의 비밀을 끝내 알아내다》이다. 이것은 높은 단계에서 추상화하여 얻은 문단의 의미중심으로 된다. 이 두 의미중심은 같은 정도에서 추상화과정을 거처 일치하게 표현한것이다.

어떤 경우 작은 초문장통일체가 큰 초문장통일체의 재료로 될수 있다.

○ 불교를 적극 장려하던 고려시기에 보현사는 다른 절간들과 마찬가지로 봉건국가의 특별한 보호속에 존재해왔다. ① … 이시기 봉건통치자들은 저마다 개별적인 절간들을 저들의 《명복》을 빌기 위해 자주 찾아다니는 《원당》으로 정하고 그 절에 토지와 량곡, 화페 등을 기증하였다. ② 국왕을 비롯하여 봉건관료들과 지주들은 부처의 《독실한》 신자로서 저들의 《성의》를 표시하기 위하여 《시주》나 《불공》의 명의로 자기 재산의 일부를 경쟁적으로 절간에 제공하였다. ③ 고려시기 보현사는 이와 같은 경로를 통하여 다른 절들과 마찬가지로 개별적인 지주들은 대비조차 할수 없을 정도의 넓은 면적의 토지와 많은 재부를 소유할수 있었다. ④ 이 시기 보현사가 종교활동과 건축규모에서 최성기를 이루고있은것은 그에 상응한 방대한 재산을 축적하고있었다는것을 말하여준다. ⑤ (《묘향산의 력사와 문화》에서)

문장 ②와 문장 ③은 가장 작은 초문장통일체로서 그 의미중심은 《봉건지배계급들이 절간에 많은 재부를 제공하다》이다. 이것은 이 큰 초문장통일체의 의미중심을 표현하는데 재료로 된다.

문장① + (문장② + 문장③)은 큰 초문장통일체를 이루는데 그 의미중심은 《보현사의 많은 재부는 봉건국가의 보호속에 존재하였다》인데 이것은 다음 더 큰 초문장통일체의 재료로 된다.

[문장① + (문장② + 문장③)] + 문장④는 그 다음 더 큰 초문장통일체를 이루는데 그 의미중심은 《고려시기 보현사는 넓은 면적의 토지와 많은 재부를 소유하였다》이다. 이것은 가장 큰 초문장통일체인 그 다음의 [문장① (문장② + 문장③) + 문장④] + 문장⑤의 재료로 된다.

그리하여 가장 큰 초문장통일체는 이런 재료들에 의하여 《보현사가 이 시기 방대한 재산을 축적하고있었다》는 의미중심을 가지게 된다.

이것은 의미중심은 단계적으로 확대되고 개괄되여 나간다는것을 반증적으로 설명하여준다.

2. 의미중심의 개괄

의미중심의 개괄은 언어단위의 경계와도 관계된다. 의미중심을 어떻게 개괄하는가에 따라 언어단위의 한계를 긋는것이 다를수 있다. 그러므로 의미중심을 정확하게 개괄할데 대한 요구가 본문의 의미연구에서 중요하게 제기된다.

일부 초문장통일체는 문장의 반복으로 이루어지는데 이런 초문장통일체의 의미중심은 개괄하지 않아도 된다.

○ 달아라! 달아라!

초문장통일체의 대부분은 문장의 반복으로 이루어진것이 아니다.

의미중심의 개괄은 일종의 추상화과정인데 추상화의 정도는 높을수도 있고 높지 않을수도 있다.

○ 인민의 모란봉은 복숭아꽃, 살구꽃, 진달래와 **개나리꽃**이 구름처럼 피여나는 봄철만이 좋은것이 아니다. 함박꽃, 아카시아꽃이 피는 여름철도 좋고 국화꽃, 두봉화가 피는 가을도 좋지만 눈속에서 피여나는 백두산의 만병초가 청류벽기슭에서 반기는 겨울도 좋다.

이 례문은 의미중심을 높게 개괄할수도 있고 높지 않게 개괄할수도 있다. 높게 개괄하면 중심의미는 《모란봉의 4계절경치》이고 높지 않게 개괄하면 그 중심의미를 《모란봉의 4계절에서 겨울이 좋다》로 할수 있다.

○ 토론해야 할 차례가 되여 연단에 오른 상철은 스무번도 나마 읽어보았고 외우기까지 하였던 원고대로 토론하지 못하였다. 그 원고에는 자기들의 청년조립조에서 스물일곱건의 기술혁신안들과 합리화안들을 어떻게 찾아냈고 그것을 어떻게 도입하여 매번 부재조립시간을 어느만큼 단축시킬수 있었던가 하는 구체적이며 과학적인 사실과 수자들이 적혀있었다. 상철은 토론문을 읽어내려가다가 갑자기 자기의 토론이 너무 실무적으로 된다는 느낌을 받기 시작하였으며 그것을 느끼면서부터 그런것은 두말할 필요도 없다는것, 보다 중요한것을 말해야 하리라고 생각했다.

마침내 상철은 토론원고를 뒤집어놓게 되였다. 글자들이 보이지 않는 대신 가슴속으로부터 하고싶은 다른 말들이 맴돌이쳤던것이다. 그것은 어떻게 되여 그 모든 혁신안들이 나왔고 16분에 한세대씩 조립해내는 높은 건설속도가 나오게 되였는가, 자기들의 심장이 무엇으로 끓어번졌는가 하는것이였다. 하여 그는 연단에 오를 때까지도 그렇게 되리라고 생각 못하였던 이야기, 즉 옛 토성랑에서 살던 어린 시절이야기로부터 시작하여 어버이수령님께서 자기들의 건설장에 나오시여 배집그림이야기를 들려주실 때 자기들이 어떠한 충격을 받았던가 하는데 이르기까지 자기가 직접 체험했던 이야기를 하게 되였다.

이 례문의 중심의미를 높게 개괄하면 《원고대로 토론하지 못하였다》이고 높지 않게 개괄하면 그 중심의미는 《원고대로 토론하지 않고 어린 시절부터 시작하여 자기가 직접 체험했던 이야기를 하다》이다.

어떤 경우 몇개 구성성분은 중심이 없다.

○ 북쪽으로 눈길을 돌리면 번영하는 공업강국의 축도인듯 공업도시 희천시와 양지바른 산구비마다에 오붓이 들어앉은 문화농촌들이 정겹게

안겨온다. 남쪽을 바라보면 세계적관광지로 아름답게 꾸려진 향산골과 청천강을 끼고 흘러간 첩첩한 산발들이 그림처럼 펼쳐져있다.

이 두 문장은 의미중심이 잘 나타나지 않는다. 두 문장은 각각 북쪽과 남쪽을 설명하였다. 이럴 때에는 대비로 의미가 개괄된다. 여기서는 《북쪽과 남쪽의 두가지 경치의 대비》로 개괄할수 있는데 이 대비가 바로 의미중심이다.

의미중심의 개괄은 어떤 경우 각이한 측면에서부터 출발하여 각이한 의미중심을 얻는다.

○ 밖에서 들려오던 이상한 소리는 동틀녘이 되여서야 그치였다. 뜬눈으로 밤을 새운 대사는 동녘하늘이 푸름푸름 밝아올 때에야 창문을 열고 밖으로 나왔다. 암자의 넓은 마당에는 어제 저녁과 다름없이 인적드문 심산의 정적이 무겁게 드리워있었다. 간밤에 달라진것은 하나도 없는상싶었다. 그러나 중무덤탑이 놓여있던 절간모서리의 공지에 이른 일선대사는 깜짝 놀랐다. 그는 한동안 자기 눈을 의심하였다. 어제 저녁까지 옮기지 못하여 걱정하던 그 중무덤탑들이 온데간데없이 보이지 않는것이였다.

절간주변을 암만 돌아보아도 중무덤탑들은 보이지 않았다. 일선대사는 하도 이상하여 계조암앞에 달려내려가 보았다. 그런데 바로 그곳에 그가 옮겨놓지 못하여 걱정하던 그 중무덤탑들이 알맞춤한 자리들에 세워져있었다.

이 전설은 불교가 설교하는 측면에서 보면 《일선대사처럼 〈고행〉을 해야 불교교리의 깊은 묘리를 체득할수 있고 그처럼 불공에 정성을 다해야 초자연적인 힘이 도와나선다》는것으로 개괄할수 있고 당시 인민들의 지향의 측면에서 보면 《건설에 동원되여 혹사당하는 인민들과 하층중들의 환상적지향을 반영》하는것으로도 개괄할수 있다.

○ 인민대학습당건물의 중심부에는 3,000만부에 달하는 장서능력의 서고가 여러 층으로 전개되여있고 그 두리에 큰 강의실들과 대열람실들, 개별학습실들, 록음실, 통보실, 문답실을 비롯한 수백개의 방들이 전개되여있다. 이 모든 방들에는 언제나 밝은 빛과 함께 사람의 몸에 가장 적당한 온도와 맑은 공기가 차흐르게 되여있고 록음강의실을 비롯한 강의실들에는 방음장치가 되여있다.

교육설비측면에서 개괄하면 《교육설비들이 그쯘하게 갖추어져있는 인민대학습당》으로 되며 학습의 편리측면에서 개괄하면 《학습에서 최대한의 편리를 보장받을수 있는 인민대학습당》으로 된다.

○ 묘향산에 있는 이러한 절간으로는 능인암, 불영대, 보윤암, 화장암, 금강암, 하비로암, 금선암, 법왕암, 고적암, 척반암 등이 있는데 모두 살림집을 겸하였다. 이 절간들은 대부분 조용한곳에 자리잡고있으며 한두명 또는 약간명의 중들이 《도》를 닦던 매우 작은 암자들이다. 그러므로

이러한 건물의 평면형태는 단순하며 지붕도 간단한 합각 또는 배집형식이다. 특히 보운암과 금강암, 하비로암의 경우는 그렇다. 그러나 이러한 절간인 경우에도 건물의 견고성은 보장되였으며 다양한 조각수법으로 건축미를 돋구었다.

절간의 용도로부터 보면 《절간들이 살림집을 겸하였다》로 의미중심을 개괄할수 있으며 절간의 건축상 특성으로부터 보면 《절간의 건물의 평면형태는 단순하면서도 견고성이 보장되고 다양한 조각수법도 리용되었다》로 개괄할수 있다.

그러므로 언어적환경에 따라 출발점을 정하고 문맥에 맞게 중심의미를 개괄하여야 한다.

제 2 절. 의미중심의 류형

의미중심은 어느 측면에 따라 의미를 개괄하는가에 의하여 글말중심과 언어환경중심, 로출중심과 은페중심으로 나눌수 있다.

글말에 나타난 그대로의 뜻에 의하여 개괄하는가 아니면 언어환경이나 말하는 목적에 의하여 개괄하는가에 따라 글말중심과 언어환경중심으로 나뉘게 되고 의미중심이 의미중심과 관련된 문장이나 단어에 의하여 직접 표현되였는가 안되였는가에 따라 로출중심과 은페중심으로 나뉘게 된다.

글말중심과 언어환경중심, 로출중심과 은페중심은 서로 상대적으로 존재하는 의미중심이다. 글말중심에 상대하여 언어환경중심이 존재하며 언어환경중심에 상대하여 글말중심이 존재한다. 이와 마찬가지로 로출중심에 상대하여 은페중심이 존재하며 은페중심에 상대하여 로출중심이 존재한다.

그러므로 글말중심과 언어환경중심, 로출중심과 은페중심은 각각 서로 밀접한 련관속에서 존재하며 서로 떨어져서는 존재할수 없는 관계에 놓여있다.

1. 글말중심과 언어환경중심

글말중심은 구성성분의 글말의 뜻에 의하여 개괄한 의미중심이다. 다시 말하여 글말에 나타난 그 뜻에 의하여 개괄한 의미중심이다.

ㅇ 처음에 김춘금동무는 우리 나라 공장에서 생산되는 어느 한 화학섬유원료로 수백차례의 실험을 거듭한 끝에 아주 활성이 높은 복대기침강제시약을 얻어내는데 성공하였다. ① 하지만 그후 그는 비록 많은 량의것은 아니라 해도 그것이 인민들의 옷감원료이며 해를 거듭하면 많은 량이 될것이라는데 생각이 미치게 되자 그 연구성과를 아무런 미련없이 포기

하였다. ②

이 례문은 두개의 문장으로 되였다. 문장 ①과 문장 ②는 《하지만》에 의하여 련결되는데 그 글말의미를 개괄하면 《김춘금동무는 인민의 리익에 손해를 주지 않기 위하여 연구성과를 포기하였다.》로 된다. 이것이 이 문장군의 의미중심이다.

○ 거차령을 넘는 수백리 철길구간을 매해 한번씩 메주밟듯하여 힘들여 완성한 운전조작법도 그것이 과학적이고 능률적이라는것이 판명되자 그날로 기관차대에 공개해버려 지금은 그것이 사령실과 기관사기술학습실에 《표준운전조작법》으로 나붙어있다. ① 그리고 남들이 다 안된다고 했던 차축하중을 높여 견인량을 늘이는 기술혁신도 그렇게 힘들게 완성해서는 온 기관차대에 일반화해버렸다. ② 그러다나니 곽림에게는 자기만 가지고있는것이라고는 하나도 없었다. ③ 농사군은 굶어죽어도 종자만은 베고 죽고 이름난 씨름군에겐 그만이 가지고있는 비상수가 있다지만 그는 사람이 덩지가 크고 마음이 좋아서 그런지 모든것이 헤퍼서 탈이였다. ④

이 례문은 4개 문장으로 되였다. 문장 ①과 문장 ②가 먼저 《그리고》에 의하여 련결되고 이것이 문장 ③과 《그러다나니》에 의하여 또 련결되며 이 세개문장은 또한 문장 ④와 의미적으로 련결된다. 이 문단의 글말의미를 개괄하면 《곽림은 모든 기술혁신성과를 다른 사람에게 넘겨주다》로 된다.

○ 묘향산에 깃들어있는 전설들가운데는 우리 나라 력사의 유구성을 말하여주는 건국전설들이 있는가 하면 외적을 반대하여 용감하게 싸운 투쟁에 대한 전설도 있다. ①

또한 지난날 빈궁과 고역 속에서 신음하던 인민들이 천하절경인 묘향산에서 행복을 누려보려는 소박한 념원을 반영한 전설들도 있으며 아름다운 자연을 신비화한 이야기들도 있다. ② 이밖에 불교와 중들의 종교적 지위와 영향력을 강화하기 위한 전설도 있다. ③

이 례문은 3개의 문장으로 되였다. 문장 ①과 문장 ②는 《또한》에 의하여 먼저 련결되고 다음 이것들은 문장 ③과 《이밖에》에 의하여 련결된다. 이것들의 관계는 모두 보충적관계이다. 이것은 하나의 문단으로 되는데 이 문단의 글말의미를 개괄하면 《묘향산에는 여러가지 주제내용의 전설과 이야기가 있다》로 된다.

이상과 같이 글말중심은 글말에 나타난 의미에 대하여 개괄하는것이다. 다시 말하여 매 문장들이 나타내고있는 의미를 하나의 의미중심으로 개괄하는것이다.

다음 언어환경중심은 글말의 뜻에 의하여 직접 개괄하는것이 아니라 글말의 언어환경에 의하여 개괄하는 중심이다. 언어환경중심은 말하는 사람이 그 어떤 목적을 가지고 언어환경을 통하여 표현하는것인데 이를 목적중심이라고도 한다.

○ 《퇴원시켜주십시오. 저의 수술자리는 착암기소리를 들어야 빨리 아뭅니다.》

이 례문은 하나의 문장군인데 언어환경중심은 《굴진소대로 빨리 돌아가겠다》는것이다. 이 의미중심은 글말에서 개괄하여 낸것이 아니라 《저의 수술자리는 착암기소리를 들어야 빨리 아뭅니다》라는 언어환경의 의미에서 개괄하여낸것이다. 글말에서는 이런 의미를 개괄할수 없다.

○ 하지만 사람들은 짧은 한생을 보낸 사람을 오래오래 기억하기도 하고 오래 산 사람을 인차 잊어버리기도 한다. ① 사람들의 기억속에 얼마나 오래 남아있는가 하는것은 그가 쌓아올린 탑의 높이에 따른다. ② 평범하게 100년을 사느니보다 하루를 살아도 값있게 살자. ③

문장 ①과 문장 ②와 문장 ③은 병렬적관계로 되였는데 이 세개문장은 하나의 문장군을 이룬다. 언어환경중심은 《인생을 빛나게 살아야 한다》는것이다. 이런 의미중심은 글말에 직접 나타나지 않고 있다. 그 글말이 놓여있는 언어환경에서만 비로소 언어환경중심을 개괄하여 낼수 있는것이다.

○ 《이걸 오늘부터는 네가 써라. ① 할아버지가 쓰던거다. ② 후에 네가 만능광부가 되거들랑 잘 건사해두었다가 너의 아들에게 또 넘겨주어라. ③ 이 불빛을 따라 우리는 한번도 헛갈리지 않고 걸어왔다. ④》

이 례문은 4개의 문장으로 된 문단이다. 여기서 할아버지와 아버지의 손때가 묻고 온기가 스며있는 작업등을 후대들에게 넘겨주는 그런 의미에서가 아니라 《당과 수령을 따르는 길에서 길을 헛갈리지 말라는 당부가 스민, 대를 이어 전해져야 할 작업등》이라는 의미이다. 이 의미는 언어환경중심으로 된다. 글말에서 직접 개괄해낸것이 아니라 글말이 놓여있는 언어환경에서 개괄하여낸것이다.

이런것으로 하여 언어환경중심은 글말중심처럼 쉽게 확정되지 않는다.

어떤 경우에는 이렇게도 되고 어떤 경우에는 저렇게도 된다.

○ 솜처럼 부드러운 강바람이 그 행복한 청춘남녀를 소리없이 감싸안아주었다. 하늘에 가득한 별들은 무수한 초불을 켜들고 그들의 행복을 축복하듯 출렁이는 강물우에 고요히 내려앉아 반짝이고있었다.

여기서 두 문장은 하나의 문장군을 이루는데 언어환경중심을 《행복한 청춘남녀》라고 할수도 있고 《청춘남녀를 축복하는 강가의 밤》이라고도 할수 있다.

○ 《너희들 말이 옳다. 나도 모르게 늙었나보다. 몸은 늙어도 마음만은 늙지 말아야 하는건데 이 아버지는 그만 마음까지 늙었구나. 그러니 이젠 너희들 생각대로 좀 힘들어도 끝추 뚫고나갈 방도를 찾자꾸나.》

이 례문은 4개의 문장으로 된 문단이다. 언어환경중심은 《아버지는 이젠 늙어서 모든것을 자식들에게 넘겨주다》는것으로 될수 있으며 《아버지는 다 큰 자식들을 믿는다》는것으로도 될수 있다.

이런것으로 하여 언어환경중심의미는 교제에서 어떤 경우 오해를 가져다 줄수 있다. 그러나 이런 경우는 극히 드물다.

많은 정황에서 글말중심과 언어환경중심은 같게 표현되는데 글말중심이 동시에 언어환경중심이 된다.

○ 《예로부터 농사군은 굶어죽어도 종자는 베고 죽는다고 했소. ① 탄부는 탄발을 안고 죽어야 하는거요. ② 검은금이 번쩍번쩍하는 탄발을 그렇게 쉽게 버릴수가 있소?③》

이 례문에서 세개문장의 글말중심은 《탄발을 버릴수 없다》는것으로 개팔할수 있는데 이것이 또한 이 세개문장의 언어환경중심으로도 된다.

○ 그러나 그 많은 사람들이 웃고 울며 만세를 부르는 그 시각에조차 명천이는 엄마를 만나지 못했다. ① 그처럼 강의한 매혹적인 녀성과학자 한상옥은 성공의 기쁨을 맛보는 첫순간에 의식을 잃고 병원에 실려갔던것이다. ② 의사협의회는 그가 벌써 오래동안 인간의 생리적조건으로써는 이겨내기 힘든 병마와 싸워왔으며 의식을 잃는 순간에 팔까지 부러졌기때문에 오래동안의 입원치료를 받아야 한다고 결정했다. ③

이 세개문장의 의미를 개괄하면 글말중심은 《한상옥이 병원에 입원하였다》이다. 이것은 또한 언어환경중심으로도 된다.

그러나 어떤 경우 글말중심과 언어환경중심이 같지 않을수 있다. 이런 경우에는 각기 글말중심과 언어환경중심으로 개괄된다.

○ 송전선건설에 바쳐오는 36년세월에 그는 겨우 얼마밖에 가정생활을 해보지 못했다. ① 온 나라의 산판들을 메주밟듯 세바퀴씩이나 돌며 철탑을 세우고 송전선을 늘여가는 사이에 청춘이던 그의 귀밀머리에도, 그의 안해의 귀밀머리에도 흰서리가 불리었다. ② 그 나날에 그는 나라의 북방으로부터 분계연선에 이르기까지, 나라의 서부로부터 동부에 이르기까지 온 나라에 숲을 이룬 철탑들과 그물처럼 늘여진 송전선에 자기의 청춘과 귀중한 모든것을 아낌없이 바치였다. ③

3개문장의 의미중심을 개괄하면 글말중심은 《그들은 송전선건설을 위하여 청춘과 귀중한 모든것을 다 바치였다》이고 언어환경중심은 《그들은 온갖 세파를 다 겪어왔다》이다. 글말중심은 의연히 이 문단의 글말중심으로 되며 언어환경중심도 의연히 이 문단의 언어환경중심으로 되여 서로 대체할수 없다.

글말중심과 언어환경중심이 비록 다르게 개괄된다고 할지라도 이것은 어까지나 같은 한 언어단위의 의미에 대한 개괄이며 이 의미중심을 기준으로 하여 문장들이 집합되게 되는것이다.

2. 로출중심과 은폐중심

의미중심이나 의미중심의 주요한 부분 또는 일부분과 관련되여있는 문장이나 단어결합, 단어가 겉에 드러나있는것을 로출중심이라고 한다.

로출중심은 겉에 드러나있는 문장이나 단어결합, 단어로써 본문의 한 언어단위의 의미를 개괄하는것을 가리킨다.

○ 참으로 고마운 아버지였다. ① 룡양광산에서 영웅소대를 따라배우는 운동을 힘있게 벌리라고 하신 친애하는 지도자동지의 말씀을 심장깊이 명심하고있다가 자식들이 자라 한몫씩 맡아하게쯤 되자 자기를 내세워 가족소대를 무을것을 당조직에 제기하게 한 아버지였다. ② 자동차운전사를 희망한 셋째 하일이도, 체육선수가 되겠다고 밤낮 공을 안고다니던 넷째 하익이도 설복하고 설복하여 가족굴진소대원이 되게 한 아버지였다. ③

이 례문에서 문장 ①이 이 문단의 의미중심을 개괄한것이다. 다시 말하여 《참으로 고마운 아버지였다》는 이 문단의 의미를 개괄한것으로 된다. 즉 의미중심이 한 문장에 의하여 로출되고있는것이다.

로출중심을 나타내는 문장은 이렇게 앞에 놓여있을뿐만아니라 가운데에도, 마지막에도 놓일수 있다.

○ 사람이 세상에서 가장 존엄있고 귀중한 존재로 되는것은 지능을 가지고있기때문만이 아니다. ① 량심이 있고 의리가 있기때문이다. ② 량심을 떼여놓으면 사람은 볼것이 없다. ③

여기서 문장 ②가 이 문단의 의미중심으로 된다. 로출중심으로 되는 문장 ②는 이 문단의 가운데 놓여있다.

○ 우리 당은 선광과학분야에서 제기되는 문제를 해결하라고 나라형편이 어려울 때에도 모든것을 보장해주며 공부를 시켰다. ① 이제 조국이 자기의 과학과 기술을 필요로 하는 때에 아닌 보살하고 제 행복만을 찾아서 간다면 그게 무슨 도리일것인가. ② 은혜에는 보답이 따라야 하고 은덕에 보답할줄 아는것이 참인간의 의리이고 량심일것이다. ③

이 문단의 의미중심은 문장 ③으로 개괄할수 있다. 문장 ③은 이 문단에서 마지막에 놓여있다.

로출중심을 나타내는 문장은 앞과 뒤에도 놓일수 있다.

○ 이 전설은 묘향산에 범을 비롯한 산짐승들이 매우 많았던데서 생긴 이야기이다. ① 묘향산에는 산골짜기들이 깊고 산림이 우거져있어 예로부터 범, 곰, 승냥이, 노루, 삵 등 산짐승들이 많이 있었다. ② 그러므로 사람들은 기묘하고도 어마어마한 큰 바위등에는 어련히 큰 범이나 곰과 같은 맹수들이 먹이를 노리며 웅크리고 앉아있으리라는 생각을 가지고 있었다. ③ 또한 인호대는 상원암과 법왕봉으로 오르는데서 반드시 거쳐야 하는 가장 험한 등산길에 위치해있으며 바위의 생김도 웅장하고 신비할뿐아니라 묘하게 벼랑턱에 불쑥 나앉아있어 상원동 등판과 골안을 굽어보는 전망도 좋은곳이다. ④ 이러한데로부터 범과 결부된 전설이 깃들게 되었다. ⑤

이 문단의 의미중심은 문장 ①과 문장 ⑤를 개괄하여 나타낼수 있다.

문장 ①은 이 문단의 맨앞에 놓여있고 문장 ⑤는 이 문단의 맨뒤에 놓여 있다.

어떤 경우에는 어느 문장이나 다 로출중심을 나타낼수 있다.

이런 경우는 같은 문장의 반복이거나 뜻이 같은 문장의 반복일 때이다. 같은 문장의 반복도 뜻이 같으나 여기서 말하는 경우는 형태상에서 같으면서도 뜻이 같은것과 형태상에서 다르지만 뜻이 같게 표현되는것을 가리킨다.

○ 목숨을 바칠지언정 당앞에 다진 맹세만은 어기지 않으려는 불같은 마음, ① 그것이 곧 혁명적의리를 지켜싸우는 이들의 충성심이었다. ②

○ 사상을 옳바르게 나타낼데 대한 요구는 가장 기본적인 요구이며 이 요구의 본질을 언어적체계내의 요소들을 이 체계에 작용하는 법칙과 그 실현의 규칙에 맞게 나타내는데 있다. ① 다시말하여 사상을 옳바르게 나타낼데 대한 요구는 언어규범에 맞게 할데 대한 요구이며 규칙에 맞게 말을 하고 글을 쓸데 대한 요구이다. ②

우의 두 례문의 각 문장군에서 문장①과 문장 ②는 문장의 형태에서 다르지만 같은 의미를 나타내므로 어느 문장을 로출중심으로 하여도 다 된다.

○ 나루터는 모르겠다. ① 나루터는 모르겠다. ②

이 례문은 서로 상대방에게 암호로 대화하는것인데 같은 문장의 반복으로서 어느 문장이나 다 로출중심으로 될수 있다.

이상에서 본바와 같이 로출된 문장으로써 완전히 의미중심을 개괄할수 있는것이다.

그러나 어떤 경우에는 그렇지 못하다. 로출된 문장이나 단어결합, 단어로써 의미중심의 주요의미나 일부만을 나타내게 된다.

○ 누구에게나 다 그런것이지만 특히 과학과 진리를 탐구하는 사람의 가슴에는 티가 없어야 한다. ① 명예와 공명을 위해서가 아니라 진리를 위하여, 당과 혁명의 리익을 위하여, 험하고 쉬운 길이 아니라 어렵고 힘든 길을 스스로 걸어가는것이 과학자의 량심이다. ②

문장 ①과 문장 ②는 한 문장군을 이루는데 그 의미중심은 《과학자의 가슴에는 티가 없어야 한다》는것이다. 문장 ①과 이 의미중심을 대비하여 보면 문장①은 이 문장군의 의미중심의 주요한 의미로 되는 《가슴에는 티가 없어야 한다》를 나타내고있다. 다시말하여 문장 ①은 이 문장군의 전부의 의미를 개괄하여 나타내는것이 아니라 의미중심가운데서도 주요한 부분을 나타낸다는것이다.

로출된 단어결합으로도 의미중심의 일부분을 나타낸다. 이것도 로출된 문장이 의미중심의 주요한 의미를 나타내는것과 마찬가지로 로출된 단어결합이 의미중심의 전부를 나타내는것이 아니라 의미중심의 일부를 나타내는것이다.

○ 그는 착암기를 잡고싶었다. ① 당장 쓰러지는 한이 있어도 착암기

를 잡지 않고는 견딜수가 없었다. ②

문장 ①과 문장 ②는 한 문장군을 이루는데 이 문장군의 의미중심은 《그는 쓰러지는 한이 있더라도 착암기를 계속 잡으려 한다》인데 단어결합 《착암기를 잡(다)》는 의미중심의 일부분을 나타낸다.

로출된 단어로 의미중심의 일부분을 나타내기도 한다.

○ 그후 김춘금동무는 자기가 얻고저 하는 시약을 바다풀에서도 추출할수 있다는 생각에 미치였다. ① 그는 바다풀을 얻어다가 추출실험을 해보았는데 아주 성공적이였다. ② ⟵

~~바다에 무성한것이 바다풀이니 원료~~ 걱정은 없겠다고 생각하여 그는 연구사업을 심화시켜 좋은 시약을 얻어내였다. ③

이 문단은 단어 《바다풀》을 반복 사용하여 3개의 문장이 련결되는것으로써 이루어졌다. 이 문단의 의미중심은 《바다풀에서 시약을 얻어내였다》인데 《바다풀》은 의미중심의 일부분으로 되고있다.

의미중심과 밀접한 관계가 있는 단어들은 일반적으로 화제로 될수 있는 단어들이다.

○ 묘향산에 있는 큰 자연바위가운데는 웅장하고 기묘한 그 생김으로 하여 아름다운 경치를 이루고있는 바위들이 적지 않다. ① 자연바위들은 천년푸른이끼를 덮고있는가 하면 회백색의 부드러운 자태를 그대로 드러내놓은것도 있으며 머리우에 억세게 뿌리박은 소나무를 이고있는것도 있다. ② 그리하여 큰 바위들은 주위의 경치와 어울리여 하나의 황홀한 절경을 이룬다. ③

이 문단에서 문장 ①, 문장 ②, 문장 ③은 모두 의미중심과 밀접히 관련된 화제 《바위》를 리용하고있다.

○ 이때 서산대사는 묘향산의 원적암에 있었다. ① 그는 깊은 산중에 있었으나 전국에 널려있는 제자들을 통하여 이미 국토의 많은 부분이 왜적의 강점밑에 놓이게 되고 나라는 파멸의 위험에 빠지게 되였다는것을 잘 알고있었다. ② 그는 비록 부처를 숭상하는 중의 몸이였으나 민족의 운명을 외면하고 념불만을 외우고있을수 없었다. ③ 서산대사는 섬오랑캐놈들에게 나라가 짓밟히게 되였다고 생각하니 애국적인 의분을 금할수 없었다. ④ 사람이나 짐승 죽이는것을 금하는 불교의 계률을 엄격한 신조로 삼아온 그였으나 마침내 왜적을 처물리치는 싸움에 나서기로 결심하였다. ⑤

이 문단에서 문장 ①, 문장 ②, 문장 ③, 문장 ④, 문장 ⑤는 모두 화제 《서산대사》, 《그》(서산대사)를 리용하여 의미중심과 긴밀히 련계시켰다.

어떤 경우에는 두개의 화제로 의미중심과 련계시키고있다.

○ 하백은 해모수를 시험해보기 위하여 그와 재주내기를 하기로 하였다. ① 하백은 곧 재주를 피워 잉어로 변하였다. ② 그러자 해모수는 수

달로 변하여 잉어를 한입에 집어삼킬듯 사납게 뒤따랐다. ③ 하백이 또다시 재간을 피워 사슴으로 변하자 해모수는 승냥이가 되여 탐욕스러운 입을 무섭게 벌리고 달려들었다. ④ 하백은 다시 재주를 피워 아름다운 색갈의 꿩으로 변하여 하늘높이 날아올랐다. ⑤ 그러자 해모수는 곧 매로 변하여 날카로운 부리와 발톱으로 금시 꿩을 덮칠듯이 달려들었다. ⑥ 이에 질겁한 하백은 곧 룡왕으로 변하였다. ⑦

이 문단에서 문장 ①은 《하백은》, 문장 ②는 《하백은》, 문장 ③은 《해모수는》, 문장 ④는 《하백이》, 《해모수는》, 문장 ⑤는 《하백은》, 문장 ⑥은 《해모수는》, 문장 ⑦은 《하백은》 등과 같이 두 화제가 서로 리용되면서 매개 문장들은 의미중심과 긴밀히 련결되고있다. 여기서 매개 문장들이 의미중심과 긴밀히 련결되여있는것은 두 화제가 리용되였다는데만 있는것이 아니라 매개 문장에서의 화제가 서로 맞물리면서 엇바꾸어 쓰이는데 있는것이다.

어떤 경우에는 의미중심과 밀접한 관계를 가진 단어가 화제가 아닐수도 있다.

○ 부루왕은 상패한 기분으로 말을 타고 가는데 갑자기 그가 탄 말이 어느한 큰 바위앞에 이르더니 머리를 숙이고 눈물을 흘리는것이였다. ① 일행은 신기하게 생각하면서 그 바위를 제껴보았다. ② 바위밑에서는 개구리처럼 생기고 몸에서는 눈부신 금빛을 뿜는 사내아이가 나왔다. ③

(《묘향산의 력사와 문화》에서)

문장 ③에서 쓰인 화제 《바위》를 제외하고는 문장 ①과 문장 ②는 모두 화제와 관련되는 《바위》를 사용하였으나 여기서 《바위》는 화제가 아니다.

○ 백운대는 그냥 바위라기보다 하나의 산봉우리라고 할만큼 웅장한 바위산이다. ① 중비로암에서 산릉선을 따라 500m정도 올라가 백운대의 동북쪽 뒤면으로 바위를 톺아오르면 바위등판우에 올라갈수 있다. ② 백운대에 올라서면 측백나무에서 풍기는 향기가 바람을 타고 싱그럽게 안겨온다. ③ 백운대꼭대기에는 평평한 너럭바위는 거의 없고 울퉁불퉁한 바위들만이 널려있다. ④ 여기서 북쪽을 바라보면 원만봉, 석가봉, 천태봉의 높은 봉우리들이 천길절벽을 이루며 솟아있는것이 한눈에 안겨오고 동남쪽으로 시선을 돌리면 칠성봉, 강선봉, 백산, 문필봉, 왕모봉들이 바라보인다. ⑤ 줄지어늘어선 산봉우리들은 수천수만의 기발대렬이 흘러가는듯 움실거린다. ⑥ 백운대에서 부드러운 산발들이 푸른 안개속에 파도처럼 줄줄이 뻗어있고 고랑같은 골짜기사이로 가닥가닥 흰 구름이 흐르고있고 그림같은 절경을 부감하느라면 마치 몸은 허공에 떠서 구름을 타고 날아가는듯 하다. ⑦ 백운대에서 끝간데없이 흘러간 묘향산의 산발들을 부감하는것, 특히 마가을의 단풍구경은 예로부터 《향산8경》의 하나로 일러온다. ⑧

이 례문에서 문장 ①과 문장 ②가 먼저 련결되는데(문장군이다) 문장

①에서 화제로 되는 《백운대》를 사용하고 문장 ②에서는 《백운대》를 사용하였을뿐 이것은 화제가 아니다. 다음 문장 ④와 문장 ⑤와 문장 ⑥이 련결되는데 (문장군) 문장 ④에서만 《백운대꼭대기에는》과 같이 《백운대》를 화제의 하나로 사용한 외 다른 문장들에서는 모두 이 화제를 리용하여 설명하였을뿐 문장에 《백운대》라는 단어는 나타나지 않았다. 비록 문장 ⑤와 문장 ⑥에서 《백운대》를 사용하지 않았으나 《백운대》를 화제로 설정하여 설명한것만은 사실이다. 문장 ③, 문장 ⑦, 문장 ⑧은 《백운대》를 사용하였으나 모두 화제가 아니라 화제와 긴밀히 관계되는것들이다. 모두어 말하면 〔(문장 ①+문장 ②)+문장 ③+(문장 ④+문장 ⑤+문장 ⑥)+문장 ⑦+문장 ⑧〕은 의미중심을 표현하는 단어 《백운대》를 리용하고있다고 볼수 있다.

다음 은폐중심을 보기로 하자.

은폐중심은 로출중심과는 달리 의미중심과 관련되는 문장이나 단어결합, 단어가 겉에 드러나있지 않고 의미중심이 글말밑바닥에 깔려있는것이다.

○ 비겁한자야 갈라면가라 ①
우리들은 붉은기를 지키리라 ②

여기서 의미중심은 《혁명을 배반하지 않는다, 혁명을 끝까지 한다.》이다. 여기서 이 의미중심과 관련된 문장이나 단어결합, 단어가 사용되지 않고 글말에 은폐되여있다.

○ 그런 사람은 천만사람이 보는 앞에서는 혹시 몸으로 적의 화구를 막을는지 몰라도 혼자 있을 때에는 손가락하나 까딱하지 않을거예요. ①
그런 사람의 열정은 무엇인가 대가가 기대되는 일앞에서는 불타지만 그것이 보이지 않는 일을 할 때에는 한줄기의 연기보다도 뜨겁지 못해요. ②

여기서 의미중심은 《명예욕과 리기심이 가득찬 사람》이다. 이런 의미중심을 나타내는 문장이나 단어결합, 단어가 이 례문에서 직접 나타나있지 않고 문장 ①과 문장 ②의 밑바닥에 은폐되여있다.

은폐된 의미는 사람들의 대화에서나 문예작품, 희곡에서 흔히 찾아볼수 있는것이다.

제 3 절. 의미중심의 작용

의미중심은 문장들이 련결되여 본문을 이룰수 있게 하는 의미적인 요인으로 된다.

의미중심에 의하여 두개 또는 두개이상의 문장들이 련결되게 된다. 그러므로 의미중심은 문장들이 련결되는데서 주요하게 고려되는 문제이다.

문장들이 의미적으로 련계되지 않으면 하나의 의미덩어리로 될수 없으며 따라서 본문을 이룰수도 없다.

다음과 같은 례에서 이것을 잘 보여주고있다.

○ 조선범은 세계의 범가운데서도 가장 용맹하다. ① 제비는 쏜살같이 날아옌다. ② 어린이들이 노래부르고있다. ③

○ 돌이켜보면 지금까지 우리 민족의 통일열망이 뜨겁지 못한것도 아니였고 통일위업에 바쳐진 우리 겨레의 공력이 적은것도 아니였다. ① 매개 나라에서 혁명은 주인인 그 나라 인민이 책임지고 자주적으로 하여야 하며 자기 나라의 실정에 맞게 창조적으로 하여야 한다. ②

○ 건설장은 혁신의 열의로 들끓는다. ① 거리에는 많은 차들이 오고 가고있다. ②

이 각이한 내용을 가진 세개례문은 모두 의미중심이 없기때문에 문장들이 련결되지 못하고있으며 따라서 초문장통일체를 이루지 못하고있다.

의미중심에는 큰 의미중심과 작은 의미중심의 구분이 있는데 그것은 초문장통일체의 단위의 경계를 확정하는데 근거로 된다.

○ 내려다보면 산밑을 감돌아흐르는 청천강과 산기슭을 달리는 만포선렬차가 굽어보이고 아담한 휴양도시로 번모되여가는 향산읍과 공업도시 희천시가 한눈에 안겨온다. ① 저 멀리 동쪽으로 랑림산줄기의 험한준령들이 바라보이고 가닥가닥 흘러가는 흰구름을 허리에 두른 묘향산의 련봉들이 손에 잡힐듯이 건너다보인다. ② 맑은 날에는 황금파도치는 기름진 박천, 운전벌과 열두삼천리벌, 아득히 하늘가에 잇닿은 망망한 서해바다가 보라색안개속에 바라보인다. ③

문장 ①, 문장 ②, 문장 ③은 봉우리정점에 올라서서 내려다본 《주위경치》이다. 이는 의미중심으로 된다. 이 의미중심을 세개의 문장이 각이한 측면에서 묘사하였다. 여기서 세개문장은 병렬적관계를 이루는 문장군으로서 그이상 더 작은 단위로 나누어지지 않는 가장 작은 초문장통일체이다. 다시 말하여 세개의 문장은 《주위경치》라는 이 중심의미를 가지고 서로 련결된것이다.

○ 심연골을 따라 얼마쯤 들어가면 키높은 단풍나무들이 가지를 드리워 골짜기를 꽉 덮었는데 개울가에 나앉은 큰 바위밑으로 검푸른 못이 보인다. ① 이 못이 바로 룡소이다. ② 못은 너비 10메터, 길이 30메터 정도되는 길둥근형이다. ③ 단풍이 곱게 드는 가을이 되면 단풍잎의 빨간색이 거울같은 수면우에 비껴 룡소는 한폭의 그림처럼 아름다운 심산의 계곡미를 자랑한다. ④

문장 ①과 문장 ②의 중심의미는 《룡소》이다. 여기서 단위의 경계가 세워지는데 이것을 A라고 하자. 다음 A+문장 ③의 중심의미는 《룡소의 형태》로 된다. 여기서 또 단위의 경계가 세워지는데 이것을 B라고 하자. 그다음 B+문장 ④의 중심의미는 《롱소의 아름다운 경치》로 된다. 여기서 또 하나의 단위의 경계가 세워지는데 이것을 C라고 하자. 그러면 A, B, C의 초문장통일체의 경계는 A, B, C에서 각각 확정된다. 초문장통일체에서 A가 가장 작은 초문장통일체이고 B가 A보다 큰 초문장통일체이고 C가 B보다 더 큰 초문장통일체이다.

○ 어느날 담판과정에 가또놈은 사명당에게 여담으로 조선에는 어떤 보·물이 있는가고 물었다. ① 이때 사명당은 조선의 비옥한 령토와 재물을 탐내여 기여들었고 조선대표를 만난 자리에서까지 보물이야기를 끄집어내는 가증스럽고 혐오스러운 가또놈에게 조소를 담아 다음과 같이 대답하였다. ② 조선에는 별로 신통한 보물이 없다, 그러나 진짜 보물은 있다고 생각한다. ③ 그러자 가또놈은 의아한 눈길로 사명당을 건너다보면서 그것은 무슨 소리인가고 되묻는것이였다. ④ 놈을 골려주기에는 더없이 좋은 기회였다. ⑤ 사명당은 퍼런 불길이 이는듯한 날카로운 눈길로 적장을 쏘아보면서 이렇게 대답하였다. ⑥ 아마 그 말이 무엇을 의미하는지 모를수 있다, 지금 우리 나라에서는 당신의 목에 수천만금의 상금을 걸어놓고있다, 당신의 머리야말로 진짜보물이다, 그러니 진짜보물은 일본에 있다고 말할수 있다. ⑦

먼저 문장 ②와 문장 ③은 관할어 《다음과 같이》에 의하여 련결되는데 그 의미중심은 《사명당의 조소의 대답》이다. 여기서 하나의 단위가 확정되는데 이것을 A라고 하자. A와 문장 ①은 묻고대답하는 관계로 련결되는데 그 의미중심은 《사명당이 가또놈의 물음에 조소하여 대답하다》이다. 여기서 또 A보다 큰 단위가 확정되는데 이것을 B라고 하자.

다음 문장 ⑥과 문장 ⑦은 관할어 《이렇게 대답하였다》에 의하여 련결되는데 그 의미중심은 《진짜보물이 일본에 있다는 비방적인 대답》이다. 여기서 하나의 단위가 확정되는데 이것을 C라고 하자. C와 문장 ⑤가 의미적으로 련결되는데 그 의미중심은 《대답의 기회를 틀어쥐고 비방적으로 대답하다》이다. 여기서 C보다 큰 단위가 확정되는데 이것을 D라고 하자. D와 문장 ④는 묻고대답하는 관계로 련결되는데 그 의미중심은 《사명당이 가또놈의 되물음에 비방하여 대답하다》이다. 여기서 D보다 더 큰 단위가 확정되는데 이것을 E라고 하자.

그런데 E는 접속어 《그러자》에 의하여 B와도 련결된다. 다시말하여 E는 D와도 련계되고 B와도 련계된다. 이리하여 7개의 문장은 단계적으로 련결되면서 큰 초문장통일체를 이룬다. 그 의미중심은 《사명당이 가또놈을 여지없이 골려주었다》이다.

여기서 가장 작은 초문장통일체는 A와 C이고 다음 큰 초문장통일체는 B와 D이고 그 다음 큰 초문장통일체는 E이다. E보다 더 큰 초문장통일체는 당연히 이 례문전체가 해당된다.

이렇게 의미중심이 크고 작은데 따라 단위의 경계가 크게 세워지거나 작게 세워진다. 여기서 의미중심이 크고 작다는것은 큰 초문장통일체의 의미중심인가 아니면 작은 초문장통일체의 의미중심인가에 따라 구분하여 말하는것이다.

우에서 본바와 같이 의미중심은 본문을 구성하는 주요한 요인으로서 모든 본문은 중심을 가지고 이루어지며 이런 의미중심을 며나서는 본문이 이루어질수 없는것이다.

의미중심은 본문연구에서 중요한 자리를 차지하고있다. 의미중심을 어떻게 보는가에 따라 의미덩어리는 달리 구획될수 있는것이다.

○ 란간과 잇닿은 계단을 밟고 올라서면 고려시기의 건축양식으로 복구된 빨간 배부른기둥에 모루단청을 한 만세루를 보게 된다. ① 만세루의 뒤뜰에 들어서면 고려시기 우수한 조각술을 보여주는 8각13층탑이 바람방울(풍경)을 드리우고 서있다. ② 높은 대돌을 짚고 올라서면 이 절의 중심건물인 대웅전을·보게 된다. ③ 대웅전안에는 여러개의 부처가 놓여있다. ④ 이 건물에서 탐승자들은 우리 조상들의 우수한 건축술과 조형예술적기교를 엿보게 된다. ⑤ 탐승자들은 원상대로 훌륭히 복구된 만세루와 대웅전을 보면서 지난 조국해방전쟁시기 귀중한 유적, 유물들을 야수적으로 폭격하여 소각파괴한 미제를 끝없이 증오하게 되며 이와 함께 민족문화유산을 원상대로 복구보존할데 대한 우리 당 정책의 정당성을 가슴뜨겁게 느끼게 된다. ⑥ 동쪽으로 발길을 돌리면 보현사의 주지(한개 절을 책임지고 관리하는 중)가 살았다는 리조시기의 살림집건물인 만수각이 대문안으로 들여다보인다. ⑦ 그옆에는 관음전이 있고 다시 동쪽으로 산기슭을 따라 얼마쯤 가면 16개의 라한상과 석가상을 둔 령산전이 있다. ⑧ 그리고 그옆에는 수충사가 있다. ⑨ 수충사안에는 서산대사, 사명당, 처영 등 임진조국전쟁때 중의병부대를 조직하여 왜적과 싸운 세사람의 화상과 이들의 투쟁사실을 새긴 비석이 보존되여있고 이곳에는 이들에 대한 전설들도 전해지고있다. ⑩

이 례문은 하나의 큰 초문장통일체로서 그 의미중심은 《보현사에 대한 설명》이다. 10개의 문장은 모두 이 의미중심에 의하여 집합된다.

이 큰 초문장통일체는 또한 몇개의 보다 작은 의미중심을 가지고있는데 이러한 의미중심에 의하여 3개의 초문장통일체로 나뉘여진다.

문장 ①, 문장 ②, 문장 ③, 문장 ④가 하나의 초문장통일체를 이루는데 그 의미중심은 《만세루, 8각13층탑, 대웅전에 대한 설명》이며 문장 ⑤, 문장 ⑥이 또 하나의 초문장통일체를 이루는데 그 의미중심은 《만세루, 대웅전에 대한 작자의 평가와 느낌》이며 다른 하나의 초문장통일체는 문장 ⑦, 문장 ⑧, 문장 ⑨, 문장 ⑩인데 그 의미중심은 《만수각, 관음전, 령산전, 수충사에 대한 설명》이다.

이렇게 의미덩어리는 의미중심에 의하여 크게 구획될수도 있고 작게 구획될수도 있다. 큰 의미중심은 큰 의미덩어리를 개괄한것이며 작은 의미중심은 작은 의미덩어리를 개괄한것이다.

우의 례에서도 보다싶이 작은 초문장통일체가 큰 초문장통일체에 포함되여있는것과 같이 작은 의미중심은 큰 의미중심에 포함될수 있으며 의미중심은 단계적으로도 나타난다.

제 7 장. 본문의 분석

　본문의 개념에 대한 리해가 다르고 연구하는 중심, 연구하는 목적, 의거하는 리론이 다름에 따라 본문언어학의 연구범위와 연구령역에는 여러가지 견해가 제기되고있다.

　기호학리론(Semiotic theory)에 바탕을 둔 견해에서는 본문언어학의 연구를 본문의미론, 본문언어실용론, 본문문법으로 나누고있다.

　촘스키리론에 립각한 견해에서는 본문을 본문의 심층구조(deep sthructure)와 본문의 표층구조(surface structure)로 나누고있다. 전자는 의미접속(coherence)을 가리키는데 기본적인 개념과 관계를 연구하며 후자는 형식적접속(cohesion)을 가리키는데 심층구조에서의 개념과 관계를 나타내는 언어수단을 연구한다.

　다른 하나는 본문을 내부요인과 외부요인으로 구분하는데 전자는 《본문교제학》(textcommunication)범위에 속하고 부분적으로 본문언어실용론에 속하며 후자는 본문의미론, 본문문법론, 본문수사학의 범위에 속한다.

　이런 각이한 견해에서는 두개의 관점이 대립되여있있다. 하나는 체계에 대한 관점이고 다른 하나는 교제－언어실용론에 대한 관점이다.

　이것을 체계관과 교제－언어실용관이라고 한다. 체계관은 본문의 내부관계로부터 출발하여 문장보다 큰 언어단위를 연구하며 문장간의 관계와 문장의 련결수단을 연구하며 본문의 미시적구조를 분석한다. 교제－언어실용관은 본문의 외부적관계로부터 출발하여 언어행위의 교제적기능을 연구하며 본문의 거시적구조를 분석한다.

　두 관점에는 뚜렷한 차이가 있다.

　체계관은 앞뒤 문장의 관계에 의하여 단어의 의미와 문장의 의미를 확정하며 이것들의 접속기능과 호상간의 론리적관계를 분석하며 각이한 류형의 본문구조의 비교를 거쳐 본문의 종류를 구분한다. 이러한 분석은 본문문장론(text syntactics)과 본문의미론(text semantics)에 영향을 주게 된다.

　교제－언어실용관은 본문의 성분과 구조가 일정한 언어활동과 그밖의 언어외적요인의 제약을 받는다고 본다. 때문에 본문을 반드시 언어환경에서 분석하여야 한다고 하며 말하는 사람의 의도, 듣는 사람에 대한 예측, 듣는 사람과의 관계 및 듣는 사람이 본문을 리해하는 수준 등을 살펴야 한다고 한다. 이렇게 하여야 본문분석이 형태, 의미, 언어실용으로 련결된 립체모형으로 될수 있다고 한다.

본문언어학은 연구측면과 연구방법, 연구목적에 따라 다시 여러 분과로 나누어지기도 한다.

본문언어학에 대한 리해를 심화하고 본문언어학의 전반적면모를 살펴보려면 본문언어학에서의 본문을 여러 측면에서 분석하여야 한다.

제 1 절. 본문의 문법론적분석

본문문법론(text grammar)은 화란의 언어학자 판. 지크(Van Djik)가 창시하였다.

본문문법론은 주요하게 본문에서의 형식적접속(언어의 접속)과 문법적특성, 본문의 구성규칙, 본문의 모델 등 문제를 연구한다. 이 가운데서 언어의 형식적접속문제는 주요한 부분을 차지한다.

언어의 형식적접속이란 언어표면에서의 여러 성분간의 호상련계와 의미접속관계를 실현하는 어음, 어휘, 문법표현을 말한다.

본문언어학의 초기연구는 언어의 형식적접속을 중심으로 하여 조응기능을 가진 어음, 어휘, 문법의 수단을 찾는것이였다. 례를 들면 앞뒤문장을 이어주는 접속어(그래서, 그러므로, 이리하여, 그래도 등), 지시어(지시대명사, 지시적기능을 가진 부사, 동사, 형용사 등), 여러가지 반복형식(단어나 구절을 앞뒤문장에서 반복하여 련결하는 형식) 등을 찾는것이였다.

전통문법리론에서 언어단위의 련계에 대한 연구는 문장내부에만 국한되여있었으며 여러가지 련계를 나타내는 형식적표현수단은 주요하게 접속사와 문장부호였다.(문장에서 문장론적단위를 이어줄 때 사용하는 반점(,)을 말한다.)

그러나 본문문법론에서는 단어의 중복, 지시단어, 동의어에 의한 대체, 시태에서의 조응, 삽입어, 관형사, 생략 등 다양한 형식을 포괄하여 연구한다.

이런 언어접속형식은 독자적인 문장을 련결하여 본문을 이룬다.

이렇게 본문에서 성분의 관계와 련계수단은 전통문법리론에서와는 다른 것이다.

본문언어학이 독자적인 과학으로 형성되기 이전에도 언어학에서 교제, 기능과 관련해서 언어현상을 보는 관점이 있었다. 례를 들면 교제문장론, 형태구획리론 등이 그것이다.

구조주의언어학에서도 언어현상을 기능과 운용상의 특징에 따라 탐구하였다.

이런 리론이 심화되는 과정에 끝내 문장의 한계를 넘어서 문장보다 큰 언어적단위를 연구하는데로 나아가게 되였다.

특히 초문장통일체리론의 발전은 문법분석의 새 령역을 개척하였으며 전통문법에서는 취급하지도 않았던 새로운 구조단계에서 문법리론이 탐구되게 되였다.

그러나 본문언어학이 창시되기전의 초문장통일체연구는 구조주의문법의 리론체계에서 벗어나지 못하고 기본상에서 구조적분석의 방법을 문장보다 큰 언어단위에 확대하여 연구하였을뿐이였다.

하지만 이것은 《문장론》리론의 확대와 발전으로서 거시적문장리론의 진일보로 되는 발전이였으며 언어학이 문장보다 큰 언어단위의 구조형식과 의미내용에 대해 총체적연구를 하는데 주목이 돌려졌다는것을 말하여준다.

본문문법론에서 언어의 형식적접속문제는 주요한 연구과제이다. 이에 대해 분석을 진행하는것은 본문문법론의 주요한 임무이다.(이 문제에 대해서는 이미 전반적으로 서술되였으므로 여기서 그 분석을 약하기로 한다.)

제 2 절. 본문의 의미론적분석

의미론은 1893년 프랑스의 브레알(Bréal)이 창시하였다.

1897년 브레알의 《의미론탐색》이 빠리에서 출판되였다. 이 책은 의미론을 론술한 최초의 저작의 하나이다.

본문의미론(text semantica)의 과제는 본문에서의 의미접속을 탐구하며 여러가지 호상접속에서의 본문의 의미관계를 서술하고 해석하는것이다. 그러므로 본문의미론에서는 주요하게 의미접속을 연구하게 된다.

본문에서의 언어들의 의미접속을 연구하려면 의미의 갈래를 알아야 하며 또한 의미가 어떻게 발전하는가를 분석하여보아야 한다. 이것은 본문의 의미접속문제를 탐구하는데서 선행되여야 할 작업이며 그 기초로 된다.

1. 의미종류

의미는 언어기호와 언어행위의 내용과 관계에 따라 언어의 의미와 언어밖의 의미로 나눌수 있고 언어환경과의 관계에 따라 고유한 의미와 언어환경의미로 나눌수 있다.

언어의 의미는 언어기호로서의 단어가 가지고있는 의미와 이 의미와 련관되여있는 의미이다. 간단히 말하면 언어 그자체가 가지고있는 의미이다.

언어밖의 의미는 문장간이나 구절이 가지고있는 의미이다. 례를 들면 《나의 아저씨가 왔다.》에서 《나의 아저씨가》는 《나에게 아저씨가 있다.》는 의미를 가지고있다.

또 례를 하나 더 들면 《종이 되자마자 중들은 궁금히 여겨 즉시 종을 쳐보았다. ① 종은 신기하게도 〈뎅！뎅！〉우렁차고 아름다운 소리를 내며 울었다. ② 그런데 이상한 일은 종의 울림에는 마디가 있고 그 마디에 이르러서는 어김없이 《에밀레！》하는 소리가 나는것이였다. ③〉(《에밀레종》에서)에서 문장〔①＋②〕과 문장 ③간에는 《에밀레》란 종소리가 《어머니때문에 죽게 되였다.》는 어린아기의 울음소리를 나타낸다.

언어밖의 의미는 의미론뿐만아니라 언어실용론, 담화분석, 언어정보론에서 많이 응용되고 분석되는 개념이다.

아래에 언어밖의 의미를 몇가지로 나누어 설명하여보자.

1) 추론의미

이는 언어의미의 호상관계에서 추리하여 얻어지는 언어밖의 의미이다.
   ○ 나는 그에게 차를 부어드렸다.①
      《차를 드시지요.》②
      《이제 금방 물을 한사발 마셨습니다.》③

여기서 문장 ②와 문장 ③의 련계에서 물을 많이 마셨기때문에 배가 불러서 《나는 차를 마시지 않겠다》는 의미를 추리하여 낼수 있다.

추론의미는 문장과 문장의 의미를 이어준다.
   ○ 영철이는 헐레벌떡거리며 달려왔다.
      《몇신가 봐라.》
      철근이는 영철이의 손목을 번쩍 추어들었다.
      《이야, 시계가 늦어졌군. …》

철근의 질책에 영철이는 《시계가 늦어졌군. …》 하고 말하였는데 철근의 말과 영철의 말은 련계가 잘 되지 않는다. 그러나 영철의 말에서 언어밖의 의미를 추리하여 보면 《나의 시계가 늦어졌기때문에 늦게 왔다.》로 되기때문에 의미련계가 지어지는것이다.
   ○ 《형님, 전화가 왔어요.》
      《내가 위생실에 있지 않는가.》

이 두 대화는 얼핏 보건대 련계가 되지 않는것 같지만 《내가 즉시 전화를 받지 못한다》는 추론의미를 가지고보면 두 대화는 이어지는것이다.

2) 전제의미

이는 미리 설정되여 말할수 있는 말의 전제의 의미이다.
   ○ 《너는 언제 대학생이 되였니？》①
      《작년에 대학에 왔다.》②

문장 ①에 대한 전제의미는 《너는 작년부터 대학생이다.》로 되고 문장 ②에 대한 전제의미는 《나는 대학생이다.》로 된다.

전제의미는 원래의 문장이나 원래의 구절에서 새로운 정보를 전달하는 단어를 류사한 단어의미로 바꾸어서 얻는다.

　○ 《당신은 차를 마시십시오.》①

　　《저는 사이다를 마시겠습니다.》②

　문장 ①에서 신정보를 전달하는 《차》를 《음료》로 바꾸어서 《당신은 음료를 마시십시오.》라는 전제의미를 얻으며 문장 ②에서 신정보를 전달하는 《사이다》를 《음료》로 바꾸어서 《저는 음료를 마시겠습니다》라는 전제의미를 얻는다.

　3) 개괄의미

　이는 문장들을 개괄하여 얻어지는 의미이다.

　○ 아침부터 바람이 불기 시작하였다.① 이윽고 비가 내렸다.② 들놀이 가기는 다 틀린 날씨였다.③

　여기서 《다 틀린 날씨였다.》는 문장 ①과 문장 ②를 개괄하여 얻어진 의미이다.

　4) 점층의미

　이는 문장이 점층적으로 놓여있으면서 일부는 말하지 않는 의미이다.

　○ 옥에도 티가 있소.① 어느 사람이나 다 결함이 있는것이요.② 하물며 당신이라고? ③

　《결함이 없을수 없다》는 의미는 이 례문에서 문장들이 점층적으로 들어가면서도 뒤부분에서 말하지 않은 의미이다.

　5) 생략의미

　이는 우의 문장에서 나타난것을 아래에서 생략하여 얻어지는 의미이다.

　○ 그의 서재에는 숱한 책들이 책장에 빼곡이 꽂혀있었다. 그는 매일 서재에 파묻혀 하나하나 번져가면서 관련있는 자료를 뽑군한다.

　《서재에 파묻혀 하나하나 번져가면서》는 《서재에 파묻혀 책들을 하나하나 번져가면서》의 의미인데 《책》이 앞문장에서 나왔으므로 생략하여 언어밖의 의미로 되였다.

　6) 반대의미

　이는 언어의미와 상반되는 의미이다.

　○ 그는 오늘도 늦게 퇴근하여 집에 들어섰다. 그의 안해는 《일찍 오셨구만!》하고 아니꼽게 내쏘았다.

　《일찍 오셨구만》은 《늦다》는 뜻이다.

　다음, 고유의미는 문장이나 초문장통일체를 구성하는 단어가 가지고있는 의미이다. 언어환경의미를 내놓고는 모두 고유의미에 속한다.

　○ 문을 열고보니 눈은 흠뻑도 내렸다. 산도 강도 나무도 지붕도 모두가 흰 담요를 뒤집어쓴듯 두터운 눈에 덮여있었다.

　이 초문장통일체를 구성하고있는 문장에서의 단어들은 모두 고유한 의미를 나타내는데 《흰 담요로 뒤집어쓴듯》은 비유의 의미이다. 비유의 의미도 고유의미에 속한다.

　　O 《그렇지 않구. 우뢰소리는 커도 한것은 없네.》

　이 례문의 언어밖의 의미는 《허장성세뿐 행동은 없다.》는것인데 이것도 언어환경을 떠나서 존재하므로 고유한 의미이다.

　언어환경의 의미는 특정한 언어환경에서의 림시적인 의미이다.

　　O 남수는 밤늦게까지 하여 론문을 끝내 다 써냈다. 그는 심사위원회에 론문을 제출하면서 《정말 힘들었습니다.   온 몸의 땀을 다 뺐습니다.》라고말하였다.

　여기서 《온 몸의 땀을 다 뺐습니다.》는 이 언어환경에서 《나의 능력을 다 발휘하였다.》는 의미이며 《그는》은 이 언어환경에서 《남수》를 가리킨다.

　언어의 의미, 언어밖의 의미, 고유한 의미, 언어환경의 의미는 서로 교차되여 존재한다. 고유한 의미에 언어의 의미와 일부 언어밖의 의미가 있을 수 있고 언어환경의 의미에 언어의 의미와 일부 언어밖의 의미가 있을수 있다.

　이런 의미들은 본문에서 호상 련계된다.

　언어의미와 언어의미의 련계의 특징은 문장이 문법규칙에 따라 조직되고 문장의 의미를 얻게 되며 본문의 구조규칙에 따라 집합되면서 본문의 의미를 얻게 된다.

　고유의미와 고유의미의 련계는 고유한 의미에 따라 문장들이 집합된 의미에서 나타나는 의미로 리해된다. 이것들의 의미적련계에 대하여 쉽게 리해를 가져올수 있으나 언어밖의 의미, 언어환경의 의미와 련계될 경우에는 리해하기가 그리 쉽지 않다.

　언어밖의 의미는 독자적으로 존재할수 없으며 언어의미와의 련계밑에서만 존재한다. 언어의미는 언어밖의 의미에 리해의 조건을 지어준다.

　　O 삼십분쯤 지나서였다. 문밖에서 어머니가 《진태야 ! 진태야.》 하고 부른다. 진태는 그 부르는 어조가 너무 은밀한듯 하므로 《예.》대답 한번에 바깥으로 나갔다.

　　어머니는 대문간에서 손에다 무엇인지 가느다란것을 쥐고 서있다.

　　《저…》하고 어머니는 헝겊에 싼것을 그르더니

　　《이것 가지고 전당포에 가서 70전이나 80전만 달래가지고 싸전에 가서 쌀 닷홉만 사고 나무 열냥어치만 사가지고 오너라.》 한다.

　　진태는 얼른 알아챘다. 옳지 ! 은비녀로구나. 자기 집안에 값진것이라고는 어머니 시집올 때 가지고 온 그 비녀하고 굵다란 은가락지뿐이다. 《행랑자식》에서)

　여기서 언어의미 《은비녀로구나》는 《어머니는 대문간에서 손에다 무엇인지 가느다란것을 쥐고 서있다.》, 《어머니는 헝겊에 싼것을 그르더니》, 《이것을 가지고》의 언어밖의 의미 은비녀와 련계된다. 《은비녀로구나》는 언어밖의 의미에 대한 리해에 조건을 마련하여주고있다. 《은비녀로구나》라는 언어의 의미가 없다면 우의 말들을 리해할수 없다.

고유한 의미는 언어환경의 의미와 련계된다. 고유한 의미는 언어환경의 의미의 리해에 근거를 지어준다.

○ 견우는 밭에서 농사를 짓고 직녀는 집에서 천을 짰다. 때로는 직녀도 견우의 밭일을 도와주었다. 두사람은 피곤을 두려워하지 않고 함께 부지런히 일하여 아껴쓰며 오붓이 살아갔다. (《견우 직녀》에서)

여기서 《견우》, 《직녀》는 모두 고유한 의미이고 《두사람》의 언어환경의 의미는 《견우》와 《직녀》이다. 고유의미는 언어환경의미의 리해에 근거를 제공하여주었다.

2. 의미의 발전

선적인 측면에서 보면 의미발전은 의미증가이다. 례를 들어 《우리의 선생님이 왔다.》는 《우리의→ 선생님이→ 왔다.》와 같이 의미가 증가됨에 따라 의미가 발전한다.

의미의 발전은 크게 종합형, 론리형, 특수한 론리형, 의미발전의 실마리 등 측면에서 고찰할수 있다.

1) 종합형

이는 입말에서의 표현이 종합적으로 글말에 반영된것이다.

○ 이번에는 꽥 지르는 소리로

《애 일어나거라, 이것아 !》

하는 아버지의 얼굴은 성난 얼굴이다.

여기서 한줄 그은 부분과 두줄 그은 부분은 글말에서 한갈래로 이어지지만 입말표현에서 종합되여 나타나는데 아버지의 표정에서 두줄 그은 말의 무게를 가늠할수 있다. 그러나 한줄 그은 부분을 다음과 같이 고쳐서 《이번에는 부드러운 소리로》, 《하는 아버지의 얼굴은 웃음 띤 얼굴이다》라고 한다면 《애 일어나거라, 이것아.》의 의미는 완전히 다르게 나타난다.

어떤 경우에는 문장부호로써 이런 의미종합을 나타낼수 있다.

○ 그의 시선은 다시 패지 못할 벼포기로 옮겨갔다.

《흥, 흉년이다 !! 방축이 터져서… 마을이 떠내려가고…. 제기랄 이놈의것…》 하고 고서방은 본능적으로 주먹을 단단히 쥐였다. (《흘러간 마을》에서)

여기서 감탄부호와 생략부호를 고서방의 말에 종합하여 보면 고서방이 큰물에 의하여 입은 피해에 대한 격분을 보여준다.

2) 론리형

이는 의미내용이 론리에 따라 종합되고 의미가 증가되는 류형이다.

론리형의 의미발전은 사물의 속성을 위주로 하여 발전하며 한 사물이 다른 사물과의 련계를 위주로 발전한다.

론리형의 의미발전은 아래와 같이 나누어서 살펴볼수 있다.

(1) 포함

이는 한 개념에 대하여 또는 개념이 표시하는 사물에 대하여 그것이 있을수 있거나 부정을 받을수 있다는것을 나타내는 한가지 또는 몇가지 속성을 가리킨다.

이것은 다음과 같은 두가지로 표현된다. 하나는 한 개념에 있을수 있거나 부정될수 있는 속성이다.

○ 빛은 물리적현상이다.① 그 본질은 전자기파이다.②

문장 ①은 《빛》이 가질수 있는 한 속성－현상을 나타내고 문장 ②는 《빛》이 가질수 있는 다른 한 속성－본질을 나타내였다.

다른 하나는 개념 또는 사물의 범위가 큰데로부터 작은데로, 작은데로부터 큰데로 이르는 관계이다.

○ 우리들은 일반적으로 천문학, 지질학, 생물학, 수학, 물리학, 화학을 6가지 기초학과로 삼는다.① 이 6가지는 모두 같은 기초인가?② 그렇지 않다.③ 엄밀한 종합과학체계에서 말하면 가장 기초적인것은 두가지 학문이다.④ 하나는 물리학인데 물질운동의 기본법칙을 연구하는 학문이다.⑤ 다른 하나는 수학인데 우리들이 추리하고 운산하는것을 지도하는 학문이다.⑥

여기서 문장 ①에서의 《기초학과》는 큰개념이고 문장 ②에서부터 문장 ⑥까지에서의 《가장 기초적인것》은 작은개념이다.

(2) 병립

이는 포함형 이외의것으로서 사물간의 련계를 말한다. 일반적으로 개념이나 사물이 나란히 련계되여있는것을 말한다.

○ 간단한 판단은 두가지가 있다. 한가지는 성질판단이고 다른 한가지는 관계판단이다.

이 례문에서 《한가지는 성질판단이고》와 《다른 한가지는 관계판단이다》는 나란히 놓여있는 개념이다.

3) 특수한 론리형

우에서 말한것은 일반적인 론리형이다. 특수한 론리형은 개념을 바꾸거나 언어환경의 의미를 바꾸거나 론리에 맞지 않게 하는 련계이다.

○ 선생이 한손가락으로 지도를 가리키면서 《이것은 어디입니까?》하고 한 학생에게 물었다. 학생은 《선생님의 손가락입니다.》라고 대답하

였다.

여기서 《선생님의 손가락입니다》는 《이것은 어디입니까?》로 바뀐 류사한 언어종합에 따라 산생된 언어환경의 의미와의 련계이다.

특수한 론리형은 웃기거나 미치광이를 묘사하는데와 과학환상을 나타낼때 쓰인다.

4) 의미발전의 실마리

의미발전은 일정한 관계에 근거한다. 여러가지 관계를 개괄하여 실마리라고 한다.

의미는 주요하게 아래와 같은 실마리에 의하여 발전한다.

(1) 병립에 의한 발전

의미가 병립에 의한 실마리에 따라 발전하는것이다.

○ 불국화는 국화과에 속하는 여러해살이 온대식물이다. 땅속줄기에서 뻗어나오는 잎은 길죽하다. 꽃은 해바라기모양이다. 꽃색은 여러가지이다. 밤에는 꽃이 오무라들고 낮에 다시 활짝 피여난다. 3월말부터 6월초까지의 사이에 피는 이 꽃은 약 보름동안 피여있다. 불국화는 주로 꺾음꽃으로 많이 쓰인다. 즉 꽃병장식이나 꽃다발, 꽃바구니를 만드는데 쓰인다.

(《선물식물—불국화》,《로동신문》, 1994. 12. 25.)

이 례문의 문장들의 의미는 병립적으로 발전하고있다. 불국화는 온대식물이다. 잎은 길죽하다, 꽃은 해바라기모양이다, 꽃색은 여러가지이다, 밤과 낮에 꽃이 달라진다, 3월말부터 6월초까지 사이에 꽃이 피면 약 보름동안이다, 불국화는 꺾음꽃으로 주로 쓴다 등등과 같이 불국화가 어떤 과에 속하며 잎, 꽃, 꽃색은 어떠하며 밤과 낮의 꽃의 정황과 3월말부터 6월초까지 사이에 피는 이 꽃의 정황은 어떠하며 주로 어떤데에 쓰이는가 하는데 대해 모두 병립적으로 설명하고있다. 즉 불국화의 귀속, 불국화의 잎, 꽃의 모양, 꽃색의 종류, 불국화가 시간에 따라 나타나는 특징, 불국화의 쓰임 등에 대해 병립적으로 설명한것이다.

(2) 비교와 대조에 의한 발전

몇개 사건이 비교의 실마리에 따라 발전하는것이다. 비교와 대조에 의한 발전은 병립에 의한 발전의 한 변화이다.

○ 그러나 《공업로보트》는 아직 사람의 지능까지는 모방하지 못한다.① 그에게는 《눈》이 없기때문에 물체를 식별하지 못하며 부속품을 일정한 자리에 놓아두지 않으면 쥐여가지 못한다.② 그리고 또 많은 부속품중에서 쓸것을 골라내지도 못하며 한쪽으로 살피면서 한쪽으로 일하지는 못한다.③ 그에게는 《귀》와 《입》이 없기때문에 말을 듣지 못하고 말을 하지도 못하며 사람이 언어로 내리는 지령에 따라 일하지는 못한다.④ 그의 《기계손》은 어쨌든 사람의 손처럼 말을 잘 듣지는 못한다.⑤ 특히 그에게는 《머리》가 없기에 복잡한 정황에 대처하지 못하며 고정된 정황에서 규정된 순서에 따

라 비교적 간단한 조작을 할뿐이다.⑥ 그러다가도 조건이 바꾸어지기만 하면 아무것도 해내지 못한다.⑦

이 례문에서 문장 ②부터 문장 ⑦까지는 사람의 눈, 귀, 입, 손, 머리 등에 비교하여 위미가 발전하고있다. 이것은 병렬에 의한 발전이라고도 볼수 있다.

(3) 정의에 의한 발전

한 개념에 대해 정의를 내리고 이 개념에 의하여 여러 측면에서 형성되는 발전을 말한다. 정의를 내린 부분이외 각 측면은 병립적으로 발전한다.

○ 가장 가볍게 하늘높이 떠있는 구름을 권운이라고 한다. 이런 구름은 매우 옅어서 햇빛이 구름층을 꿰뚫고 지면을 비출수 있는데 집이나 나무의 그림자가 그대로 선명하게 나타난다. 권운은 오리오리 나풀거리는데 때로는 흰 게사니의 털갈기도 하고 때로는 정갈한 릉라같기도 하다. 권운이 하늘에 줄줄이 떼를 지어 나타나면 마치 미풍에 설레이는 파문과 같은데 이런 구름을 권적운이라고 한다. 권운과 권적운은 매우 높이 떠있고 거기에는 수분이 매우 적어서 일반적으로 비나 눈을 내리우지 않는다.

권운, 권적운외에도 솜뭉치같은 흰구름이 있는데 이런 구름을 적운이라고 한다. 적운은 흔히 2천메터좌우의 높이에서 송이송이 흩어져있는데 따사로운 햇빛에 물들어 그 구름덩이주위는 황금빛으로 빛난다! 적운은 언제나 오전에 나타나기 시작하여 오후에 제일 많이 모였다가는 저녁무렵에 가서 점차 사라진다.

쾌청한 날이면 우리는 이따금 고적운(高積雲)을 볼수 있다. 고적운은 타원체로 된 구름덩이가 정연하게 배렬되여있는 구름으로서 구름덩이사이로는 푸른 하늘을 올려다볼수 있는데 멀리 바라보노라면 초원에 밀려다니는 흰 양떼와 흡사하다. 권운, 권적운, 적운과 고적운은 실로 아름다운 모양을 가진 구름들이다.

이 례문에서 보면 《권운》, 《권적운》, 《적운》, 《고적운》에 대해 정의를 내린데 따라 실마리가 발전한다. 각 《개념》과 개념에 대한 서술은 병립적인 발전으로 볼수 있다.

(4) 시간, 공간에 의한 발전

시간, 공간의 차례의 실마리에 따라 발전하는것이다.

○ 1592년 전쟁이 일어난후 전라도 태인사람 손홍록과 안의 등은 전주 사고에 보관되여있던 《리조실록》과 《고려사》를 비롯한 가치있는 귀중한 민족고전들을 정읍의 내장산으로 소개시키였다. 왜적들이 전라도로 기여들 위험성이 조성되자 이들은 그것들을 그 다음해 배길로 충청도의 아산을 거쳐 황해도의 해주로 옮기였다. 1597년 일본침략자들이 다시 침입해오자 손홍록은 한춘을 비롯한 자기 집종 30명과 함께 무려 50바리나 되는 력사책

들을 다시 강화도로 옮기였다. 그후 강화도도 안전하지 못하다고 생각한 그는 다시 배에 실어 안주를 거쳐 먼 후방인 묘향산의 불영암에 날라올려다 보관하게 하였다.

여기서 보면 시간이 변화함에 따라 사건들도 발전하고 변화되였다.

○ 묘향산은 랑림산줄기에서 갈라져 청천강과 대동강의 분수령을 이루면서 서남쪽으로 뻗어내린 묘향산줄기의 주봉을 이루는 산이다. 우리 나라 서북산지대의 자강산지에 속하는 이 산은 평안남도와 평안북도, 자강도 3도의 경계선에 위치하고있다. 묘향산에는 평안북도의 향산군, 구장군, 평안남도의 녕원군, 자강도의 희천시 등의 일부 지역이 포괄된다. 웅장수려한 여러 산봉우리들과 산줄기들로 이루어진 묘향산은 동서, 남북사이의 거리가 각각 약 28키로메터, 그 둘레가 128키로메터나 되며 그 면적은 375km² 에 달한다.

여기서 4개 문장은 모두 공간위치에 따라 발전하고있다.

(5) 순서에 의한 발전

사건의 선후순서의 실마리에 따라 발전하는것이다.

○ 손억쇠가 패말을 들고 논배미에 들어섰다. 그것을 본 장과부는 얼른 쫓아가서 그 패말을 나꿔채들고 앞질러 달려나갔다. 마치 그 누가 제 논을 뺏으러올가 두려워하듯 논배미 한복판에 패말끝을 쿡 박고 두손으로 붙든채 억쇠를 기다렸다. 억쇠가 패말을 내리박고나자 그는 그것을 흔들어보았다. 끄떡하지 않았다. 그제서야 그는 안심이 되는듯 허리를 폈다.

《새봄》에서)

문장간에는 사건의 선후순서에 따라 실마리가 발전하고있는것을 우의 례문에서 찾아볼수 있다. 손억쇠가 패말을 들고 논배미에 들어서는 행동이 먼저 진행된다. 이 행동에 이어 장과부가 얼른 쫓아가서 패말을 나꿔채고는 앞질러 달려가는 행동이 진행된다. 그리고는 패말끝을 박고 두손으로 붙든채 억쇠의 행동을 기다린다. 이애 따라 억쇠가 내리박는다. 그러자 장과부는 흔들어본다. 끄떡하지 않으니 그는 허리를 폈다.

이 모든 사건들은 한 사건이 발생한 뒤를 이어 다음 사건들이 앞의 사건을 실마리로 하여 발전하고있으며 사건과 사건간에는 서로 이어져있으며 호상 밀접한 관계속에서 사건들이 앞으로 발전하여나가고있는것이다.

(6) 원인과 결과에 의한 발전

원인과 결과의 실마리에 따라 발전하는것이다.

○ 해방후 길지 않은 생활을 통하여 그들은 조국이야말로 우리 인민의 행복의 요람이며 조국을 지켜싸우는것이 인민들의 자유와 행복을 위한 성스러운 루쟁이라는것을 자각하게 되였다. 때문에 그들은 조국의 풀 한포기, 꽃 한송이, 흙 한줌을 자기 몸의 한부분처럼 귀중히 여겼으며 그것을 지켜 목숨을 바쳤던것이다.

여기서 문장들은 원인과 결과에 의한 실마리에 따라 발전하고있다. 해방후의 생활을 거치는가운데서 조국이야말로 인민의 행복한 요람이고 이를 위하여 싸우는것이 인민들의 자유와 행복을 위한 투쟁이라는것을 자각하게 될 수 있는 원인의 실마리가 생기게 되고 이 원인의 실마리에 따라 조국의 모든 것을 위하여 목숨을 바치는 결과가 나타나게 되였다. 례문에서는 앞뒤 두 문장의 원인과 결과의 관계를 나타내는 단어 《때문에》를 사용하여 두 문장의 관계를 뚜렷이 나타내고있다.

(7) 귀납에 의한 발전

귀납추리의 실마리에 따라 발전하는것이다.

○ 광합성작용에 관하여 실험을 하였는데 어두운 밤에 식물의 한개 잎사귀의 아래우 두면을 덮어놓고 이튿날에 몇시간쯤 해빛을 쪼인 다음 이 잎사귀를 따서 알콜에 넣고 열을 가하게 되면 그 푸른빛은 없어지고 다시 그것을 옥도정기에 불궈놓으면 잎사귀의 덮어놓지 않은 부분은 남빛으로 변하고 덮어놓은 부분은 색갈이 변치 않는다는것을 발견하게 되였다.

이것은 무엇때문인가? 이것은 잎사귀의 덮어놓지 않은 부분의 엽록체가 해빛을 받아 광합성작용을 하여 전분을 만들었는데 이 전분이 옥도정기를 만나 남빛으로 변하게 된것이다. 잎사귀의 덮어놓은 부분은 해빛을 보지 못하였기때문에 엽록체가 광합성작용을 진행할수가 없어 전분도 만들어내지 못하였다. 그러므로 옥도정기안에서도 색갈이 변치 않게 되였다. 이로부터 식물이 광합성작용을 하려면 빛을 필요로 한다는 결론을 얻을수 있다.

여기서 보면 식물의 잎사귀에 대한 실험을 통하여 《식물이 광합성작용을 하려면 빛을 필요로 한다는 결론을 얻을수 있다.》는것을 귀납하여내였다.

(8) 연역에 의한 발전

연역추리의 실마리에 따라 발전하는것이다. 연역추리는 일반적인 전제에서 특수성결론을 얻어내는 추리이다.

○ 만일 물체에 입사된 빛이 그 물체에 압력을 준다고 한다면 그 빛이 질량을 가지고있다고 단정할수 있다. 물리학자는 실험을 통하여 물체에 입사된 빛이 그 물체에 압력을 준다는것을 증명하였다. 그러므로 빛은 질량을 가지고있다고 단정할수 있다.

이 례문에서 보는바와 같이 물체에 입사된 빛이 그 물체에 압력을 준다는데로부터 빛이 질량을 가지고있다는것을 얻어내였다. 즉 보편적인 전제로부터 특수적인 결론을 얻어내였다.

(9) 문답에 의한 발전

묻고 대답하는 실마리에 따라 발전하는것이다.

○ 철길에서 기차가 달리고 포전에서 뜨락또르가 달리며 공장에서 기계가 돌아가고 하늘에서 비행기가 날고있는것을 동무들은 보았을것이다.

그리고 강변이나 바다가에 가면 기선과 군함이 떠나는것을 볼수 있을것이다. 그런데 이 모든것들이 움직이는데는 한가지 공통한 물건이 필요하다는것을 동무들은 생각해본적이 있는가? 이런 물건이 없이는 기차나 뜨락또르는 달릴수 없고 기계는 돌아갈수 없으며 비행기는 날수 없고 기선, 군함도 항행할수 없는것이다. 이 물건이 바로 석유이다.

묻고 대답하는데 따라 발전하였다. 묻는것이 있으면 대답하는것이 있게 되는데 묻는 실마리에 따라 대답이 있게 되며 의미가 발전하게 된다.

3. 의미의 접속

본문의미론은 언어의 의미접속을 연구한다. 언어의 의미접속은 본문언어학의 중심과제로도 되고있다.

의미접속이라는것은 앞뒤의 문장들의 접속을 가리킨다. 의미접속이 결여되면 문장들이 련결될수 없다.

   ○ ①. 빠리에서 최근 폭발사건이 빈번하다.
   ②. 일본은 《개발원조》를 떠들고있다.
   ③. 자본주의국가에서 테로분자들의 활동이 잦다.

이 3개문장간에는 의미접속관계가 없으므로 한데 이어놓아도 문장들이 련결되지 않는다. 그러나 이 3개문장의 앞 또는 뒤에 한마디 말(한문장)을 보충하면 이 3개문장간에는 의미접속이 이루어져 하나의 본문으로 될수 있다. 다시 말하면 이 3개문장의 앞에 《아래는 이 달 사람들의 주목을 끄는 3가지 소식이다.》를 보충하거나 3개문장의 뒤에 《이상은 이 달 사람들의 주목을 끄는 소식이다.》라고 보충하면 이 문장들은 본문을 이룬다.

때문에 의미접속의 연구는 교제과정에서의 본문의 전면적의미특징에 대한 연구와 본문언어학리론의 발전을 추진시켰다.

의미접속에 대한 분석은 의미특징에 대한 분석에서 진행된다.

의미접속은 대체로 다음과 같은 방식으로 진행된다.

① 같은 사물에 의한 련결

   ○ 차고에는 자동차가 보기 좋게 서있었다. 이 차는 새로 들여온것이다.

《자동차》와 《차》는 같은 사물을 나타내는것으로서 《차》는 뒤의 문장의 주제로 되였다. 하여 두 문장은 같은 사물 《자동차》, 《차》를 가지고 련결된다.

② 인과관계에 의한 련결

   ○ 전등은 켤수 없게 되였다. 전기줄이 끊어졌던것이다.

《켤수 없게 되였다》는 《전기가 없다》는 의미를 포함하고있는데 이것은 곧 《전기줄이 끊어졌던것이다》의 결과로 된다.

③ 계기에 의한 련결

○ 철수는 창고에 갔다. 그는 석탄을 가져올것이다.

《철수》-《그》, 《석탄을 가져올것이다》-《창고》는 의미상에서 각기 자기 위치를 가지고있다. 다시 말하면 이것들은 각각 의미상에서 서로 련계되는 하나의 같은 평면(자리)을 이루고있다. 《석탄을 가져올것이다》-《창고》는 경험에 의하여 얻어진것이다. 그것은 석탄이 일반적으로 창고에 저장되여있기 때문이다.

④ 판단에 의한 련결

○ 열었다! 방열기가 터졌다.

여기서 의미접속은 반의적인 동위로 이루어졌다. 《열었다》의 의미특징 《차다》이고 방열기의 의미특징은 뜨겁다 또는 차다이다. 방열기가 터졌다는 것은 방열증기가 없기때문이다. 그러므로 모두 얼게 된것이다. 이런 의미적 관계는 두 문장이 련결되게 한다.

⑤ 세밀화에 의한 련결

○ 어제 불행한 일이 생겼다. 글쎄 철남이가 팔을 몹시 다치였던것이다.

《불행한 일》은 《팔을 몹시 다치였던것이다》보다 한급 높은 개념에 속한다. 그것은 《불행한 일》과 《팔을 몹시 다치였던것이다》의 의미특징은 부분적으로 겹쳐지는것이다. 후자는 전자에 대한 보충으로서 (《불행한 일》이라면 어떤 불행한 일이 발생하였는가를 뒤의 문장 《팔을 몹시 다치였던것이다》가 보충설명하여주는것이다) 전자의 의미를 세밀화한다.

⑥ 개괄에 의한 련결

○ 아버지는 로력영웅이 되였다. 어머니는 정춘실운동선구자대회에서 토론하였다. 형님은 인민군대에 탄원하였다. 이것은 내가 집에 돌아와서 알게 된것이다.

《이것은》은 앞에서 제기된 모든 정보들을 개괄함으로써 의미접속역할을 한다.

⑦ 전후에 의한 련결

○ 중간공격수는 앞에 있다. 상대방의 방어수는 뽈을 빼앗아냈다.

《중간공격수》와 《방어수》는 하나의 의미마당을 이루는데 둘째 문장의 전제는 《중간공격수가 뽈을 몰고 앞으로 뚫고들어간것》이므로 두 문장간에는 의미의 일치성이 존재한다.

⑧ 전제에 의한 련결

○ 온 식구들이 영화구경을 떠난다. 나는 그들에게 돈을 주었다.

《돈》은 《표를 사다》를 내포하고있는데 《표를 사다》는 《영화구경을 떠난다》의 전제로 된다.

— 116 —

⑨ 대비에 의한 련결

○ 철수는 정직한 학생이다. 그러나 그의 동생은 거짓말을 잘한다.

여기에는 두가지 의미접속이 있다. 하나는 형제관계이고 다른 하나는 반의적인 《정직하다》와 《거짓말을 하다》이다.

⑩ 문답에 의한 련결

○ 너는 어제 어디 갔댔어?
영화보러 갔었다.

묻고 대답하는 관계로 문장이 련결된다.

⑪ 비교에 의한 련결

○ 남수는 긴 외투를 입었다. 그의 형은 더 긴 외투를 입었다.

의미접속은 외루의 길고짧은것에 의하여, 형제관계에 의하여 이루어지고 있다.

⑫ 수정에 의한 련결

○ 영수가 영희를 보았다고 한다. 아니, 경수가 영희를 보았다고 한다.

두 문장에서 《아니》를 빼면 의미와 문장론적관계는 같게 된다. 《아니》를 첨가하여 주어를 바꾸었다. 다시 말하면 부정으로 주어를 바꾸었다.

이밖에도 동시적인데 의하여, 수량대립에 의하여, 예측에 의하여 문장들이 련결될수 있다.

제 3 절. 본문의 정보론적분석

본문은 언어단위의 견지에서 보면 문장보다 큰 언어단위이다. 그러나 정보론적견지에서 보면 언어정보론의 기본단위일뿐만아니라 최소의 단위이다.

언어정보론에서 자료의 기본단위는 본문이다. 그러므로 정보론적관점에서 본문은 분석처리대상으로서의 자료단위이다.

자료는 정보원천의 표현자로서 언어자료 외에 여러가지가 있지만 대부분 자료는 언어로 기록되여있다. 때문에 현대통보처리에서 기본대상으로 되는것은 언어자료이거나 언어적수단으로 표현할수 있는 자료이다.

언어적으로 아무리 규범에 맞고 사상이 완결된 문장이라도 완결된 정보적내용을 전달할수 없으면 정보론적으로 자료적가치를 가지지 못한다.

① 골목길에서 아이들이 소리치며 떠들어대고있다.

② 옆집에서 벽에다 못을 박고있다.

③ 객실에서 아들놈이 록음기를 크게 틀어놓았다.

④ 이런 소음으로 하여 나는 정말 사색을 더듬어갈수 없었다.

이 4개 문장은 언어자료로 될수 없다.

그러나 이 문장을 한데 놓으면 그 의미가 련결되여 하나의 본문을 이루며 정보적내용이 전달되며 언어자료로 될수 있는것이다.

이상과 같이 본문은 언어학적으로 문장보다 큰 언어단위이며 언어정보론적으로는 글자나 말소리로 기록된 자료의 기본단위이다.

본문은 언어정보론적측면에서 사실정보(event information), 확인정보(identification information), 배경정보(setting information), 평가정보(background information), 간접정보(collaterat information), 지시정보(performative ioformation)로 구성된다.

사실정보는 본문에서 어떤 사람이 어떤 일을 한것에 대한 부분을 말한다. 그외 다른 정보는 모두 사실정보가 아니다.

사실정보의 시간순서에는 다음과 같은 몇가지가 있다.

A사건이 끝난 다음 B사건이 시작되는것, A가 끝나자마자 B가 인차 시작하는것, A가 끝날무렵 B가 이미 시작한것, A가 끝날 때 B도 역시 끝나는것, A가 끝날 때 B는 이미 끝난것 등이다.

모든 사건이 모두 자기 순서로 발생하는것이 아니라 어떤 때는 교차행동도 나타난다.

례를 들면

《그 사람들은 승용차를 밀고 당기면서 발동을 걸었다.》에서 《밀다》, 《당기다》는 순서에 따라 행동이 진행된것이 아니라 그 행동이 교차적으로 진행된것이다.

어떤 경우 다른 일이 나타나 잠시 일이 중단되는 론리적인 차례가 나타난다. 례를 들면 회억, 거꾸로의 서술, 삽화 등이 나타나 사건의 순서적발전이 중단된다. 그러나 대부분 정황에서 이런 사건들은 주요한 사건을 위해서 서술된다.

확인정보는 본문에서 사실정보의 참여자(participant)의 부분을 말한다.

확인정보는 사건의 참여자와 사건자체를 련계시키며 참여자와 기타 다른 사건도 련계시킨다.

대명사는 확인정보를 가르는 표식이다. 이것외에도 일부 명사들이 참여자를 나타내는 대표로 될수 있다. 사건에 관계되지 않는 사람은 참여자로 될수 없고 다만 지시하는것만을 나타낸다.

례를 들면:

○ 그는 그를 밀었다.

○ 그는 영철이를 밀었다.

여기서 《그》, 《영철이》는 참여자가 아니고 가리키는 대상밖에 안된다. 그것은 《밀었다》는 행동(사건)에 참여하지 않고 당하기만 하였기때문이다.

어떤 경우에는 참여자가 없거나 참여자가 은페된것도 있다.

례를 들면

○ 그를 밀었다.

여기서 사건에 참여한 사람이 없다. 이런 경우에는 참여자는 문맥(앞뒤 문장)에서 찾아야 한다.

배경정보는 사건발생의 시간, 장소 및 조건 등에 대한 부분을 말한다. 장소배경과 시간배경으로 나눌수 있다.

○ 해발 2천메터 훨씬 넘는 이 백두용암대지우에는 갑자기 울창한 수림은 온데간데 없어지고 군데군데 키낮은 이깔이 드러났다.

○ 1975년, 바로 이해 3월 16일이였습니다. 신통히도 그날도 1959년의 그날처럼 진눈까비가 지꿎게 퍼부어 이 길은 험했습니다.

첫번째 례문에서 밑줄을 그은 부분이 장소배경이고 두번째 례문에서 밑줄 그은 부분이 시간배경이다.

사실정보, 확인정보, 배경정보는 주요한 정보이고 그밖의 3가지 정보는 부차적정보이다.

평가정보는 사실정보에 대한 해석, 평론, 평가 등에 대한 부분이다. 평가정보는 사실을 더욱 명확히 해주며 독자들이 글의 내용을 리해하는데 도움을 준다.

○ 비파형단검은 개풍군 해평리 백마산중턱에서 발굴되였다. 단검은 청동을 주성분으로 하여 만들어졌다. 검몸의 길이는 29.4센치메터이다. 이 단검의 특징은 예리하면서도 부드럽고 균형이 잘 잡힌것이다. 단검은 고조선시기의 금속공예발전수준을 잘 보여줄뿐아니라 고조선의 령역을 고증하는데서 귀중한 자료를 제공하는 유물로 된다.

이 례문에서 마지막부분은 평가정보이다.

간접정보는 사람들에게 무슨 일이 발생하였다는것은 알려주지 않고 무슨 일이 발생하지 않았거나 발생할수 있는데 아직 발생하지 않은것을 알려준다.

부정문, 의문문, 가설문, 시킴문, 추김문, 직접인용 등은 모두 간접정보를 전달한다.

간접정보가 포괄하는것은 모두 사실행위와 관련되지 않기때문에 사실정보의 중요성을 두드러지게 하는데 안받침이 된다.

지시정보는 우의 정보들과 모두 련계를 가진다. 지시정보는 지시적단어들을 포괄하고있다. 례를 들면 《이것, 저것, 그것, 여기, 저기, 거기, 이, 그, 저》 등과 관형사, 인칭대명사 등이다.

지시정보는 주요하게 말하는 사람과 듣는 사람, 작가와 독자의 관계를 나타내고 언어행위와 글의 장면을 나타낸다.

그러면 본문에서 이 정보들을 분석하여보자.

《개성이 산 아름다운 거리》에서 일부를 발취한 다음 분석의 편리를 위하여 문장마다 번호를 단다.

1. 황금벌역을 지나 평양역의 시계탑을 향하여 걷던 우리는 신서다리우에 올라섰다.

2. 락원의 강, 보통강을 안고 눈뿌리가 모자라게 뻗어나간 화려한 천리마거리의 전경이 한눈에 안겨왔다.

3. 아침안개 흐르는 보통강의 맑은 물우에 절묘한 그림자를 드리운 인민문화궁전, 넓은 공간을 차지하고 날아갈듯 솟아오른 평양체육관, 풍만한 곡선미를 자랑하는 창광원의 원형집, 그가운데 이곳 체육문화중심거리의 4개건물의 하나로 바야흐로 그 독특한 미관을 뚜렷이 드러내고있는 원추형빙상경기장의 위용.

4. 종심을 깊이 잡고 울뚝불뚝, 울긋불긋하게 솟아오른 천태만상의 살림집의 정수리들… 참으로 시야에는 장엄한 화폭이 펼쳐졌다.

5. 이윽토록 거리를 부감하던 우리에게는 기행의 길에 오르기전에 한 건축전문가가 들려주던 이야기가 떠올랐다. 《오늘 평양이 세상에 아름다운 도시로 널리 알려지게 된 그 진미를 알자면 우리의 주체건축이 모두 개성이 뚜렷하고 다양하여 그것들이 아름다운 그림처럼 고상한 조화를 이루고 펼쳐있는 점을 놓치지 말아야 할것입니다.》

6. 우리가 받아안은 이 거리의 인상은 건물들이 외부형성부터 어느 하나도 같은것이 없고 다 개성이 뚜렷이 살아있으며 독특한 양상을 가진 집들이 고상한 조화를 이루고있는것이다.

이것을 정보전달이 각이한데 따라, 즉 6가지 정보전달에 따라 정보일람표를 만든다.

번호	확인정보	사실정보	배경정보	평가정보	간접정보	지시정보
1	우리는	올라섰다	황금벌역을 지나… 향하여 걷던, 신서다리우에			
2			락원의 강, 보통강을 안고… 안겨왔다.			
3			아침안개… 원추형빙상경기장의 위용			그그
4			종심을 깊이 잡고… 살림집의 정수리를	참으로… 화폭이 펼쳐졌다.		
5	우리에게는	이윽토록… 이야기가 떠올랐다.			《오늘… 놓치지 말아야 할것입니다.》	
6	우리가			받아안은… 이루고있는것이다.		이어느

이 일람표에서 보는바와 같이 6개 문장에서 문장 1과 문장 5의 일부분이 사실 정보이며 참여자는 《우리》이다. 문장 2, 문장 3, 문장 4와 문장 1의 일

부분은 장소, 환경을 나타내므로 배경정보이다. 문장 4의 일부분과 문장 6은 작가의 평가와 평론이므로 평가정보에 속한다. 문장 5는 다른 사람의 말을 인용하였으므로 간접정보이다. 여기서 지시정보는 《그》와 《이》, 《어느》이다.

우의 각이한 문장들에서 나타내는 각이한 정보의 분류와 표시는 글에서 여러 부분과의 체계적련계를 연구하는 첫걸음으로 되지만 이 첫걸음은 매우 중요한것이다. 왜냐하면 그것은 본문을 깊이있게 분석하는데서 좋은 기초로 되기때문이다.

이 기초우에서 더 나아가 본문의 수사학적구조(rhetorical structure), 정태범주(modality), 정보접속(cohesion), 정보주제(topicalization), 의미역할(semantic role) 등을 연구할수 있는것이다.

제 4 절. 본문의 언어실용론적분석

언어실용론(pragmatics)은 20세기 30년대말 미국의 철학가 모리스(Morris)가 《기호리론기초》(1938년)란 책에서 먼저 사용한 술어이다. 그후에 사회학자와 언어학자들이 더 발전시켰다.

그러나 몇십년동안 이 방면의 연구는 언어철학령역에만 제한되여 연구되였다.

《언어실용론잡지》가 1977년 희랍에서 정식 출판된후 언어실용론은 언어학의 새로운 분과로 인정되였다.

본문언어실용론은 언어의 교제과정을 직접적연구대상으로 한다. 때문에 교제적인 특징이 더욱 뚜렷이 나타난다.

본문언어실용론의 연구범위는 대체로 3가지부분으로 나눈다.

하나는 사용기호학인데 언어와 언어를 사용하는 사람과의 관계를 연구한다.

다른 하나는 담화언어학인데 대화교제의 여러가지 형식을 연구한다.

그 다음은 언어행위리론인데 언어에서의 각이한 언어행위의 배렬과 조합의 가능성을 연구한다.

언어실용론에서 언어행위리론은 중심으로 연구된다. 그러므로 여기서도 언어행위리론을 중심으로 본문에 대한 분석을 진행한다.

언어행위리론(speech act tneory)의 기본관점은 사람들이 말할 때 무엇을 말한다고 하는것이 아니라(일종 상태를 묘사하거나 견해를 발표하는 경우) 무엇을 한다고 하는것이다. 이렇게 언어를 그 어떤 행위로 보면서 행위리론으로써 분석을 한다.

실제상 말은 3가지 행위를 동시에 수행한다.

한가지는 특정된 의미거나 명제가 있는 말을 하는것이다. 이를 설화행위 (locutionary act)라 한다. 다른 한가지는 말하는 사람이 이 말의 목적이거나 의도를 말하는것이다. 이를 의도행위(illocutionary act)라 한다. 또 하나는 이 말이 듣는 사람에 대하여 실제 일으키는 영향이거나 효과이다. 이를 영향행위(perlocutionary act)라 한다.

례를 들면 ≪이 개는 매우 사납다.≫에서 이 말이 나타내는, 언어행위자체가 가지고있는 어음, 의미, 문장론적 특징과 내용은 설화행위이며 이것을 통하여 나타낸, 말하는 사람의 의도와 목적, 즉 사람들에게 개가 사나우므로 ≪개한테 가까이 접근하지 말라≫고 하는것과 같이 일깨워주는것, 사나운 개로써 집을 지키려는데 쓰려는 사람들에게 ≪이 개는 매우 쓸데가 있다≫는것을 알려주는것 등은 의도행위이며 상대방이 이 말에서 받는 영향, 겁나하는것, 뒤로 물러서는것, 만족을 느끼는것 등은 영향행위이다.

여기서 보는바와 같이 첫째 행위는 의미론분석의 대상과 비슷하다. 즉 한 문장의 명제와 류사한것이다. 셋째 행위는 행위리론의 범주에 속하는것으로서 심리요인, 사회요인 등과 관련된다.

언어행위론에서 가장 주요한 연구는 둘째 행위이다. 그것은 의도행위는 언어의 형식과 운용규범에 의하여 결정되기때문이다. 비록 그 정황이 복잡하나 일정한 예측을 할수 있다.

우의 세가지 행위의 관계와 그것이 소속되는 령역을 아래와 같이 표시할수 있다.

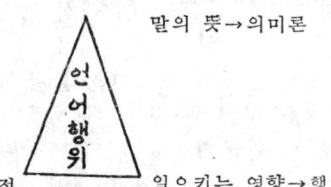

말의 뜻→의미론

언어실용론←말하는목적   일으키는 영향→행위리론

이 세가지 행위는 완전히 같을수도 있고 다를수도 있다.

례를 들면 ≪문을 닫아라.≫에서 뜻은 어떤 사람이 문을 닫을것을 명령하는것이며 말하는 의도 역시 어떤 사람이 문을 닫을것을 명령하는것이며 그 일으키는 영향은 어떤 사람이 명령에 복종하여 문을 닫으러가는것이다.

또 다음과 같이 말할수 있다.

○ 이 방이 매우 춥다.

이 말의 뜻은 방이 매우 춥다는것이며 말하는 목적은 말을 듣는 사람이 문을 닫을것을 요구하는것이며 일으킨 영향은 듣는 사람이 문을 닫으려 가지 않을뿐만아니라 반감을 가질수 있다는것이다.

언어행위리론으로 본문을 분석하여 보면 다음과 같은것을 찾아볼수 있다.

우선 말의 내용과 의도를 갈라낼수 있다. 례를 들면 아래의 4개 말의 내용은 모두 같다. 모두 《철수가 묘향산으로 간다.》는것이다.

① 철수가 묘향산으로 가는가?

② 철수가 묘향산으로 간다.

③ 철수는 묘향산으로 가라.

④ 철수가 묘향산으로 가면 나도 간다.

이 문장들을 의도에 따라서 보면, ①은 물음을 나타내는데 어떤 정황에서는 요구를 나타내며 어떤 정황에서는 명령의 의미도 나타낼수 있다. ②는 어떤 관점을 말한것이라고 긍정적으로 볼수 있다. ③은 명령을 나타내는것이 명확하다. ④는 때에 따라 행동을 하는것을 나타내며 어떤 경우에는 위협도 나타낼수 있다.

내용과 의도를 구분한것은 이 리론의 가장 큰 공헌이다. 의도란 본문분석에서의 교제의 기능과 교제의 힘을 말한다. 교제의 의도와 교제의 힘(illocutionay force)을 리용하면 본문구조에 대하여 더욱 뚜렷이 밝힐수 있다.

다음 이 리론은 더욱 높은 평면에서 본문의 관련성을 탐구할수 있다. 즉 언어형식자체를 초월하여 행위에서의 련관을 찾아낼수 있다.

남편: 전화종이 울리오.

안해: 청소를 하는데…

남편: 알만 하오.

이 담화를 형식상에서 보면 3개의 말은 아무런 관계도 없어보이며 의미적련계가 있는 본문인것 같지 않다.

그러나 실제 생활에서 이리루한 담화가 많으며 아무런 오해도 가져다주지 않는다. 그것은 여기에 일정한 리치가 존재하고있기때문이다.

남편은 그 이면 정황을 말하기 위해서 《전화종이 울리오.》라고 말한것이 아니다. 이런 정황(전화종소리)은 말할 필요가 없으며 사람들이 다 들을수 있는것이다. 전화종이 울리면 사람이 받으러 가기 마련인것이다. 남편자신이 가서 받는다면 이런 말을 할 필요가 없는것이다. 때문에 남편의 의도는 안해가 받을것을 바라는것이다. 과연 남편의 말이 안해에게 일으킨 영향과 남편의 말의 의도는 같게 되었다. 안해는 남편의 말이 그저 전화종에 대하여 말한것이 아니라 자기가 전화를 받을것을 요구한것이라는것을 알았다. 그러나 그는 청소를 하기때문에 전화를 받으러 가지 않았다. 때문에 안해말 역시 그 어떤 정황을 말하는것이 아니다. 이런 정황에서 사람들은 아무런 리유도 없이 쓸데없는 말을 하지 않는것이다. 하여 안해의 의도는 요구를 거절하는것이였다.

어쨌든 전화를 받아야 하는데 남편과 안해이외 다른 사람이 없으므로 이런 거절은 남편이 전화를 받지 않으면 안되게 하였다.

남편은 안해의 말을 그저하는 말로만 여기지 않고 요구를 거절하는것으로 알았으며 안해역시 남편이 전화를 받을것을 요구한것이다. 하여 남편은 《다 끝났소?》라고 물은것이 아니라 안해의 거절을 접수하고 안해의 요구를 들어주었다.

때문에 이 본문의 구조는

남편: 전화종이 울리오.(요구함)

안해: 청소를 하는데…(요구거절+요구함)

남편: 알만하오.(거절접수+요구허락)

이다.

여기서 말하는 사람의 의도는 두개 또는 여러개가 있을수 있다는데 주의하게 된다.

우에서 안해의 말은 상대방의 요구를 거절하였을뿐만아니라 상대방에게 요구한것이다.

이런 현상은 흔히 보게 된다.

갑: 당신이 여기에다 신을 버렸습니까?

을: 미안합니다. 인차 가져다 버리겠습니다.

갑의 말은 다음과 같이 분석할수 있다.

말의 뜻: 당신이 신의 임자입니까?

의도의 첫째: 원망과 책망사이에 있다.

의도의 둘째: 요구와 명령사이에 있다.

이런 분석은 믿을수 있는데 그것은 을의 말은 3개 측면에서 모두 반응을 표시할수 있기때문이다.

자기가 신의 임자라는것을 승인하여 미안함을 표시하며 명령에 복종할것을 대답하였다.

이러한 분석이 믿음성이 있다는것을 다음의 례에서도 찾아볼수 있다. 례를 들면 갑이 을의 사무용책상에 고뿌의 물을 쏟아놓았다. 을의 말은 두가지 의도가 있는데 갑은 한가지 반응반을 나타내므로 을은 다른 한 의도를 공개적으로 나타낸다. 이렇게 되게 되는것은 한 말은 두가지이상의 의도를 가지고있는데 듣는 사람이 한가지에만 반응을 표시하면 말하는 사람은 다른 의도를 공개적으로 나타내는것이다.

을: 이거, 신문을 다 적셔놓았다.

갑: 미안하다.

을: 미안하다고만 하지 말고 빨리 닦아라.

이렇게 을은 상대방이 미안함을 표시하고 또한 실제행동으로 할것을 바라는 두가지 의도가 있는데 갑이 말로만 미안함을 표시하고 실제행동이 없으므로 공개적으로 실제행동으로 할것을 요구하여 말하였다.

이런것은 모두 복잡한 언어행위이다. 풍자와 비꼬움이 있는, 떠받드는 말에도 복잡한 언어행위가 있다.

례를 들면 《네가 좁은 바지를 입으니 얼마나 멋있는지 막 째질 지경이구나.》에서 이 말을 듣는 사람이 좁은 바지를 입으니 얼마나 멋있다는것으로 떠받드는것이 있을뿐만아니라 너무 뚱뚱하여 보기 싫다는 뜻도 숨어있다.

이런 우스개말은 아래와 같은데서도 표현된다.

갑: 머리가 총명한 사람이 시험을 잘 치지 못한다고 하더라.

을: 너는 근심 말라.

을의 말은 걸으로는 위안하는것 같지만 실제에서는 풍자의 뜻을 가지고 있다. 즉 갑은 자기가 총명한데 시험을 잘 치지 못하였다는데 대해 을은 갑의 말에 반감을 가지고 풍자로 그런 말을 한것이다. 그러므로 한 말의 전반적의미는 문장에서 나타나는 의미를 훨씬 초과하며 그가운데서 일부분은 말하는 사람의 의도를 나타낸다.

교제의 순리로움은 말을 듣는 사람이 말을 하는 사람의 의도를 어떻게 리해하는가에 있다. 이러한 리해는 언어적이거나 언어적이 아닌 배경지식과 추리능력에 의거하게 된다.

이런 언어적이거나 언어적이 아닌 배경지식과 추리능력에 의해 언어행위를 해석하는것은 《간접언어행위》(indirect speech acts)로 된다.

사실 어떤 말은 두가지 행위를 수행하는데 그것은 직접적인것, 간접적인 것이다. 례를 들면 《당신은 나에게 책을 빌려줄수 있습니까?》에서 상대방에게 책을 빌려줄수 있는 능력을 묻는것이 직접행위이고 상대방에게 책을 빌려줄것을 요구하는것이 간접행위이다.

여기서 문제는 말을 듣는 사람이 어떻게 두번째 행위를 리해하는가에 있다.

아래에서 이것에 대해 보기로 하자.

갑: 영화구경 가지.

을: 시험준비해야지.

갑이 을의 뜻을 리해하려면 다음과 같은 추리를 하여야 한다고 가정하여 보자.

① 내가 을에게 영화구경가자고 제기하니 그는 시험준비를 하겠다고 한다.

② 나는 을의 말이 담화와 관계된다고 가정한다.

③ 관계되는 대답은 반드시 제의를 받아들이거나 받아들이지 않는것이며 새 제의를 제기하거나 이후에 다시 토론하는것이다.

④ 을의 글말의미는 ③에서의 어느 한가지에도 부합되지 않는다. 때문에 관계되지 않는다. 시험준비는 표면상에서 영화구경을 가는가 안가는가와는 관계되지 않기때문이다.

⑤ 때문에 그는 꼭 다른 생각이 있다.

⑥ 시험준비를 하자면 시간이 필요하고 영화구경을 하면 하루저녁을 버리게 된다는것을 나는 알고있다.

⑦ 때문에 그는 대체로 영화를 보지않을뿐더러 시험준비를 하고있다.

⑧ 한가지 제의를 접수하는 전제는 제의를 행동에 옮길수 있는것이다.

⑨ 그의 말뜻은 그가 제의를 행동에 옮길수 없다는것을 의미한다.

⑩ 때문에 을의 교제의도는 대개 나의 제의를 거절하는것이다.

물론 일상생활에서 모두 이렇게 추리를 하는것이 아니다. 그러나 언어행위분석에서는 이런 추리적방법을 리용하는것이다.

간접언어행위에서 전형적인것은 《간접요구》이다.

다른 사람에게 방조를 요구할 때에는 간접언어행위를 잘 쓴다. 간접언어행위를 씀으로써 말루에 화기가 넘치고 또 상대방에게 그 어떤 생각할 여지를 주게 된다.

각이한 특징에 따라 간접요구는 6가지로 나누어볼수 있다.

① 상대방이 어떤 일을 할수 있는 능력이 있는가를 묻는다.

○ 당신이 책을 빌어다줄수 없는지요?

○ 당신이 인민대학습당에 가서 그 문제를 알아올수 없겠는지요?

○ 좀 조용할수 없습니까?

② 말하는 사람이 어떤 사람에게 어떤 일을 하여줄것을 표시한다.

○ 저는 당신이 가서 가져올것을 바랍니다.

○ 당신이 이 일을 하여준다면 매우 감사하겠습니다.

○ 당신의 방조를 기다립니다.

③ 어떤 사람이 어떤 일을 할수 있겠는가를 묻는다.

○ 어떻게 록음기소리를 낮출수 없겠는지요?

○ 좀 떠들지 않는것이 좋지 않습니까?

○ 당신은 가겠는지요?

④ 상대방이 하려 하는가를 묻는다.

○ 당신이 이 글을 잘 다듬어주겠습니까?

○ 오늘 모란봉에 가려는지요?

○ 텔레비죤을 보시려는지요?

⑤ 상대방이 어떤 일을 반드시 해야 할 원인을 제기하여준다.

○ 당신은 어머니를 례절있게 대하여야 합니다.

○ 당신은 오늘 꼭 가야 합니다.

○ 당신들이 조용하여야 우리도 사업을 할수 있습니다.

⑥ 이상의 형식들이 종합적으로 쓰인다.

○ 당신은 나에게 글을 다듬어 달라고 하였는데 다른 생각이 없는지요.

○ 제가 당신에게 의견을 제기한다면 당신은 어떻게 생각하시겠는지요.

○ 저에 대해 다른 생각이 없으시다면 제가 그 일을 하려는데 어떻겠

는지요.

언어행위리론의 가장 큰 공헌은 내용과 의도를 구분한것이다. 그러나 의도는 매우 복잡하다. 사람들은 교제할 때 고의적으로 의도를 이래도 좋고 저래도 좋게 하여놓는다. 교제에서 무엇때문에 모호현상이 많고 말을 듣는 사람이 어떻게 의도를 리해하는가 하는 문제는 아직까지 연구할 과제로 남아 있다.

제 5 절. 담화분석

담화분석(counversational analysis)은 본문언어학에서 주요한 연구내용으로 된다.

담화분석이란 말그대로 사람들의 대화에 대한 분석이다. 다시말하여 입말본문에 대한 분석이다.

담화분석에서는 주요하게 담화의 규칙, 담화의 구조, 담화의 배합원칙, 담화의 레절원칙 등이 연구된다.

1. 담화의 규칙

담화는 얼핏 보건대 무질서하게 진행되는것 같지만 자세하게 고찰하고 연구하여보면 일정한 규칙에 의하여 진행된다는것을 알수 있다.

담화에서 담화의 일정한 규칙을 지키고 그 규칙에 따라 담화를 하여야만 담화가 순조롭게 진행될수 있다.

사람들의 담화를 살펴보면 아래와 같은 규칙이 작용하고있다는것을 찾아볼수 있다.

1) 련관규칙

담화는 일련의 문법에 맞는 문장들로 구성된 발언의 바꿈에 의하여 진행된다. 담화의 바꿈에서 바꾸는 사람은 문법에 맞는 문장을 선택할 때 반드시 자기가 말하는 말이 앞의 말과 의미적으로 련관되는가를 고려하게 된다.

담화의 련관성은 담화에서 하나의 규칙으로 된다. 만약 담화에서 련관규칙을 지키지 않으면 담화는 계속 진행될수 없다.

갑: 오늘 매우 덥지?

을: 싫다.

이 담화에서 을의 대답은 갑의 말과 의미적련관성을 가지지 못하며 따라서 련관규칙을 며난것으로 된다. 그러므로 담화에서 담화쌍방은 아래우의 의미련관에 따라 담화를 진행하며 아래우의 담화의 의미와 어긋나서 담화를 진행하지 않는다. 이것은 담화에서 담화쌍방이 련관규칙을 준수하고있다는것을 말하여준다.

담화에서 련관성은 여러가지 표현으로 나타난다.

(1) 내면에서의 의미련관성

어떤 경우 표면상에서 보면 아래우의 담화가 련관성이 없어보이지만 내면적으로는 의미가 련관되여있다. 내면적으로 의미가 련관되여있으면 이 담화는 련관성이 있는것으로 되며 담화의 련관규칙을 준수한것으로 된다.

갑: 오늘 매우 덥다.

을: 맥주나 마실가?

여기서 갑과 을의 담화는 표면상에서 아무런 련관성도 없는것처럼 보인다. 갑이 덥다는 뜻을 나타냈으므로 을은 더운가 덥지 않는가 하는데 대한 반응을 나타내야 하는데 맥주를 마시자고 하였으니 이것은 호상 어울리지 않는 말로 된다. 그러나 더울 때 시원한 맥주를 마시는것은 덥다는것과 담화내용에서 서로 어울리는것이다. 더울 때 사람들은 에스키모나 맥주, 사이다 등을 먹거나 마셔서 더운것을 식힐수 있는것이다. 이런 의미에서 보면 두 담화는 련관성이 있으며 담화가 진행될수 있는것이다.

(2) 상반되는 의미의 련관성

어떤 경우 담화는 완전히 상반되는 의미로 진행된다.

갑: 당신도 사람이요. 그렇게 많은 사람들앞에서 나의 얼굴에 흙칠을 하면 내가 어떻게 낯을 들고 다닌단말이요. 인간성이 그렇게도 없구서야. 그래 말해보오, 당신의 그런 행동이 옳은가? …

을: 날씨가 매우 더운데 …

여기서 을은 갑의 말과는 아무런 관계도 없는 상반되는 말을 하였다. 허나 이 대화는 련관성이 있는것이다. 사람들은 왕왕 대방의 말에 반감을 느끼거나 너무 어처구니 없어 말할수도 없는 경우, 상대방이 말할 대상도 되지 않는 경우, 그런 언어환경을 회피하려는 경우 말을 다른데로 끌고나가거나 다른 말로 상대방의 말을 막아버리는것이다. 을은 갑의 모욕적인 말에 대하여 너무나도 놀랍고 어처구니 없는데 대해 직접 맞대고 반박하거나 결고든것이 아니라 《날씨가 매우 덥다》는것으로, 나는 너와 상대하지 않겠다는것을 나타내였다. 이때 이 대화는 련관성이 있으며 련관규칙을 며나지 않는것으로 된다.

(3) 동작언어로서의 의미련결

어떤 경우 담화에서 상대방의 말에 대하여 웃음, 눈짓, 손짓, 몸짓, 아무 의미도 없는 말소리 등으로 대답하는데(이런것을 동작언어라고 한다.) 이때에도 대화는 의미적련관성을 가지면서 대화가 진행될수 있다.

원생원: 뭐는 뭐야, 정말이지 내 청 좀 들어다오. 그래도 그 대감께서 벼슬을 내논지도 얼마 안되시고 하니까 뭐 아직까지지도 조정에는 힘이 계실

거라. 그러니 네가 어떻게 잘 말씀 사뢰서 나 벼슬을 하나 시켜다오.

계향: 호호호… 《《김삿갓》에서》

이 담화에서 원생원은 기생 계향에게 청을 들어 대감에게 말을 하여 자기 벼슬을 시켜달라는 청에 대해 계향은 가소롭게 생각하면서 비루한 원생원을 비웃는 웃음으로 대답을 대치하고있다. 비록 계향이 말은 하지 않았으나 웃음속에 말이 있는 웃음으로 원생원의 말에 대답하였다. 원생원의 말과 계향의 웃음은 의미적련관성을 가진다.

서진사: 어헴.

계향: 들어오세요. 《《김삿갓》에서》

서진사의 《어헴》은 아무런 뜻도 없는 소리이지만 여기서는 사람이 왔다는 기척을 알리는것으로서, 계향은 이 신호를 알아맞추고 《들어오세요.》라고 대답한다. 이 대화는 련관성을 가진다.

김삿갓: 뭐, 요까짓것쯤이야, 자 따라라.

계향: (따른다) 《《김삿갓》에서》

계향은 김삿갓이 술을 따르라는 말에 대하여 입으로는 대답을 하지 않고 행동으로 김삿갓의 말에 대답하였다. 김삿갓의 말과 계향의 동작언어는 의미적으로 련관된다.

2) 공유지식규칙

담화의 순조로운 진행은 반드시 담화쌍방이 다 알고있는 지식을 가지고 있어야 한다. 담화쌍방이 다 알고있는 지식을 가지고있어야 상대방의 말자체를 리해할수 있으며 상대방이 사용한 말을 명백히 알수 있다. 이것은 담화에서 공유지식규칙으로 된다.

갑: 나와 함께 놀려가지 않겠니?

을: (문을 닫으면서) 너는 어리다.

갑: (어리둥절하여) 내가 묻는 말에 대답하지 않니?

을은 갑이 어리기때문에 자기 동무가 되지 않는다고 하여 《너는 어리다.》고 말하였다. 그러나 갑은 을이 사용한 말에 대하여 모르고있기때문에 을의 말자체가 그와 놀수 없다는 대답이라는것을 리해하지 못하고있다.

갑: 비가 오면 래일 가자.

을: 온다구.

갑의 말의도는 상대방이 자기의 가설을 실증하거나 부정할것을 요구하였는데 을은 갑의 말을 새로운 정보로 여기고 접수하였다. 즉 갑과 을은 서로 리해할수 있는 지식이 없다.

3) 바꿈규칙

담화에서 말을 하거나 듣는 사람 쌍방은 부단히 담화위치를 바꾸는데 말하는사람이 듣는사람의 위치에 있을수도 있고 듣는사람이 말하는사람의 위치에 있을수도 있다. 이는 담화에서 바꿈규칙으로 되는데 이 규칙은 담화자가 자연히, 무의식적으로 지켜나간다.

바꿈규칙은 여러가지 바꿈방식에 의하여 실현된다.

(1) 수습방식

담화에서 매번 한사람이 발언하는데 만약 여러 사람이 발언한다거나 말하는 사람이 없으면 다른 사람이 나서서 수습한다. 만약 두사람 또는 여러 사람이 동시에 발언하게 되면 그중 한사람 또는 몇사람은 즉시 다른 사람이 말하게 한다. 즉 바꿈이 진행된다.

갑: 그럼, 래일 평양으로 가겠니?

을: 우리는 안가지?

병: 아니, 우리는 가야해.

을은 즉시 병에게 말할 기회를 주고 자기는 말을 끝냈다.

만약 침묵이 나타나면 기타 사람들이 나서서 발언하거나 《그럼 제가 말합시다.》, 《그에 대해 견해를 달리하는데…》, 《앞에서 말하였지만…》, 《그런데…》 등등 말로써 발언이 시작됨을 표시한다.

발언자의 바꿈은 련속 진행되는데 이 과정에 일반적으로 중복되거나 떨어지는 현상이 없으며 중복은 다른 사람에게 기회를 주는것으로 회피된다.

간격이 나타날 경우 어떤 사람이 발언하거나 발언 의도를 표시하는것으로 메워진다.

(2) 결말예측방식

담화에서 발언의 바꿈기회는 일반적으로 바꾸는 사람이 앞사람의 발언이 《가능하게 결말》에 이르렀다고 여길 때에 생기는데 이 기회를 포착하자면 담화자가 다른 사람의 담화내용을 리해하고 분석할수 있는 능력을 갖추어야 한다.

일반적인 정황에서 뒤의 사람은 적당한 순간에 앞사람과 바꿀수 있어야 한다. 그러나 어떤 때에는 뒤사람이 자기가 리해한 《가능한 결말》로 앞사람의 말을 결속짓는다.

갑: 아니, 그 녀자일것이다. 이제 우리가 말한 녀자같다. …

을: 그 녀자가 옳다. 음료나 마시자.

을은 갑의 말이 인젠 결말에 이르렀다고(기실 갑은 더 말하려 하였다) 리해하고 갑의 말을 결속지었다.

어떤 경우 뒤사람은 정확히 앞사람의 《가능한 결말》을 예측하고 두사람이 동시에 같은 말을 한다.

갑: 오늘 그는 먼거리달리기에서 1등도 못하고 꼴등도 하지 않았다.

을: 꼴등은 하지 않았다.

을은 갑의 결말을 예측하고 갑과 같은 말을 하였다,

(3) 기타방식

① 소리방식

말하는사람은 다른 사람이 자기 말을 가로채지 못하게 하기 위하여 목소리를 높이거나 어조를 다르게 하거나 말의 속도를 변화시키는것으로 다른 사람이 발언하는것을 제지시킨다. 이것은 담화에서 많이 보게 된다.

② 눈길방식

발언바꿈에서 눈길이 일정한 작용을 한다. 담화자들의 담화를 살펴보면 듣는사람은 오래동안 말하는사람을 응시하다가 이따금 눈길을 옮긴다. 그러나 말하는사람의 눈길이 듣는사람을 응시하거나 옮기는 시간은 대체로 같다. 말이 순탄하게 진행될 때에는 말하는사람은 긴 시간동안 듣는사람을 보며 발언이 굼뜰 때에는 비교적 짧은 시간동안 본다. 말하는사람은 발언이 끝날무렵에 눈길이 듣는사람을 주시하게 되는데 다음 바꾸는 사람은 이 신호를 접수하고 바꿈준비를 한다.

③ 선택, 결속 방식

말하는사람은 어떤 사람에게 물음을 제기하거나 다른 사람을 보고 눈짓하거나 빙그레 웃는 각종 방식으로 다음에 말할사람을 선택한다.

말하는사람은 또 총괄적인 말, 어조하강, 손짓, 뒤로 기대는 등 방법으로 자기의 말이 끝났음을 표시한다.

이런 바꿈방식에 근거하여 다음과 같은 바꿈규칙을 내올수 있다.

① 말하는사람자체가 다른 한 말할사람을 선택하고 자기는 이야기를 정지하며 선택된 사람이 말을 시작하게 된다.

② 말할사람을 선택하지 않고 기타 사람들이 자체로 나서는데 누가 먼저 말하면 그가 발언권을 얻는다.

③ 말할사람을 선택하지도 않고 기타 사람들도 말하지 않고 따라서 혼자 계속 말을 하거나 기다리기도 한다.

④ 일단 두번째 사람이 말을 시작하면 ①-③규칙이 다시 효과를 보게 된다.

어떠한 담화에서나 이 규칙이 보편적으로 존재하고있음을 보게 된다.

이 바꿈규칙에서 다음과 같은것을 설명하여 둘 필요가 있다.

첫째로, 일반적으로 담화에서는 매번 한사람만 말을 한다. 일단 담화에서 중복이 나타나면 두가지 가능성이 있는데 하나는 몇사람이 동시에 자기가 나서서 말하는사람으로 되는 경우이며 다른 하나는 듣건대 말이 끝났다고 생각하나 기실 끝나지 않았을 때 말의 단위한계를 정확히 판단하는 경우이다.

둘째로, 이 바꿈규칙은 세가지 침묵을 산생시킬수 있다. 규칙 ②와 ③을 응용하기전 간격이 있을수 있는데 이 간격은 인차 없어질수 있다. 간격보다 긴 공간이 생길수 있는데 규칙 ①-③이 모두 작용을 일으키지 못한 경우이다. 또한 규칙 ①을 응용한 다음 선택된 사람이 말하지 않으면 뜻이 있는 침묵이 생길수 있다. 례를 들면 물었는데 대답이 없을 경우에는 반드시 원인이 있는것이다.

셋째로, 중복이 나타날 경우 그중의 한사람은 즉시 말을 정지할수 있다. 정지하지 않은 사람은 중복된 어느 한 부분의 말을 다시 한번 말할수 있다. 만약 그가운데서 어떤 사람이 주동적으로 정지하지 않으면 두사람이 높은 소리 또는 강조수단으로 발언권을 빼앗아 그중 한사람이 말을 그만두게 한다.

총적으로 담화는 이상과 같은 규칙에 의하여 진행되며 담화자는 이런 규칙을 담화에서 약속이 없이 자연히 지키게 되며 호상 무의식적으로 준수한다. 그렇지만 담화에서 이 규칙을 떠나면 담화가 정상적으로 진행될수 없으며 자연히 중단되거나 정지되게 된다. 정상적으로 순조롭게 진행되는 담화는 모두 우에서와 같은 담화규칙을 준수하는데서 진행된다.

2. 담화의 구조

담화는 일정한 담화의 기본단위로 구성된다. 그리므로 담화의 구조분석은 담화의 기본단위의 분석을 전제로 한다.

1) 담화의 기본단위

의미가 서로 련관되는 한번의 발언바꿈은 담화의 기본구조단위로 된다.

한차례의 담화는 적어도 쌍방의 한번의 발언바꿈을 포괄하고있으며 담화에 따라 발언바꿈은 여러번 진행된다.

담화는 갑쪽과 을쪽으로 나눌수 있다. 갑쪽에서 먼저 문안, 위협, 경고, 원망, 요청 등을 하면 을쪽은 갑쪽의 의도와 요구에 의하여 반응을 나타낸다. 갑쪽이 먼저 말하고 끊은 다음 을쪽이 이어서 말하며 두사람의 대화의 분포는 갑-을-갑-을-갑-을로 된다.

담화의 기본구조단위로 나누어지는 매번의 발언바꿈은 여러가지 관계로 표현된다.

갑쪽의 말에 대하여 어떤 때 을쪽은 대등한 반응만을 나타낸다.

갑: 안녕하십니까?

을: 안녕하십니까?

갑: 오래간만입니다.

을: 오래간만입니다.

우에서 갑이 문안하니 을도 대등한 문안으로 반응을 나타내었다.

어떤 때는 다만 한가지 반응만을 나타낼수 있다.

갑: 이 문제에 대해 대답할수 있는지요?

을: 대답할수 있습니다.

우에서 갑이 물으니 을은 대답하는것으로 한가지 반응을 표시하였을뿐

— 132 —

다른 반응을 나타내지 않았다.

그러나 어떤 경우 두가지 반응을 나타낸다.

갑: 오후 영화구경을 갈수 있겠는지요?

을₁: 갈수 없습니다.

을₂: 갈수 있습니다.

우에서 갑의 요구에 대해 을은 두가지 반응을 나타낼수 있는데 요구를 접수할수도 있고 거절할수도 있다.

어떤 경우에는 몇가지 반응을 나타내기도 한다.

갑: 어제 당신이 한 말에 의견이 있습니다.

을₁: 그런것이 아니라 당신을 믿고 허물없이 한 말입니다.(해석)

을₂: 미안하게 되였습니다. 량해를 구합니다..(사죄)

을₃: 고깝게 생각하지 말아주십시오. 저도 당신의 심정을 리해합니다.
 (동정)

을₄: 당신은 의견을 가질것이 아니라 자기에 대해 다시 반성해보
 시오.(충고)

을₅: 당신이 그런 태도를 가지면 더없이 싫증을 느끼게 됩니다.(혐오)

우에서 갑의 원망에 대해 을은 해석할수도 있고 사죄할수도 있고 동정할수도 있고 충고할수도 있고 혐오할수도 있다.

2) 담화의 구조분석

담화는 한번의 바꿈으로도 진행되나 많이는 몇번의 바꿈으로 진행된다.

담화바꿈의 반복진행은 바뀌는 부분들이 서로 맞물려서 진행되는데 이렇게 된 담화를 련쇄구조를 가진 담화라고 할수 있다. 이런 련쇄구조를 가진 담화는 담화에서 보편적으로 존재하고있다.

박씨: 애, 봄인 어딜 갔니?

련옥: 봄인 제 아버지한테 갔어요.

박씨: 우리 봄이가 노랠 잘해서 비행길 타구 저 남의 나라에까지 갔다왔 다면서?

련옥: 네.

박씨: 그럼 누굴 닮았노?

만호: 그거야 래력이지.

박씨: 에그 령감, 그 알량하게 부는 퉁소가락이요? 아니 그래 우리 봄 이가 령감을 닮아서 노랠 잘한단말이웨까?

만호: 암 그렇구말구.

우의 담화는 묻고대답하는것으로 되였는데 매번의 대화는 하나의 기본 구조단위를 이루며 이 묻고대답하는 바꿈의 반복은 련쇄구조를 이룬다.

련쇄구조는 다른 구조를 포함할수 있는데 련쇄구조에 삽입바꿈이 나타나

는 경우도 있다.

갑: 나는 그의 주소를 모른다.

을: 너는 어디에서 사니?

갑: 영광동 30반에서 산다.

을: 그럼 거기서 멀지 않구나.

우의 담화는 하나의 련쇄구조로 이루어졌다.

담화의 어간에 을과 갑이 묻고대답하는 대화가 삽입하여 들어갔다.

이렇게 담화의 어간에 삽입구조를 가진 대화가 들어간 담화를 삽입구조를 가진 담화라고 할수 있다.

사람들의 담화는 그렇게 간단하지 않으며 복잡하게 이루어진다. 삽입구조를 가진 담화에서 삽입구조에 또 삽입구조가 더 들어가 2중삽입구조를 이루기도 한다. 이런 담화는 2중삽입구조를 가진 담화로 된다.

갑: 저녁에 너는 오겠니?	Q
을: 동무를 데려와도 괜찮니?	Q_1 ──
갑: 하나인가, 몇인가?	Q_2 ──
을: 하나면 어떻고 몇이면 어떠냐?	Q_3 ──
갑: 하나가 아니면 준비를 더해야 하지 않니.	A_3 ──
을: 하나다.	A_2
갑: 데려와도 괜찮다.	A_1
을: 그럼 만나자.	A

우에서 담화는 삽입구조로 되였는데 삽입구조에 다시 삽입구조가 포함되는 2중삽입구조를 이루었다. 담화에서 Q_1-A_1가 이 담화의 삽입구조인데 이 삽입구조에 Q_2-A_2가 삽입되고 이 2중삽입구조에 다시 Q_3-A_3가 삽입되였다. 이 담화를 살펴보면 갑과 을의 담화가 의미적으로 련관되면서 련쇄되여 있을뿐만아니라 삽입구조를 이루는 담화들도 Q_1-A_1, Q_2-A_2, Q_3-A_3식으로 의미적으로 련결된다. 갑의 처음말과 을의 마지막말 $Q-A$는 《저녁에 너는 오겠니?》─《그럼 만나자.》와 같이 맞물릴뿐만아니라 삽입된 담화 Q_1-A_1가 《동무를 데려와도 괜찮니?》─《데려와도 괜찮다》와 같이 맞물리며 재삽입된 Q_2-A_2가 《하나인가, 몇인가?》─《하나다》와 같이 맞물리며 다른 또 삽입된 Q_3-A_3이 《하나면 어떻고 몇이면 어떠냐?》─《하나가 아니면 준비를 더해야 하지 않니》와 같이 맞물린다. 이렇게 삽입된 대화는 전체 담화에서 련쇄적으로 되며 자체적으로는 독자적으로 맞물리기도 한다.

어떤 경우 담화진행과정에서 보면 돌발적으로 상대방의 담화를 끊고 의문이나 제시를 제기하며 보충이나 규정을 한다. 이런 다음 계속 원래의 바꿈을 진행한다. 이런 담화는 곁가지가 생기는것처럼 되였으므로 곁가지구조로 된 담화라고 볼수 있다.

갑: 연길에서 베이징으로 가자면 기차로 몇시간이 걸리는지?

을: 영길?

갑: 응, 영길이다.

을: 영길인가, 연길인가?

갑: 아니, 미안하게 됐다. 연길이다. 연길에서 며나면…

우에서 담화진행중 의문을 제기하게 되여 담화가 결가지가 생기다가 다시 원래의 담화로 돌아왔다.

이런 현상은 담화에서 흔히 볼수 있는 현상이다. 담화진행에서 왕왕 듣는사람은 말하는사람의 말에 대해 의심스러운것이 있거나 모르는것이 있거나 보충할것이 있거나 시정할것이 있으면 담화중에 의문을 제기하여 원만한 해답을 얻은후에야 담화가 계속되게 된다.

담화구조에서 명확한 총체구조를 가지고있는것은 전화담화이다. 전화담화는 두사람이 전화란 수단을 리용하여 대화를 하는것만큼 한 장소에서 서로 맞대고 담화하는 형식과는 다른 환경에서 담화가 진행된다.

전화담화는 시작이 있고 맺음이 있으며 엄밀하게 조직되였을뿐만아니라 전형적인 사회교제로서 일상담화의 특징을 가지고있다.

전화담화에서 내용부분도 연구할 가치가 있지만 특히 시작과 맺음이 연구할 가치를 크게 가진다.

전화에서 시작은 전화의 한 구성부분으로 된다.

전화종이 울린다. 송화기를 든다. 언제나 거의 전화를 받는 사람이 먼저 말한다. 자원적으로 먼저 문안하거나 자기 단위거나 자기를 소개한다. 다음 상대방에서 문안하며 일반적으로 이어서 자기의 신분을 말한다.

시작은 많이는 대답으로 구성된다. 례를 들면 문안한 다음 자기 소개를 하고 상대방이 서로 누구인가를 확인한다.(아래에 ( )안에 시작의 다종기능을 표시한다)

갑: 《을쪽의 전화종이 울린다》(부르는것이다.)

을: 여보시오. 《대답》(말소리를 통하여 갑으로 하여금 을을 알아내게 한다.)

갑: 이거, 오래간만이로군.《먼저 문안을 한다.》(갑이 이미 을을 알아냈다는것을 표명)

을: 오, 오래간만이군.《문안을 한다》(을이 갑을 이미 알아냈다는것을 표명)

시작이 있은후 부름을 하는 사람은 반드시 부르는 리유를 말하며 이어서 담화의 내용이 시작된다.

전화의 맺음도 연구할 가치가 크다. 담화가 계속될 때 너무 돌발적으로 되지 말며 너무 끌지 말아야 한다. 너무 돌발적으로 되면 상대방이 랭랭함을 느끼며 너무 끌면 상대방이 무슨 다른 동기가 있는가를 의심하게 된다. 때문에 전화담화에서 허다한 언어수단으로써 이런 문제가 나타나는것을 막고 있다.

갑: 오래간만인데 저녁에 한자리에 앉지 않겠니?

을: 응, 한자리에 앉자.

갑: 그럼 어디서 만난다?

을: 글쎄…

갑: 모란식당이 어떤가?

을: 응, 좋다.

갑: 그럼 거기서 만나자.

을: 응, 거기서 만나자.

맺음에서 관건적인 성분은 한번이나 몇번의 대답인데 이것들로는 맺음을 보여주는 단어 《좋다》, 《응》, 《그러자》, 《괜찮다》 등이고 다른 하나는 최종교환의 맺음말 《다시 만나자》, 《축하한다》, 《그만 그친다》, 《전화를 놓는다》, 《안녕히》 등이다. 이 두 성분은 담화의 결속을 조화시킨다. 화제내용이 없는 대답을 통하여 쌍방은 다시 무엇을 하지 않은것을 동의하며 이것은 또한 대화의 최종결속을 짓는것으로 된다.

3. 담화의 배합원칙

담화에서는 담화의 순조로운 진행을 위하여 기본원칙을 모두 함께 준수하고있다. 담화는 일정한 조건의 제약을 받는데 담화에서 담화자들이 서로 련관되지 않는 말을 하지 않는것은 담화의 각이한 단계에서 담화자들이 모두 하나의 목적을 위하여 서로 배합하고있기때문이다. 이렇게 담화에서 함께 지키는 원칙이 배합원칙이다.

그러면 담화의 배합원칙의 내용은 어떤것인가?

배합원칙은 다음과 같은 내용으로 되여있다.

배합원칙: 당신의 담화는 적당한 때여야 하며 완전히 담화의 공동목적과 방향에 부합되여야 한다.

질량부칙: 당신이 말한 말은 진실하여야 한다. 자기가 믿지 않는 말은 하지 않는다. 자기가 근거가 없는 말은 하지 않는다.

수량부칙: 자기가 말한가운데의 정보량은 담화목적의 요구에 부합되여야 한다. 즉 많지도 말고 적지도 말아야 한다.

상관부칙: 자기의 말은 담화와 상관되여야 한다.

방식부칙: 말은 똑똑하여야 한다. 모호하지 말며 애매하지 말며 간결하고 조리가 있어야 한다.

이 규칙은 사람마다 준수하는것이 아니며 시시로 준수하는것도 아니다. 많은 정황에서 사람들은 공개적으로 위반하기도 한다.

그러나 배합원칙은 두가지 중요한 발견이 있는데 첫째로는 매번 한항의 부칙을 위반하면 언어밖의 의미가 산생되며, 둘째로는 배합원칙이 표면상에서 위반된후 더욱 깊은 평면에서 의연히 작용한다는것을 시사하여주는데 있다.

갑: 김선생님이 어디에 계십니까?

을: 검은색자전거가 박선생댁 밖에 있지 않아요.

이 대화를 표면상에서 보면 을은 갑의 문제를 대답하지 않아 수량과 상관의 두가지 준칙을 위반하였다. 그러나 깊이 분석해보면 을의 말은 의연히 배합원칙에 부합되는것이다.

만약 갑이 을이 배합원칙을 준수하였다고 믿는다면 검은색자전거와 김선생님이 있는곳이 어떤 련계가 있어 김선생님의 검은색자전거가 어디에 있으면(이것은 대화자들의 함께 가지고있는 지식이다) 그 사람도 어디에 있게 된다는것을 알게 된다. 때문에 을은 김선생님의 검은색자전거가 박선생댁 밖에 있다고 말하였다. 동시에 을이 갑의 물음에 대해 직접 대답하지 않은것은 그가 김선생님이 박선생댁에 있다는것을 긍정하기 어려운 까닭이였으며 질량준칙을 위반하고 자기가 근거가 없는 말을 하지 않으려는데서였다. 이것은 배합원칙이 표면상에서 위반되여도 리면에서는 의연히 작용한다는것을 시사해주고있다.

다음 몇개 부칙을 준수하거나 위반하여도 모두 언어밖의 의미가 산생된다는것은 담화의 배합원칙에서 주의를 끄는 문제이다.

먼저 부칙을 준수하는 정황에서 언어밖의 의미를 살펴보기로 하자.

질량부칙을 준수하여 내가 《리선생은 아들 셋이 있다.》고 말하였을 때 언어밖의 의미는 《나는 리선생이 아들 셋이 있다고 믿는데 이는 근거가 있다.》는것이며 수량부칙에 의하여 만약 내가 《나는 아들 셋이 있다.》고 말하였을 때 언어밖의 의미는 《나는 아들 셋만 있을뿐이다.》이다.

상관부칙에서도 반드시 상관부칙이 작용을 한다는것을 믿어야 아래의 말을 리해할수 있다.

갑: 몇시나 되였습니까?

을: 우편통신원이 이미 와있습니다.

갑이 상관부칙에 따라야만 을의 의미를 정확히 리해할수 있다. 을의 말이 상관된다는것을 믿어야만 을이 더욱 높은 평면에서 배합원칙을 준수하였다는것을 리해할수 있다. 다시 말하면 을이 정확한 시간을 모르고 또 질량부칙을 위반하지 않으려는데서 일부 정황만을 제공하여 갑이 자기로써 시간을 가늠하게 한것이다. 이런 상관부칙은 사람들의 담화에서 많이 찾아볼수 있다.

방식부칙에서도 내가 방식부칙에 따라 《철수가 영남이를 미니 영남이가 철수를 밀었다.》고 말한다면 이 말의 언어밖의 의미는 《철수가 먼저 영남이를 미니까 영남이가 철수를 밀었다.》는것이다. 이것은 방식부칙에서 말을 똑똑히 하여야 한다는것을 말하여주는데 《그는 차에 들어가 차를 정류장까지 몰고갔다.》는 말은 매우 자연스러우나 《차를 정류장까지 몰고가서 차안에 들어갔다.〉는 매우 황당한 말로 되며 조리가 없게 된다. 이렇게 언어밖의 의미의 산생은 매우 일상적인 일로서 다만 사람들이 일상적으로 느끼지 못하고 주의하지 않은데 불과하다.

다음 담화에서 배합원칙이 위반되는 정황을 보기로 하자.

배합원칙이 위반되는 문제는 담화분석에서 많이 연구될 문제이다.

사람들이 보통 교제목적을 위하여 고의적으로 배합원칙을 위반하는데 이것으로 하여 배합원칙은 도리여 거대한 힘을 나타내게 된다. 배합원칙이 크게 위반된 정황에서도 사람들은 이에 의하여 말을 리해하고 만족되는 결과를 얻게 된다.

질량부칙을 위반하는 전형적인 실례로는 비유, 반어와 같은 수사학적수단의 리용이다.

례를 들어 〈그 사람은 강철이다.〉라고 말하면 말이 사리에 맞지 않을뿐만아니라 진실하지 못하며 터무니없는 말인것 같다. 그러나 이 말은 다른 사람에게 황당한 감도 주지 않을뿐만아니라 사람들이 믿게 한다. 그것은 굳센 사람은 철의 그 어떤 특성을 가지고있다고 보며 매우 굳센 사람의 특징을 나타내는 말로 여긴다.

반어 역시 질량부칙을 공개적으로 위반한다. 그것은 반어는 모두 진실한 말이 아니기때문이다. 한 사람이 낯색이 흰것을 보고 〈살갗이 검다.〉라고 말하면 그것은 내심의 진실한 말이 아니다. 그러나 상대방이 이 말에 대하여 오해를 가지지 않으며 달갑게 리해하는것은 모두 배합원칙이 작용하기때문이다. 듣는 사람은 〈검다〉는 말이 질량부칙을 위반하였다고 보지만 의연히 배합원칙을 따른것이라고 믿으며 이 말은 속심의 말과 글말의미가 완전히 다르다는것을 긍정하게 되며 결국에는 이 말이 〈희다〉는것을 추리해내게 된다.

정보가 너무 많거나 너무 적어도 수량부칙을 위반하게 된다.

정보가 너무 적은 말로는 같은 의미를 가진 단어들의 중복으로 된 말이다. 〈전쟁은 곧 전쟁이다.〉란 말은 표면상에서 아무런 정보도 제공하지 않고 정보량이 거의 없다싶이 되였지만 일정한 언어환경에서는 모두 교제의 가치가 있으며 말을 듣는사람은 의연히 일정하게 배합원칙에 부합된다고 생각하며 언어밖의 의미를 찾으려고 애쓴다. 〈전쟁은 곧 전쟁이다.〉에서 전쟁은 자기의 고유한 특징을 가지고있으며 구체적정황에서 〈전쟁은 준엄하다.〉는 언어밖의 의미를 나타낸다.

정보량이 담화의 목적이거나 요구를 초과하여도 언어밖의 의미를 산생한다. 연회석상에서 서로 소개인사를 할 때 자기를 〈저는 김희식이라고 부르며 대학교선생이며 준박사입니다. 올해 27살입니다.〉라고 소개하면 상대방은 즉시 이 사람은 자기를 자랑하기 좋아하며 허장성세하는 사람이라고 보며 만약 상대방이 결혼하지 않은 녀성이라면 이 사람이 다른 심보가 있지 않는가고도 의심할수 있다. 그것은 일반적으로 연회석상에서 자기의 직무, 나이 등에 관

— 138 —

해서는 다른 사람과 소개인사를 할 때 말하지 않기때문이다.

상관부칙은 담화에서 일반적으로 준수되고있다. 그것은 이 부칙의 약속의 힘이 매우 크기때문이다. 말하는 사람은 극력 자기의 말이 화제와 상관되기에 노력하며 듣는 사람은 언제나 말을 상관적으로 리해하려 한다.

갑: 철수는 허풍치기를 좋아한다. 그렇지 않니?

을: 오늘 정말 날씨가 좋다. 그렇지.

이 대화는 아무런 상관도 없이 진행되고있다. 일반적인 정황에서 갑은 을이 정신이 잘못되지 않았는가고 의심할수 있다. 그러나 특수정황에서 을의 말은 《야, 말을 삼가하라. 그의 동생이 뒤에서 보고있다.》 등과 같은 언어밖의 의미를 가진다. 하여 을은 고의적으로 말을 다른데로 끌고가면서 갑에게 말을 조심하라고 귀뜸하여주는것이다.

공개적으로 방식부칙을 위반하는 정황도 있다. 어떤 특수목적을 위하여 말을 모호하게 한다. 례를 들면 갑과 을이 말할 때 제3자(어린이일수 있다)가 알아듣지 못하게 하기 위하여 고의적으로 뚜렷하지 않게, 다시 말하면 모호하게 말하여 제3자에게 알리지 않는 뜻을 대방에게 전달한다.

배합원칙은 매우 큰 약속의 힘을 가지고있다.

말하는 사람은 자기가 배합원칙가운데의 어느 부칙을 위반할수 있다는것을 느낄 때 보통 듣는사람에게 암시하거나 허락을 얻으려 하며 자기가 규칙을 위반한것을 합법화하려 한다. 그러나 배합원칙은 마음대로 위반할수 없는것이다.

질량부칙을 보아도 사람들은 자기가 말한 말이 말마다 진실하고 말마다 증거가 있다고 장담하지 못한다. 때문에 사람들은 보통 수식하는 말을 먼저 하여 믿음성을 나타낸다.

말의 진실성을 나타내기 위하여 수식하는 말로는 보통 《그렇다고 생각하는데…》, 《잘못 생각하고 하는 말인지는 몰라도…》, 《확실한지는 단정하지 못하지만, 그러나…》, 《여러분이 의심을 가지겠는지…》 등등의 말을 먼저 하고는 본 내용의 말을 하며 자기가 직접 증거가 없음을 표시할 때에는 《그에게서 들었는데…》, 《신문보도에 의하면…》, 《듣는 말에 의하면…》, 《전하는 소식에 의하면…》 등등으로 말한다. 이런 말은 자기가 질량부칙을 위반할수 있다는것을 느끼고 듣는 사람이 자체로 정보의 믿음성을 판단하게 한다. 이 때 담화의 구조는 보통 배합원칙의 영향을 받게 된다.

갑: 금강산에 어떤 전설들이 있는지 알려줄수 없습니까?

을: 예, 잘 모르겠습니다.

갑: 그럼 아는데까지 말하여주십시오.

을의 말은 실제상에서 자기가 질량부칙을 위반할 가능성이 있으므로 갑에게 승낙을 바라는것이며 갑이 승낙하는 정황하에서만 담화가 계속 진행될수 있는것이다.

수량부칙을 위반할 때 하나는 충족한 정보를 제공할수 없는 경우인데 보통 책임을 다른데로 귀속시킨다. 하여 《분별없이 말하는데…》, 《아무 고려도 없이 말하는데…》, 《그 일은 믿음성이 적다고 보면서…》 등과 같이 말하며 다른 하나는 정보가 너무 많은 경우인데 사전에 먼저 허락을 얻고 사후에 미안을 표시한다. 그리하여 《어려움도 많았다고 느끼면서 정말 수고가 많았으리라고…》, 《유감스럽다고 생각하면서 미처 생각이 따라가지 못하여 미안하게…》 등과 같이 말한다.

이때 담화의 구조도 배합원칙의 영향을 받는다.

갑: 너는 그 사람을 알아보았니?

을: 글쎄, 말하자면 끝이 없다니.

갑: 괜찮다. 시간이 많으니까 말해보려무나.

을의 말은 실제상에서 수량부칙을 위반하게 되므로 갑에게 승낙을 요구하는것인데 갑이 허락하는 정황하에서야 담화가 계속 진행될수 있는것이다.

상관부칙의 위반도 듣는사람의 허락을 얻어야 한다. 례를 들면 상관되지 않는 화제를 돌연히 제기하였을 때 말하는사람은 《뜻밖인데…》, 《이거, 잊었댔군…》, 《예, 그 일이 생각나는데…》 등 말로 두개의 아무런 관계도 없는 화제를 련계시킨다.

만약 담화의 방향을 전환시키려면 《그만하고 며칠전의 일을 알아보려 하는데…》, 《이번에는 다음 문제에 대하여…》, 《이런 문제에 대하여 말해보는 것이…》 등과 같이 말하며 원래의 담화의 화제에 돌아오려면 《이전에 한 말을 지금에 다시 생각하여보면…》, 《이전에 우리가 한 일을 다시 돌이켜보면…》 등과 같이 말을 한다.

다음 부칙들의 호상 련계를 살펴보자.

방식부칙과 질량부칙은 련계되는데 그것은 두 부칙이 모두 말을 똑똑히 하며 정확하게 할것을 요구하기때문이다. 방식부칙과 수량부칙도 련계되는데 두 부칙이 말을 간결하게 할것을 요구한다. 때문에 자기가 방식부칙을 위반할수 있다는것을 암시하는 말과 어면 때 질량과 수량의 부칙을 엇나가는것을 암시하는 말은 비슷하게 된다. 물론 어면 말은 방식부칙과의 관계가 더욱 밀접하다. 례를 들면 인용어를 사용하는것은 왕왕 어구의 믿음성을 증명하려는 것이 아니라 《말이 모호하다면 나의 책임이 아니라 원래 말이 모호하기때문이다》라는것을 표명하기 위한것이다.

자기가 이미 방식부칙을 위반한것을 안후 어면 말을 써서 미안함을 표시할수 있으며 이것으로 규정을 하고 배합원칙을 지킨다. 례를 들면 《미안합니다, 너무 질서없이 말하여서…》와 같이 미안함을 표시할수 있다.

상대방의 말에 즉시 반응을 표시할수 없고 말에서 정지가 필요하다면 언어수단을 써서 실현할수 있다. 례를 들어 《잠간만…》, 《생각해보고서…》, 《그런데…》 등으로 자기의 비교적 긴 침묵을 합법화할수 있다.

이상의 분석으로부터 보면 배합원칙은 담화분석을 진행하는데 대해 충분한 근거를 제공하여주었으며 담화에는 배합원칙이 확실히 존재하며 말하는사람과 듣는사람에 대해 매우 큰 약속의 힘이 있다는것을 알수 있다.

배합원칙은 의미분석에서 매우 큰 역할을 놀며 언어밖의 의미에 대해 충분한 해석을 한다.

배합원칙은 또한 글말의미와 차이를 가지고있는 말이 어떻게 관계가 밀접하고 구조가 엄밀한 본문으로 구성되는가를 해석한다.

4. 담화의 례절원칙

담화는 사람들의 나이, 성별, 사회적지위, 사회관계와 언어환경 등 주요한 요인에 의하여 각이한 방식과 각이한 언어수단으로 진행된다.

담화에서 주요하게 작용하는것은 례절원칙이다. 어느 담화나 례절원칙을 떠나서는 진행될수 없다.

담화분석에서 배합원칙에만 의거해서는 만족할만한 해석을 가져오기 어렵다.

갑: 철수와 영남이는 벗으로 사귈만 하던가?

을: 철수는 붙임성이 좋네.

을의 대답은 갑의 물음에 부분적물음에만 대답하였으므로 수량부칙을 위반하여 배합원칙에 부합되지 않는다. 그러나 을이 이렇게 대답한것은 례절에서 출발한것으로서 을이 완전히 배합원칙을 지키려면 《영남이는 까다롭다.》 또는 《그러나 영남이는 우쭐대는것이 있다.》는 말을 더 하여야 한다. 여기서 을은 례절원칙을 배합원칙보다 더 중히 여겨 수량부칙을 위반할지라도 다른 사람을 헐뜯지 않으려는데서 묻는 말의 일부분만 대답하였다. 하지만 갑은 례절원칙으로 을의 언어밖의 의미를 리해하고있다.

배합원칙은 글말의미와 언어밖의 의미간의 간접관계를 해석할수 있다. 그러나 사람들은 말할 때 보통 에둘러 말하며 례절원칙으로 해석한다. 례를 들면 낯선 사람에게 다음과 같이 말한다고 하자.

갑: 저를 방조해주시오.

을: 저는 당신의 방조를 바랍니다.

병: 당신이 저를 방조해줄수 없습니까?

정: 당신이 저를 방조할수 있습니까?

여기서 갑은 명령문인데 말하는 사람은 명령을 하는 사람이며 듣는 사람은 명령에 복종하는 사람이다. 때문에 가장 책략이 없는 말이며 상대방이 명령을 거역할 가능성이 있다. 을은 서술문인데 명령문보다 좀 책략적이다. 그것은 서술자체가 듣는 사람에게 인차 행동을 취할것을 요구하지 않기때문이다. 그러나 듣는 사람이 례절을 지킨다면 반드시 의사에 따라 행사하여야 하므로 을문장은 의연히 명령의 의미가 있다. 병문장은 의문문으로서 듣는 사람이 선택할 여지가 있다. 상대방에 대한 의향을 묻는가운데서 말하는 사람은 자기를 아래지위에 놓으므로 갑과 병보다 더 책략적이다. 병에서 례절원칙의 약속의 힘은 매우 크다. 말하는 사람은 듣는 사람이 자기가 례절에서 출발하여 이렇게 말하였다는것을 알것이라고 믿는 동시에 듣는 사람도 례절원칙에 따라 병문장을 간접요구로 본다는것을 믿는다. 그러나 정문장은 가장 례절을 지키는 말이다. 그것은 가장 책략적이기때문이다. 정문장이 묻는것은 상대방이 방조할 능력이 있는가 없는가 하는것이다. 이렇게 말하는 사람이 자기를 아래지위에 놓을뿐만아니라 듣는 사람에게 청구를 거절할수 있는 여지를 남겨놓는다. 이것은 병문장의 청구를 거절하려면 듣는 사람이 방조할 의향이 없다는것을 말하여야 하는데 이것은 례절원칙을 위반하는것으로 된다. 정문장의 요구를 거절하려면 듣는 사람이 자기는 능력이 없다고만 말하면 된다. 방조할 힘이 없는것은 례절원칙을 위반한것이 아니다.

이런 까닭에 사람들은 보통 《…할수 있을가요?》, 《…될수 있을가요?》, 《…그래도 되는가요?》 등의 간접언어행위문을 쓴다.

그러나 모든 간접행위가 다 례절적인것이 아니다. 선물을 드리거나 다른 사람에게 진심으로 무엇을 권하거나 줄때 직접적일수록 더욱 례절이 있음을 나타낸다.

갑: 당신은 이 사과를 어서 잡수시오.

을: 당신은 이 사과를 잡수실수 있겠는지요?

갑문장은 먹을것을 직접적으로 말하였지만 아무런 다른 의향이 없이 진심으로 권하는것으로 되지만 을문장은 간접적으로 말하여 마치 사과가 못쓰게 된것처럼 느끼게 되여 례절이 없어보인다.

례절원칙에는 책략부칙, 대범부칙, 표창부칙, 겸손부칙, 동의부칙이 있으며 례절원칙과 밀접히 관계되는 반어원칙과 롱담원칙이 있다.

책략부칙은 다른 사람에게 방조를 요구할 때 다른 사람에 대한 요구를 축소하고 방조를 받은후 자기의 수익을 확대한다.

갑: 돈을 꿔줄수 없습니까? 10원이라도 됩니다.

을: 예, 됩니다.

갑: 감사합니다. 당신은 나를 크게 도우셨습니다.

갑은 구원에서 을에 대한 요구를 축소하여 《10원이라도 됩니다.》라고 말하였다. 이렇게 자기는 다른 사람에게 시끄러움을 끼치지 않으련다는것을 표시하였다. 그러나 돈을 얻은후에는 《당신이 나를 크게 도우셨습니다.》라고 하면서 자기의 수익을 확대하였다. 을은 다른 사람을 방조할 때 《예 됩니다.》라고 자기가 지불하는 대가를 축소하였다. 하여 쌍방은 매우 례절이 있게 되였다.

대범부칙은 주동적으로 다른 사람을 방조할 때 자기가 내는 대가를 축소하고 다른 사람을 방조한후 다른 사람에 대한 은혜를 축소한다.

갑: 언제 이 책을 바꿔올가요?

을: 아니, 이거 당신께 대단히 폐를 끼치지 않습니까?

갑: 팬찮습니다. 제가 가던 길음에 도서관에 들렸다오면 됩니다.

을: 대단히 고맙습니다.

갑: 다시 뵙시다.

갑이 주동적으로 을을 방조하고 극력 자기의 시끄러움을 **축소할뿐만아니**라 을로 하여금 얼마만한 신세를 지었다는것을 느끼지 못하게 한다. 을은 극력 갑이 지불한 대가를 확대하여 자기는 다른 사람에게 시끄러움을 주지 않았다는것을 표시한다. 그후에 갑에 향하여 감사를 표시한다.

이 두 부칙은 실제상에서 한 문제에 대한 두개 측면으로서 다른 사람의 방조를 요구하거나 다른 사람을 방조할 때 쌍방은 마땅히 어떤 말을 하여야 하는가 하는것이다.

표창부칙은 다른 사람을 적게 비판하고 많이 표창하는것이다. 표창부칙의 힘으로 하여 다른 사람을 아주 헐하게 표창하고 표창하지 않을 때 언어밖의 의미는 곧 비판이다.

갑: 당신은 내가 그린 그림이 그닥지 않다고 봅니까?

을: 내가 그리면 더욱 나을것입니다.

을이 갑을 표창하지 않은것은 갑의 그림이 그닥지 않기때문이다.

겸손부칙은 자기를 적게 표창하고 자기를 많이 비판하며 적어도 자기를 자랑하지 말아야 한다. 겸손부칙의 힘으로 하여 자기의 결함을 많이 말하지만 조금도 말하는 사람의 낯과 위신에 손상을 주지 않는다.

갑: 시험이 어떻게 되였니?

을: 다 잘못되였어.

을이 자기 잘못을 말하였으나 갑에게 손상을 주지 않았다.

이 부칙들도 동일한 문제의 두개 측면인데 담화에서 보편적으로 존재한다.

동의부칙은 같은 의견을 확대하고 각이한 의견을 축소한다. 때문에 많은 말들은 먼저 상징적인 동의를 표시하고 후에 각이한 의견을 다시 말한다. 하여 《그 의견에 대해 동감을 가지지만 그러나…》로 말하거나 《나는 당신만큼 책을 많이 보았지만 글은 당신보다는 적게 썼네.》 등과 같이 말할수 있다. 혹은 부분적동의를 표시할수 있다. 《당신은 글재간이 있지만…》라고 말하거나 《당신이 대담하게 말하는것은 좋지만 그러나…》 등과 같이 말할수 있다. 직접적으로 각이한 의견을 제기하면 례절적이 아니므로 먼저 겸손의 뜻을 표시할수 있다. 《일은 잘못된것 같은데 정말 미안합니다.》라고 말하거나 《폐를 끼쳐서 죄송합니다.…》 등과 같이 말할수 있다.

다음 례절원칙과 밀접히 관계되는것으로 반어원칙과 롱담원칙이 있다. 이 두 원칙은 모두 배합원칙과 례절원칙을 리용하여 산생된 언어밖의 의미이며 다시 새로운 의미를 산생한다.

반어원칙은 말한 말이 공개적으로 배합원칙을 위반하였지만 너무 례절이 밝아 대방으로 하여금 말가운데의 예봉을 의식할수 있게 한다.

갑: 제가 당신의 가방을 가져왔습니다.

을: 제가 감사를 올립니다.

이런 정황에서 배합원칙과 례절원칙은 충돌이 발생하여 말하는 사람은 어느 원칙에 따라야 할지 어려워하는데 반어가 이 모순을 원만히 해결한다. 표면상에서 위반되나 실제상에서 배합원칙에 부합되며 표면상에서 부합되나 실제상에서 례절원칙을 위반한다. 즉 너무 례절적으로 뜻을 표현하여 상대방이 반박하기 어렵게 되였다.(《올립니다》에서)

롱담원칙은 말한 말이 공개적으로 배합원칙을 위반하지만 너무나 례절적이거나 너무나 무례한것으로 하여 듣는 사람에 대해 우호를 표시하게 된다.

갑: 그 책을 나한테 보여줄수 없을가?

을: 예, 존경하는 어른신님.

반어원칙은 엄숙한 장소에서 쓰이나 롱담원칙은 엄숙하지 않은 장소에서 쓰인다.

그럼 아래의 례에서 다시 보기로 하자.

갑: 난 다시 들여다볼테야.

을: 그러지 말라. 넌 정말 밉살스럽다.

을의 말은 매우 례절적이 못된다. 롱담으로 한 말로서 진실하지 않다. 례절적이 되지 못한 말이 무엇때문에 우호적인 목적에 도달할수 있는가? 그것은 관계가 밀접할수록 례절을 요구하는 정도는 작아지게 되며 반대로 례절을 그리 지키지 않아도 관계가 우호적인 표시로 된다.

우의 말에서 《존경하는 어른신님》을 너무 례절적인 말로서 보통 풍자의 맛도 가지게 된다. 이런 례절적인 요인은 우호관계의 표징으로 될수 있다.

례절원칙과 배합원칙은 평행적이며 다같이 중요하다. 그러나 사실 례절원칙이 배합원칙에 비해 더욱 큰 약속의 힘이 있다고 볼수 있다.

그것은 첫째로, 례절을 지키는것은 호상 배합할수 있는 전제이다. 쌍방이 거칠고 무례하게 논다면 배합은 말할수조차 없다. 만약 한 늙은이를 보고 길을 물을 때 《늙은이, 정거장은 어느 길로 가는가?》하고 물으면 정확하고 똑똑한 대답을 얻을수 없을뿐만아니라 랭대를 받게 될것이다. 그렇지 않고 《로인님, 좀 물어도 되겠습니까?…》라고 말하면서 길을 묻는다면 상대방의 존경을 받을수 있을것이다.

그것은 둘째로, 배합원칙에 따르기 위하여 례절원칙을 위반한다면 일반적으로 겸손을 표시하여야 한다. 례를 들면 《제가 솔직히 말하는데 당신은 다르게 생각하지 마시오. 당신이 잘못했습니다.》라고 먼저 겸손성을 표시한 다음 말하여야 한다. 그러나 만약 례절에서 출발하여 배합원칙을 위반한다면 어떠한 암시도 있어서는 안된다. 례를 들면 벗의 요청을 거절할 때 《미안합니다. 그날에 공교롭게 열이 있습니다.〉 등과 같은 말을 사용하여 두사람의 우의에 손상을 주지 않는다. 이때 절대로 〈례절을 지키기 위해 거짓말을 하였습니다.〉라고 말하지 말아야 한다.

그것은 셋째로, 일상적으로 례절원칙에 따르지만 공개적으로 표명하지 않으며 항상 배합원칙을 위반하지만 상시적으로 자기가 어떻게 그것을 따른다고 말한다

갑: 나는 매우 례절있게 당신의 옷차림이 보기 좋다고 말하였다.

을: 나는 매우 진심으로 당신의 옷차림이 보기 좋다고 말하였다.

갑문장은 자기가 례절을 지킨다고 표명하였으므로 듣건대 거짓 같으나 을문장이 말한것은 진실한 말이라 하여 듣건대 매우 례절적이다.(물론 진실한가 진실하지 않은가는 일정하지 않다.) 때문에 사람들은 보통 자기가 례절원칙을 따른다는것을 부인하지만 자기가 배합원칙을 따른다는것은 절대 부인하지 않는다. 아래의 례에서 더 똑똑히 알수 있다.

갑: 당신에게 아첨해서가 아니라 당신의 소설은 정말 좋습니다.

을: 사실대로 말해서 당신의 소설은 정말 재미있습니다.

그것은 넷째로, 롱담이거나 어린이를 훈계하는것을 제외한 특수정황에서 사람들은 항상 상대방에게 례절원칙을 따르지 말고 상대방에게 반드시 배합원칙을 따르라고 알린다. 보통 듣게 되는 〈사양하지 마십시오. 무슨 의견이 있으면 제기하여주십시오.〉, 〈당신이 아는대로 다 말하여주십시오.〉라는 말을 늘 쓰게 된다. 그러나 이것은 례절원칙이 중요하지 않다는것이 아니며 반대로 이런 말은 례절원칙이 더욱 큰 약속의 힘을 가지고있다는것을 시사해 준다.

사람들에게 사양하지 말라고 요구하지만 사람들은 왕왕 더 사양하며 사람들이 사실대로 말하라고 요구하지만 사람들은 왕왕 사실대로 말하지 않는다.

그것은 다섯째로, 례절행위와 한 민족의 문화와 습관은 밀접히 련계된다. 다시 말하면 한 행위는 어떤 나라에서는 매우 례절적이지만 어떤 나라에서는 꼭 례절적이라고 말하기 어렵다.

례를 들면 영국, 미국과 같은 나라에서는 두 남자가 상대방의 안해를 아름답다고 칭찬하여도 쌍방이 모두 우호적이라고 생각하며 또한 이런 말은 례절적인 표현으로 되나 조선, 중국과 같은 나라에서는 말하는 사람은 이런 말이 오해를 가져올가봐 겁나하며 듣는 사람은 용렬하다고 듣거나 저속하다고 여긴다.

이로부터 보면 례절원칙이 담화에서 매우 큰 작용을 하며 배합원칙과 마찬가지로 담화분석에서 기본으로 된다는것을 알수 있다.

제 6 절. 본문의 수사학적분석

본문수사학(textrhetoric)은 본문에 대한 연구가 활발히 진행됨에 따라 나타난 분파이다.

이전에도 본문에 대한 수사학적분석이 있기는 하였지만 그것은 시초에 지나지 않고 하나의 분파로까지 발전하여 본문에 대한 분석을 진행하지 못하였다.

본문수사학이 나타남에 따라 수사학적연구의 대상은 언어단위가 본문이라는데까지 확대되고 문학본문으로부터 문학본문이 아닌 다른 본문에까지 확대되였다. 뿐만아니라 현대언어학의 리론으로 전면적으로, 체계적으로 여러가지 본문을 조직하는 수사학적법칙을 탐구할것이 제기되였다.

수사학은 언어운용의 법칙을 연구하는 분파이므로 본문수사학의 임무도 본문령역에서 언어운용의 법칙을 연구하여야 할것이다.

그렇다면 본문수사학에 대한 리해를 어떻게 가져야 할것인가.

그 리해는 본문의 언어조직법칙을 연구하는 분파로는 본문수사학뿐만아니라 본문문법론, 본문의미론이 있다는것으로부터 시작되여야 한다.

그렇다면 본문수사학과 후의 두 분파와의 관계는 어떠한가.

이 문제는 본문에 대한 연구에 이르기전 우리가 연구하던 수사학(혹은 문체론)과 문법론, 어휘론과의 관계와 매우 류사하다.

어떠한 본문이든지 반드시 본문의 문법규칙과 의미규칙을 지켜야 한다.

그러나 이러한 규칙에 따라 조직된 본문이 수사학적으로 아무런 문제도 없다고 말할수 없다.

례를 들면 사설에서 결말이 힘이 없이 끝나면 사람의 머리와 몸의 비례가 맞지 않는것과 같이 되며 또 사건이 매우 긴장하게 전개된 소설에서 그 서술이 느리게 되거나 매우 엄숙한 정치보고를 평범한 어조로 쓴다면 이것들이 문법, 의미에 맞게 되였다지만 수사학적으로는 잘된 본문이 아니다. 이것은 본문령역에서 본문의 문법, 본문의 의미의 규칙밖에도 본문의 수사학적규칙이 있다는것을 시사해준다.

본문의 수사학적규칙이란 간단히 말하면 본문의 주제의 여하와 본문의 성격, 임무의 수요에 따라 언어의 규칙을 적합하게 운용하는것이다.

그 리해는 다음으로 어떠한 본문이든지 언어단위로 구성되며 모두 일정한 문체에 속하여있다는것을 알아야 한다. 이런것으로 하여 본문에서의 언어단위의 수사학적규칙과 기능문체의 수사학적규칙은 모두 일정한 역할을 하게된다. 이런 규칙을 위반하면 필연코 본문의 수사학적표현이 낮은것으로 된다.

그렇다면 본문의 수사학적규칙이란 또한 무엇인가? 이것이 언어단위와 기능문체의 수사학적규칙과는 어떤 관계가 있는가?

수사학에서 갈라져나오는 분파는 모두 언어운용법칙을 연구하며 언어단위를 떠날수 없다. 때문에 이들간에는 서로 련관되여있는것이다.

그러면서도 이들간에는 각각 자체의 착안점과 구체적연구대상이 있는것이다.

언어단위의 수사학의 착안점은 언어단위이고 그 연구는 언어단위의 수사학적기능이며 기능문체의 수사학의 착안점은 기능문체이며 그 연구는 기본교제령역에 상응한 여러 언어변체에서의 언어수단의 일반적법칙을 찾아내는것이다.

본문수사학의 착안점은 기본교제단위인 본문에 두고있다.

본문이 언어단위로 구성되였다 하지만 어떤 구체적인 본문에서 언어단위를 어떻게 골라쓰는가 하는것은 다르며 언어적단위들이 집합하는데서 사용되는 방식도 다르다. 이러한것들은 이러한 언어적단위자체의 수사학적기능에 의해서 해석되는것이 아니다.

본문이 일정한 기능문체에 속하고 반드시 기능문체의 일반적규칙을 지켜야 한다고 하지만 기능문체가 교제단위인것은 아니다.

기능문체의 수사학적규칙은 다만 한 문체가 다른 한 문체와 구별된다는 일반적특징을 말하여줄뿐 기본교제단위의 여러가지 각이한 본문들이 어떻게 조직되는가를 설명하는데서 부족점을 가지고있는것이다.

기본교제단위로 되며 일정한 글형식에 속하는 본문은 구체적인 언어형식(입말 또는 글말)이 있으며 주제, 구성구조, 글을 쓰는 방법과 기교가 있게 된다. 뿐만아니라 본문에서의 언어단위는 모두 문맥에서 호상 련계되고 호상 제약된다. 이러한 요인들은 본문에서 언어수단의 선택과 집합, 배치를 제약한다.

본문수사학은 이런 여러가지 요인의 제약에 의하여 이루어진, 여러가지 본문을 조직하는 언어운용법칙을 연구하는것이다.

그 리해는 또 본문수사학적규칙에 영향을 주는 여러가지 요인에서 어떤 것은(언어형식, 교제대상, 교제조건) 기능문체수사학에서 일반적으로 살펴보았으나 다른 한 요소(소제의 주제, 글형식구성, 언어어조, 표현방식과 흐름의 배치, 재료의 편집, 진후호응, 관점의 운용, 시점의 변화 등 글쓰는 방법과 기교)에 대해 매우 적게 또는 아무런 취급도 없었다. 그런데 이 요소가 본문의 수사학과 관계가 가장 밀접하다.

전통적으로 이런 요소는 문학작품의 연구와 결합되여 고찰되였다. 그러나 지금은 일반적으로 본문수사학에서 연구하고있다.

그러나 본문수사학은 언어분파로서 언어운용이란 이 근본적인 과제를 버리고 전문적으로 글형식구성, 글쓰는 방법과 기교를 연구하여서는 안된다.

본문수사학의 과제는 이런 요소들과 긴밀히 결합하여 언어운용의 법칙을 제시하여야 하는것이다.

본문수사학은 아래와 같은 3가지 내용을 가지고 연구가 진행된다.

1) 본문에서의 언어재료의 수사학적기능을 연구한다.

이 부분에서는 체계적으로 여러가지 언어수단(어휘적수단, 문법적수단, 수사학적수법;률동, 어조, 속도 등 어음수단과 문자기호 등)이 본문에서 일으키는 수사학적기능을 연구한다.

언어단위의 수사학은 주요하게 언어단위의 수사학적색채(기능문체적색채, 감정－표현적색채)와 동의적인 언어수단의 미세한 구별을 연구한다.

기능문체수사학은 주요하게 각이한 기능문체에서 언어단위의 운용법칙을 연구한다. 그러나 기본교제단위로 되는 본문전반에서 여러가지 언어수단들이 어떤 수사학적기능이 있는가에 대한 연구는 지금까지 많지 않다.

본문의 전반적인데로부터 언어수단의 수사학적기능을 고찰하는것은 새로운 과제로 되고있다.

본문의 총체적인데로부터 여러가지 글말본문에서 사용된 입말체수단을 살펴보면 그것들이 일으키는 역할은 《근근히 언어에다 입말색책를 부여》하거나 《언어의 감정－표현적색채를 부여》하는것이 아니라는것을 알수 있다.

각이한 본문에서, 각이한 조건에서 언어수단의 수사학적기능을 아래에서와 같이 리용되고 아래와 같은 역할을 한다.

① 독자들과 직접 맞대고 담화하는 교제방식을 모방하는데 쓰며 ② 단어로 하여금 더욱 생기를 가지게끔 하는데 쓰며 ③ 언어에 대한 흥미를 북돋구는데 쓰며 ④ 언어의 률동을 고르롭게 하는데 쓰며 ⑤ 작자의 좋고 나쁨을 표현하는데 쓰며 ⑥ 작가가 개인의 관점을 발표하는 언어표식을 나타내는데 쓰며 ⑦ 다른 사람의 말을 전달하는데 쓰며 ⑧ 사람의 내심의 언어를 표시하는데 쓰며 ⑨ 본문구조의 의미단락을 나누는 언어적수단으로 되는데 쓰며 ⑩ 서두와 결말이 호응하게 하는 작용을 하는데 쓰며 ⑪ 독작의 주의력을 끌게하는데 쓴다.

글말본문에서 입말수단이 노는 이런 수사학적기능은 모두 본문의 체재, 제재, 배치, 글쓰는 방법과 기교, 문맥 등과 호상 련계되고있다.

이런 요인을 고려하지 않는다면 글말본문에서 입말수단의 수사학적기능을 밝힐수 없게 되며 더우기는 어떤 조건에서 가능하게 또는 반드시 입말수단을 써야 하는가 하는, 내부에 존재하고있는 법칙을 밝힐수 없게 된다.

또한 문장론의 구조를 가지고 보아도 그렇다.

본문의 총체적인데로부터 보면 문장격식의 길고짧은것, 복잡한것과 간단한것 등은 문장내용의 분량이 많고적은가에 직접적으로 영향을 주게 되며 이야기의 줄거리의 기복, 글의 흐름새의 빠름과 늦음, 구조단계의 개변과 웅근 글말에서의 말의 분위기의 변화 등에 영향을 준다.

본문수사학은 각이한 문장격식이 본문에서 어떤 수사학적기능을 가지고 있는가를 연구할뿐만아니라 어떤 조건에서 어떻게 같지 않은 문장격식을 사용할것인가 하는 법칙을 밝힌다.

2) 본문의 표현수단과 언어표현을 연구한다.

표현수단은 4가지로 나누어볼수 있다.

첫째로는, 본문에서의 분포구조의 여러 요소들이다. 례를 들면 서두와 결말, 단계와 단락, 과도와 조응을 들수 있다.

둘째로는, 글을 쓰는 방법이다. 례를 들면 이야기줄거리의 배치, 재료의 편집, 서술의 상세함과 간략, 전후의 호응 등이다.

셋째로는, 글을 쓰는 기교이다. 례를 들면 인칭의 선택, 말씨의 선택, 시점의 변화, 대비와 안받침, 표현에서의 은폐된것과 로출된것 등이다.

넷째로는, 표현방식이다. 례를 들면 여러가지 류형의 서술, 묘사, 의론 등이다.

이러한 표현수단은 본문이 특이하게 가지고있는 범주이며 본문의 수사학적효과에 직접적으로 영향을 주면서 언어수단의 운용법칙을 직접적으로 제약한다.

여러가지 전형적인 표현수법이 언어표현에서의 법칙과 사용조건, 수사학적역할을 체계적으로 서술하는것은 본문수사학의 하나의 큰 과제이다.

3) 본문의 수사학적구조를 연구한다.

우에서 말한 두가지는 모두 본문의 어떤 측면, 어떤 국부적인것에 한해서만 연구한것이다.

본문에 대하여 분해하여 연구하는것만으로는 본문에 대한 연구가 철저히 되였다고 말할수 없다. 그것은 본문의 주요한 특징은 그의 총체성에 있기때문이다.

본문의 각개 측면, 각개 국부에 대해 합당한 집합을 하여야 완결한 교제단위로 구성될수 있는것이다. 때문에 본문에 대해 분해적으로 횡적연구를 하여야 할뿐만아니라 또한 반드시 종합적인 종적연구도 하여야 한다.

구체적으로 말하면 여러개 류형의 본문을 단위로 하여 일반적인 구성구조와 글쓰는 방법, 글쓰는 기교, 표현방법을 연구하며 각이한 류형의 본문의 총체적인 수사학적구조를 밝혀내야 한다.

본문의 총체적인 수사학적구조를 연구할 때 먼저 본문의 분류문제를 해결하여야 한다.

본문의 분류방법은 한가지로만 하는것이 아니며 연구측면이 다름에 따라 그 방법도 다르다.

본문수사학의 임무로부터 출발하여 일반적으로 교제의 형식(글말, 입말), 교제의 방식(대화, 독백), 문체, 글형식에 따라 나누는것이 비교적 합당하다.

본문은 아래와 같이 나눌수 있다.

① 일상대화

② 일상 입말독백

③ 입말문체의 글말형식(일기, 편지)

④ 사람들앞에서 하는 말(보고, 강의, 웅변, 입말현장보고, 기자물음에 대한 대답, 영화해설)

⑤ 여러 글말문체에서 여러가지 형식의 글말독백(조약, 각서, 법규집, 계약서, 명령, 포고, 공문 등; 과학문체의 학술론문, 론문개요, 학술적평론, 과학보급문장 등; 신문, 잡지문체에서의 사론과 평론, 소식, 통신, 현지보도, 시사평론 등; 문학문체의 동화, 우화, 유모어소설, 서정적인 글, 서사적소설 등). 본문의 글형식은 매우 많고 문체류별도 매우 많다. 뿐만아니라 어떤 류형의 본문은 편폭이 비교적 크다(학술저작), 구성이 복잡하고 다양하다.(장편소설)

이 모든것은 본문의 전반적연구에 적지 않은 어려움을 가져다준다.

본문의 전반적인 수사학적구조를 연구함에 있어서 본문의 전반에 영향을 주는 여러가지 요인(문체의 속성, 글형식의 속성, 주제사상, 소재의 내용, 총체적인 배치, 글을 쓰는 방법과 글을 쓰는 기교, 언어형식 등)에 대한 호상관계를 심화하여 연구하며 그것과 언어수단과의 관계를 연구하며 본문에서의 여러가지 언어수단의 호상관계에 대하여 탐구하고 이로부터 복잡한 전반적인 구조에 영향을 주는 역할을 분석하여야 한다.

바꾸어 말하면 본문으로 하여금 의미구조, 문체구조, 어조와 률동 등에서 혼연일체가 되게 하고 우에서 본 여러가지 요인들이 원만하게 표현되는 주요한 고리를 탐구하여야 한다.

제 7 절. 본문의 입말이야기의 구조분석

문학작품에 대한 구조분석은 비교적 많이 진행되었으나 본문의 입말이야기에 대한 구조분석은 아직 그렇게 진지하게 진행되지 못하였다.

소설과 희곡에서는 주제, 서막, 발전, 고조, 결말, 맺는말 등 장절과 막과 장을 나누어 분석하게 된다.

소설에서의 책이름은 주제를 제기한것으로 되며 책이름을 통하여 그 책에 대한 주제를 알게 된다. 소설에서 많은 부분은 일반적으로 독자들에게 시간, 장소, 환경, 인물 등 배경을 알려주며 작가가 소설중의 인물, 사건, 경과, 환경 등에 대한 평가는 헤아리지 못할 정도로 많다. 소설의 결말은 언제나 주제와 호응되며 독자들에게 원만하게 끝난다는 인상을 남긴다. 소설의 맺는말은 어떤 경우 의식적으로 결말에 대해 교대하지 않고 독자들자신이 분석하게 하고 상상하게 하며 주제에 호응하게 한다. 이것이 지금까지 소설, 희곡에 대한 분석에서 내려온 격식이다.

그러나 이것은 일부 경우나 일반적인 정황에서 이렇게 진행되고 분석되는것이라고 보겠지만 지금의 소설이나 희곡은 한 격식에 얽매이지 않고 각이한 형식으로 표현한다. 더우기 작자자신이 흥미와 욕망에 따라 자기의 창작구조를 선택하고 구상한다. 그러므로 우에서와 같은 분석은 반드시 그렇게 진행될수 없다는것을 시사해줄것이다.

그러나 입말이야기구조는 당면해서 하는 이야기로서 일정한 규칙에 의해서 진행되고 작자의 거듭되는 수정과 구상이 필요치 않게 된다.

입말이야기구조(시작이 있고 끝이 있는 이야기의 구조)는 일반적으로 요점제기, 배경, 발전, 평론, 결말, 호응 등 6개 구성부분으로 되여있다.

서술의 편의를 위해 입말로 된 이야기를 선택하여 분석하여보기로 하자.

○ 일욕심이 있는 사람의 눈에는 일감이 잘 보이는가 봅니다. 나는 이것을 우리 관리위원장동무를 통해서 느끼였습니다.

내가 우리 농장에 와서 당사업을 시작한것이 1970년 1월부터인데 그때 박성옥동무는 남새작업반장사업을 하고있었습니다

그에 대한 나의 첫 인상을 말한다면 《여간내기》가 아니겠구나 하는 것이였습니다. 그때 박성옥동무는 세 어린이의 어머니였는데 어느 모로 보아도 가정부인이라는 인상은 조금도 주지 않았습니다. 집일은 언제 돌보는지 몰라라 하여간 늘 남새밭에 나와있었습니다.

어느날 저녁 나는 그에게 가정주부로서, 어머니로서 할 일이 없지 않겠는데 이렇게 늦게까지 늘 포전에 나와있으면 어떻게 하느냐고 물은적이 있었습니다.

그러니까 그는 이렇게 되묻습니다.

《한 가정의 주부구실보다 작업반의 호주구실을 더 잘해야 할게 아닙니까?》

언제 보아도 진거름이나 가루거름을 한초롱씩 들고다니며 남새 한 포기라도 더 잘 가꾸려고 애쓰는것을 볼 때 생각이 깊었드랬습니다.

박성옥동무가 관리위원장사업을 시작한것은 1973년 1월부터일것입니다.

그날 박성옥동무가 찾아와서 위대한 수령님의 현지교시원문을 보여달라고 했습니다. 위대한 수령님께서 1958년 8월 3일, 우리 농장을 현지지도하시면서 주신 교시록을 나는 내주었습니다. 그는 새학습장에 그것을 다시 또박또박 베껴넣었습니다. 그리고는 속으로 외웠습니다.

《강냉이농사, 남새농사, 누에치기, 기계농사, 농촌문화혁명…》

입으로 외운것이 아니라 심장에 새겨넣는것이였습니다.

그 다음날 저녁에 그는 이런 문제를 제기했습니다.

《농장원들이 저골안에 있는 강냉이밭이랑 싸리밭이랑 그리구 웃서

당골, 아래서당골 강냉이밭들을 다 폐경시키자구 합니다. 그것때문에 정당 수확고가 오르지 않는다고 하면서…〉

그 밭을 다 합치면 서른댓정보가량 될것입니다.

나는 박성옥동무에게 어떻게 하는것이 좋겠는가고 물었습니다.

그때 그는 이렇게 대답했습니다.

〈농장원들이 그렇게 말하는건 가파로운데다가 능지쪽밭이다나니 소출이 적어 안타까와하는 말이겠지요.

이렇던 저렇던 그 땅두 다 조국의 한부분이 아닌가요, 일정때야 그 한떼기의 땅이 없어 얼마나 고생해온 우린가요. 그 한떼기의 땅을 찾으려고 항일루사들은 목숨을 바쳤구 인민군용사들은 피를 바쳐 지켜내지 않았습니까.

제 생각에는 가꾸어야 한다고 봐요. 지금 농장원들이 큰길옆 밭에만 거름을 내는데 래일부터는 산장밭에 먼저 낼가 합니다.〉

나는 그때 박성옥동무가 관리위원장사업을 훌륭히 감당해낼수 있다고 다시한번 느꼈습니다.

이튿날부터 박성옥동무는 2작업반 2분조에 나가서 농장원들과 같이 산꼭대기에 있는 강냉이밭에 거름을 져날라갔습니다. 그해 소출을 얼마나 보았는가구요? 전에는 정당 0.4톤정도 나던 땅에서 4.2톤이나 거두어들였습니다.

그 다음해에는 첫해 경험을 살려 삭도를 놓고 거름을 실어올렸습니다. 지금 삭도가 1작업반에 3개, 2작업반에 3개, 3, 4작업반에는 각각 하나씩 이렇게 농장에 모두 8개가 있는데 이젠 그것으로 해마다 1,000여톤이나 되는 거름을 쉽게 실어올리고있습니다.

참, 다리를 놓은 이야기도 마저 하여야겠습니다. 우리 농장을 질러간 큰길너머에 삼풍강이 흐르고 그 건너에 아까 말하던 서른댓정보가량 되는 강냉이밭이 있습니다. 옛날부터 사람들은 나무다리를 놓고 거기로 건너다니였습니다.

그런데 나무다리로는 뜨락또르나 자동차가 건너다닐수 없지요. 그래서 겨울에는 소발구로 거름을 실어 건넸습니다. 그렇지만 가을에 강냉이를 건네오는 일은 늘 쉽지 않았습니다.

한번은 박성옥동무가 찾아와서 다리를 놓겠다고 제기했습니다. 그래서 꽤 해낼가고 물었더니 하자고 결심만 하면 못해낼 일이 있느냐고 웃으면서 되물었습니다.

시작이 절반이라는 말이 옳습니다. 그게 아마 1973년에 있은 일이니까. 그해 가을에 너비 5메터나 되게 2작업반에 다리를 하나 놓고 그 이듬해 봄에 1작업반에도 마저 놓았지요.

삭도와 다리를 놓으니까 삼풍강건너편까지 교통문제가 완전히 풀렸습니다.

이렇게 되니까 걸린것은 거름이였습니다. 그전에는 거름이 있어도 강을 건네지 못해서 밭에 내지 못했지만 이제는 거름이 모자라서 제대로 낼수 없게 되였단말입니다.

위대한 수령님께서는 우리 농장을 현지지도하시면서 강냉이는 거름만 많이 주면 아무런 땅에서나 다 잘된다고 가르치시였는데 어떻게 하면 거름을 많이 생산할가 하고 나도 늘 궁리를 해왔습니다.

그러던 어느날 박성옥동무가 군방식상학에 갔다 와서 이렇게 말했습니다.

《비서동지, 오늘 군에 가서 많은걸 배웠습니다. 우리도 제꺽 그렇게 해야겠습니다. 농장세대마다에는 20톤짜리, 작업반비육분조마다에는 500톤짜리, 축산반에는 1,000짜리 퇴적장을 빨리 만들어야 하겠습니다. 그리구 송아지이동방목도 네댓군데 더 조직하구, 농장자체에서 소석회도 굽구.》

나는 그때 그만하면 정당 거름을 얼마나 낼수 있겠는가고 생각해보았는데 평지밭에는 20톤, 산장밭에는 30톤씩 내고도 좀 남겠더군요.

그래서 초급당위원회에서는 제꺽 토의하고 그대로 내밀었습니다.

우리는 이렇게 해서 1974년부터는 거름생산이 부쩍부쩍 올라갔습니다.

강냉이농사를 잘하는 비결이 다른데 있지 않습니다. 위대한 수령님께서 밝혀주신대로 거름을 많이 주니까 한해가 다르게 강냉이소출이 높아졌습니다. 글쎄 농장 정당 평균 1.5톤도 거두지 못하던 땅에서 1974년에는 2.5톤, 1975년에는 3톤, 그리구 계속 3.8톤, 4.2톤, 5.3톤, 6.5톤, 7.4톤, 어떤 해들에는 8톤이 넘게 되였습니다.

우리 박성옥관리위원장동무의 수고가 참 많았습니다.

기자동무도 느꼈겠지만 우리 농장마을들이 얼마나 째였습니까. 다층집과 단층집들이 조화롭게 들어앉은데다가 집들도 여간 잘 꾸리지 않았습니다.

시간이 있으면 아무 집이나 들려보십시오. 세대 100% 텔레비죤수상기도 있구 재봉기도 있구 그리고 이불장, 양복장, 찬장 같은 가구도 다 새것으로 일신했습니다.

나는 아까 일욕심이 많은 사람의 눈에는 일감이 늘 보인다고 말했습니다. 그렇습니다. 참된 주인의 눈, 농장호주인 박성옥관리위원장동무의 눈에는 이런 일감이 늘 보이는것입니다.》

이 입말이야기는 6개 구성부분을 다 갖추고있다.

① 요점제기

요점제기는 이야기의 본사실을 말하기 전에 말하는사람이 먼저 간단하게 이야기의 주제를 개괄하는것이다. 이야기에 대한 간단한 작은 총결이 요점제기로 된다.

우의 이야기에서 첫단락이 요점제기로 된다. 이 이야기의 전반적요점은 《일욕심이 있는 사람의 눈에는 일감이 잘 보인다》는것이다.

② 배경

요점을 제기한후 말하는사람은 이야기가 시작되면 먼저 듣는사람들에게 이야기발생의 시간, 장소, 환경, 인물 및 기타 활동에 대해 알려주며 이렇게 하여 그들이 이야기발생의 배경에 대해 료해하게 되며 이야기를 리해하는데 기초를 마련해주게 된다.

우의 이야기에서 《내가 우리 농장(자성군 3대혁명붉은기 운봉협동농장)에 와서 당사업을 시작한것이 1970년 1월부터인데 그때 박성옥동무는 남새작업반반장사업을 하고있었습니다.》에서 먼저 시간, 장소, 인물에 대해 말하였다. 다음 아래에 내려가면서 사건의 진행에 따라 계속 시간, 장소, 환경, 인물의 활동이 소개되고있다.

③ 발전

이야기자체의 발생, 발전경과를 가리키는데 서술의 핵심부분이다. 이 부분에서 이야기가 서술되고 대화가 있게 되며 문답도 있게 되며 사실이 전개된다·

우의 이야기에서 박성옥녀성이 하는 일들, 그가 말한 말들, 그가 한 행동 등은 모두 발전에 속한다.

④ 평론

이야기하는 사람이 이야기의 요점, 이야기의 발생원인, 이야기하는 목적, 자기 또는 다른 사람에 대한 평가를 주는 부분이다. 평론은 이야기의 발전을 위하여 복무하며 듣는사람의 흥미를 노리고 이야기에 끌려들게 하며 듣는사람을 설복하는 힘을 가지고있다.

우의 이야기에서 《그에 대한 나의 첫 인상을 말한다면… 집일을 언제 돌보는지 몰라라 여하간 늘 남새밭에 나와있었습니다.》, 《언제 보아도… 생각이 깊었습니다.》, 《입으로 외운것이 아니라 심장에 새겨넣는것이였습니다.》, 《나는 그때 박성옥동무가 관리위원장사업을 훌륭히 감당해낼수 있다고 다시 한번 느끼였습니다.》 등등은 모두 여기에 속한다.

⑤ 결말

이야기의 마지막 결과 또는 영향, 인물의 퇴장 또는 결말, 목적의 실현 또는 실패 등도 이야기의 핵심부분이다.

우의 이야기에서 《강냉이농사를 잘하는 비결이 다른데 있지 않습니다… 세대 100% 텔레비죤수상기도 있구 재봉기도 있구 그리고 이불장, 양복장, 찬장같은 가구도 다 새것으로 일신했습니다.》는 이 이야기의 결말인것이다.

⑥ 호응

이야기의 결속말이다. 말하는사람은 몇마디 말로 주제에 호응시키며 이리하여 듣는사람들은 이야기가 시작이 있고 끝이 있다는 원만한 감을 가지게 된다. 동시에 주제를 다시 강조하는것으로 된다.

우의 이야기에서 마지막에 《나는 아까 일욕심이 많은 사람의 눈에는 일 감이 늘 보인다고 말했습니다. 그렇습니다. 참된 주인의 눈, 농장호주인 박 성옥관리위원장동무의 눈에는 이런 일감이 늘 보이는것입니다.》라는 주제와 호응하는것이다.

이런 분석의 방법으로 대화문장도 분석할수 있다.

갑: 어제저녁 사무실에 갇혀있었다.

을: 병: 뭐라구? 왜서?

갑: 어제저녁에 사무실에서 타자하는데… 문을 잠그어놓았다.

이 대화에서 갑이 말한 《어제저녁 사무실에 갇혀있었다.》는 요점제기 로 되며 《어제저녁 사무실에서 타자하는데…》는 이야기의 배경에 속하며 을 과 병이 묻는 말은 사실의 발전을 의미하며 《문을 잠그어놓았다.》는 주제에 대한 호응이다.

어떤 경우 말하는사람은 결말을 듣는사람자신이 생각하게 여운을 남길때 도 있다.

입말 이야기구조에 대한 6개 부분은 기본상 입말 이야기구조의 전반을 개 괄하였으며 일상적인 입말 이야기들을 분석할수 있는 모델로도 된다.

참 고 문 헌

王福祥, 白春仁 편집 《話語語言學論文集》 外語敎學與硏究出版社 1989년
王福祥 《俄語話語結构分析》 外語敎學與硏究出版社 1981년
沈井木 《勾段分析》 語文出版社 1987년
鄭文貞 《段落的組織》 福建人民出版社 1984년
陳原 《社會語言學》 學林出版社 1985년
賈彦德 《語義學導論》 北京大學出版社 1986년
劉煥輝 《言語交際學》 江西敎育出版社 1988년
趙世开 《現代語言學》 知識出版社 1983년
中國大百科全書出版社編輯部編 《中國大百科全書》(語言文學) 中國大百科全書出版社 1988년
문영호, 최병수, 박애순 《응용언어학(1)》 사회과학출판사 1992년
문영호 《계산기언어학개론》 사회과학출판사 1990년
강상호 《조선어입말체연구》 사회과학출판사 1989년
렴종률, 김영황 《문법론》 김일성종합대학출판사 1990년
김갑준 《조선어문장론연구》 과학백과사전종합출판사 1988년
박재용 《외국언어학사》 김일성종합대학출판사 1989년
박재용 《언어학개론》 김일성종합대학출판사 1985년
박용순 《문체론》 김일성종합대학출판사 1992년
조선어강좌 《어휘론》 김일성종합대학출판사 1986년
김기종 《조선어수사학》 료녕인민출판사 1983년

(저자: 중국 연변사회과학원 언어연구소 연구사)

본문언어학

저자 부교수 전병선   심사 교수 박사 김영황
편집 어문편집부   장정 김오훈   교정 윤정혜

────────────────────────────

낸 곳 과학백과사전종합출판사
인쇄소 평 양 종 합 인 쇄 공 장
인쇄 1995년 10월 25일 발행 1995년 10월 30일

ㄱ-56249

본문언어학

2000년 11월 10일 인쇄
2000년 11월 20일 발행

지은이 : 전병선
펴낸이 : 박찬익

펴 낸 곳 : 도서출판 **박이정**
130-070   대한민국 서울시 동대문구 용두동 129-162
전   화 : 922-1192~3, FAX : 928-4683
온 라 인 : 주택576037-01-001536·우편010447-02-011581
등   록 : 1991년 3월 12일 제1-1182호

ISBN 89-7878-448-8 93710   정가 : 6,000원

조선어학전서